rororo

Zu diesem Buch

Knobelbücher kann es nie genug geben – denn Denkakrobaten und Tüftler brauchen ständig Nachschub. *Die Hühnchen von Minsk* bieten 100 Rätselfragen vom Feinsten – so, wie sie nach alter russischer Tradition an langen Winterabenden, in Physik- oder Mathematikseminaren oder bei den «Olympiaden» genannten, jährlich stattfindenden Knobelwettbewerben gestellt werden. Sie dienen der Problemlösung und der Einübung logischen Denkens. Jurij B. Tschernjak, früher Physikprofessor an der Moskauer Staatsuniversität, hat sie gesammelt. Sie bilden heute den Kern eines von den Autoren geleiteten Denkschulungskurses am renommierten Massachusetts Institute of Technology in den USA.

Jurij B. Tschernjak, früher Dozent für Physik an der Moskauer Staatsuniversität, ist wissenschaftlicher Mitarbeiter am Massachusetts Institute of Technology (MIT) in Boston.

Robert M. Rose ist Professor für Ingenieurs- und Materialwissenschaften am MIT und leitet dort das *Concourse Program,* einen Denkschulungskurs für Erstsemester-Studenten.

Jurij B. Tschernjak
Robert M. Rose

Die Hühnchen von Minsk
und 99 andere
hübsche Probleme

Aus dem Englischen
von Hainer Kober

Rowohlt Taschenbuch Verlag

rororo science
Lektorat Angelika Mette

Deutsche Erstausgabe
Veröffentlicht im Rowohlt Taschenbuch Verlag GmbH,
Reinbek bei Hamburg, Januar 2002
Die Originalausgabe erschien unter dem Titel «The Chicken from Minsk»,
published by arrangement with HarperCollins Publishers, Inc.

Fachliche Beratung der Reihe Eva Ruhnau, Humanwissenschaftliches
Zentrum, Ludwig-Maximilians-Universität München
Bearbeitung Pierre Basieux
Illustrationen auf den Seiten 107, 117, 132, 157 und 197
von Daniel Sauthoff, Hamburg
Umschlaggestaltung: any.way, Barbara Hanke
(Foto: Zefa)
Satz Aldus und Officina Sans Serif
PostScript (PageOne)
Gesamtherstellung Clausen & Bosse, Leck
Printed in Germany
ISBN 3 499 60363 2

Die Schreibweise entspricht den Regeln
der neuen Rechtschreibung.

Inhalt

Vorwort

«Zwei Tage lang habe ich mir über diese Aufgabe den Kopf zerbrochen, bis mir schließlich die Lösung einfiel. Ich freue mich wie ein Kind und bin sehr stolz. Sie müssen wissen, dass ich achtundzwanzig Jahre alt bin und Frau und Kind habe. Aber noch nie in meinem Leben bin ich so glücklich gewesen. Mein halbes Leben habe ich vertan, denn dieses Glück hätte ich schon mit vierzehn erleben können!»

Dieser Kommentar eines Studenten, der an einem Concourse Program des Massachusetts Institute of Technology (MIT) teilnahm, das ab 1992 die Art von Denkaufgaben verwendete, die sich in diesem Buch finden, ist kein Einzelfall. «Wenn du dich für diesen Kurs einschreibst», brachte es ein anderer Student auf den Punkt, «dann musst du alles andere aufgeben. Glaube nicht, dass du noch Zeit für Verabredungen haben wirst, dass du duschen oder schlafen könntest. Wenn du schläfst, werden dich die Aufgaben als Albträume heimsuchen – selbst unter die Dusche werden sie dich verfolgen!»

Wenn wir am frühen Morgen auf dem Weg in unsere Büros am Concourse-Foyer vorbeikommen, sind unsere jungen Problemlöser häufig immer noch am Werk: Seit dem Vortag sitzen sie dort und sind – trotz der Erschöpfung – immer noch dabei, zu argumentieren und zu analysieren. Aufgrund ihrer Gewohnheit, bis zum Morgen aufzubleiben, werden diese Studenten auch «Fünf-Uhr-morgens-Club» genannt. Ihre Besessenheit brachte uns auf die Idee, diese Denkspiele und Knobeleien einem breiteren Leserkreis zugänglich zu machen.

Es kommt entscheidend darauf an, den Studenten beizubringen, *wie* ihr Denken funktioniert, nicht, *was* sie denken sollen. Viele unserer Studenten haben Schwierigkeiten, Probleme zu lösen, die analytisches Denken verlangen. Und die Zulassungstests, mit denen wissenschaftliche Befähigung gemessen werden soll, ähneln oft dem Gesellschaftsspiel *Trivial Pursuit*. Sie haben also herzlich wenig mit wissenschaftlicher Befähigung oder mit jener leidenschaftlichen Hingabe zu tun, die wissenschaftliche oder technische Leistungen ermöglicht. Doch die Lösung von Problemen, besonders von technischen Problemen, ist das zentrale Anliegen des Massachusetts Institute of Technology. Vor etwa fünf Jahren wurde von Robert M. Rose innerhalb des Concourse Program ein Workshop eingerichtet, in dem es um die Lösung von Problemstellungen in der Chemie und Physik ging. Im zweiten Jahr dieses Workshops haben wir beide uns kennen gelernt und damit begonnen, die alte und vielfältige Welt russischer Knobeleien zu entdecken. (Als «russisch» bezeichnen wir sie, weil es sie schon lange vor den Sowjets gab. Sie waren ein fester Bestandteil dieser Kultur und ein herrlicher Zeitvertreib für lange Winterabende.)

Unter der sowjetischen Herrschaft, die den größten Teil des 20. Jahrhunderts andauerte, wurden staatlich geförderte Wettbewerbe zur Lösung mathematischer und naturwissenschaftlicher Aufgaben so beliebt und populär wie manche Sportarten. Die besten Gymnasiasten des Landes (meist die ersten zehn Prozent) nahmen an diesen Wettbewerben, den so genannten Olympiaden, teil. Regionale Sieger wurden zu überregionalen Veranstaltungen gemeldet, bis die Allerbesten schließlich zur nationalen Meisterschaft antraten.

Auch vom «Durchschnitt» wurde mehr erwartet, als nur Lehrbücher und Kompendien auswendig zu lernen. Das reichte bestenfalls für mittelmäßige Noten. Die Schüler und Studenten mussten zeigen, dass sie in der Lage waren, die vermittelten Inhalte rasch und richtig auf eine Vielzahl von Problemen und Situationen anzuwenden. Es ging darum, den operationalen Aspekten gewachsen zu sein, das heißt, sie mussten das, was sie gelernt hatten, auch nutzen können.

Besonders die mathematische Ausbildung hatte das Ziel, das Gehirn zu *trainieren*. Während es allgemein anerkannt wird, dass sportliche Betätigung erforderlich ist, um den Körper fit zu halten, begegnet man der Notwendigkeit, das Denken zu fördern, in anderen Ländern häufig mit Geringschätzung. Infolge des konsequenten Bildungssystems waren Naturwissenschaften und Mathematik in Russland lustvolle und spielerische Betätigungen. Es konnte geschehen, dass man jemand beim Mittagessen sagen hörte: «Erinnerst du dich noch an die Aufgabe bei der Zulassungsprüfung vor achtzehn Jahren? Ich habe eine neue Lösung gefunden!» Gute Wissenschaftler betrieben ihr Metier mit Leidenschaft und Freude.

Sie dürfen nicht vergessen, dass russische Wissenschaftler und Mathematiker Nationalhelden waren, nach denen Straßen, Parks und sogar ganze Städte benannt wurden. Diese Wertschätzung beschränkte sich nicht auf russische Gelehrte. Eine Biographie von Robert Woods, einem namhaften amerikanischen Physiker, wurde in Russland zu einem Bestseller. Man bekam das Buch in jeder Buchhandlung, und es hat mindestens zwanzig Auflagen erlebt. Die besten Eigenschaften des russischen Bildungssystems wurzelten tief in der europäischen Tradition. Das Ziel bestand nicht in einer Berufsausbildung, sondern in der geistigen und moralischen Entwicklung der Schüler. In den Klassen 6 bis 9 wurde euklidische Geometrie gelehrt, und darauf folgte ein Jahr Unterricht in Trigonometrie – aber bei alldem stand nie die praktische Anwendung im Vordergrund. Man wollte systematisches Denken lehren und die Fähigkeit schulen, die Schönheit in der Mathematik und in anderen geistigen Schöpfungen wahrzunehmen. Außerdem waren für jeden Schüler fünf Jahre Physikunterricht vorgesehen, um ein grundlegendes Verständnis davon zu vermitteln, was die Welt im Innersten zusammenhält.

Die einhundert Aufgaben in diesem Buch sollen in erster Linie unterhalten, aber Sie können auch aus allen etwas lernen. Die meisten der naturwissenschaftlichen Fragen haben mit der Newton'schen Physik zu tun. Um nicht den Blick auf die zugrunde liegenden Ideen zu verstellen, haben wir auf die Differenzialrechnung und nach Möglichkeit sogar auf die Algebra verzichtet.

Vielleicht werden Ihnen diese Fragen Spaß machen, Sie überraschen, ratlos machen oder sogar zu verzweifeltem, obsessivem Verhalten veranlassen. Gesammelt hat Jurij B. Tschernjak sie zunächst als Student, dann als Physikdozent an der Moskauer Staatsuniversität und schließlich während der Zeit, als man ihm die Ausreisegenehmigung verweigerte (1976 bis 1989). Viele der Aufgaben stammen aus den Zulassungstests der Universität und aus Olympiaden sowie aus der alten russischen Rätseltradition, die sich durch Vielschichtigkeit und trügerische Fragestellungen auszeichnet. Aus diesem riesigen Bestand (es sind mindestens fünfzigtausend Fragen) haben wir die interessantesten und relevantesten ausgesucht und sie an Erstsemesterstudenten im Concourse Program des MIT getestet.

Die «Aufwärm»-Kapitel enthalten relativ leichte Aufgaben, die Appetit machen sollen auf die anspruchsvolleren Fragestellungen der folgenden Kapitel. Bei der Überprüfung dieser Aufgaben im Concourse Program haben wir viel Wert auf formale Analogien, Symmetrien und Invarianzen gelegt, die zu den fundamentalen Vorstellungen der Physik gehören. Dabei haben wir uns bemüht, diese grundlegenden und wichtigen wissenschaftlichen Konzepte mit Hilfe alltäglicher Situationen vorzustellen. Wie in unseren Kursen haben wir überall im Buch Begebenheiten aus der Wissenschaftsgeschichte und aus dem Leben berühmter Wissenschaftler eingeflochten.

Lassen Sie uns noch kurz erklären, was es mit dem Concourse Program auf sich hat. Es wurde vor fünfundzwanzig Jahren gegründet und ist eine von vielen pädagogischen Erfolgsgeschichten des MIT. Es beruht auf der ältesten Erziehungsidee: dass eine kleine Gruppe von Studierenden selbst die beste Methode zum Lernen finden wird. Jedes Jahr nehmen vierundsechzig Studienanfänger an dem Programm teil, in dem eine kleine Gruppe eng zusammenarbeitender Dozenten den gesamten Lehrstoff des ersten Jahres vermittelt. Das Ganze findet in einem einzigen Übungsraum und einem geräumigen Foyer (mit Küche) statt, das zum Lernen, Unterrichten, geselligen Miteinander und Entspannen dient. Diese wunderbar geeigneten Räumlichkeiten befinden sich in Gebäude 20, einem leicht verwitterten, gemütlichen und sehr beliebten Bauwerk von militärischem Aussehen, das während des Zweiten Weltkriegs in aller Eile errichtet wurde, um dem Radarentwicklungsteam eine Bleibe zu geben. In der anregenden Atmosphäre des Concourse haben wir an kalten Januarvormittagen im warmen Foyer oder beim Frühstück in der Küche die Brauchbarkeit der nun folgenden Aufgaben an unseren Studenten erprobt.

Wer nicht weiß, wie die Welt funktioniert, darf sich nicht wirklich für gebildet halten. Es gilt, die Schönheit der Mathematik und der Naturwissenschaften begreifen und beweisen zu können. Dieses Buch lädt dazu ein. Wir hoffen, dass es Ihnen gefallen wird.

Dank

In dem vorliegenden Buch sind drei Stimmen zu hören: die von Jurij Tschernjak – und in ihr die Stimmen all der nicht genannten russischen Denker und Studenten, die diese Aufgaben ersonnen haben –, sodann die von Robert Rose, dem Direktor und Begründer des Concourse Program, das für die heutige Form der Aufgabenstellungen verantwortlich ist, und die der MIT-Studenten, deren Energie und Begeisterung uns ermutigt haben, den eingeschlagenen Weg weiterzuverfolgen. Ohne das Concourse Program und seine Studenten wäre das Experiment, das zu diesem Buch geführt hat, nicht denkbar gewesen. Außerdem hatten wir die Unterstützung und den Zuspruch des MIT-Jahrgangs von 1951, eine Hilfe, die wir sehr zu schätzen wussten.

Im Einzelnen möchten wir den Studenten danken, die das Concourse-Foyer an jenen kalten Januarmorgen (und -nachmittagen und -abenden!) bevölkerten: den «Tutoren» Charu Chaudhry, Antony Donovan, Sushil Panta und Mike Quirk und den «Schülern» Mike Allen, Becky Covert, Joshua Goldberg, Kwan Yong Ha, Charley Hamilton, Brad McKesson, Will Nielsen, Srivatsan Raghavan, Marion Shows, Van Van, Victor Washington, Daniel Weber und David (Chia-Ying) Yang. Sie alle haben zum Gelingen dieses Buches beigetragen – in unterschiedlichem Maße und auf unterschiedliche Weise, aber alle großzügig und begeistert. Dafür gebührt ihnen unser Dank.

Um die Organisation und formale Gestaltung des Manuskripts hat sich Van Van gekümmert. Die Illustrationen im Text stammen, bis auf wenige Ausnahmen, von Joseph Latinsky.

Zu Dank verpflichtet sind wir Dr. Maxim Umansky und Professor Jerome Y. Lettvin für viele konstruktive Vorschläge.

Schließlich und vor allem haben wir mit großer Dankbarkeit der unendlichen Geduld von Natasha Tschernjak und Martha Rose zu gedenken, mit denen wir das Glück haben verheiratet zu sein (je einer von uns mit einer von beiden).

Zur Benutzung dieses Buches

1. Versuchen Sie, die Aufgabe zunächst *ohne* die Tipps zu lösen.

2. Wenn Sie ein Rätsel, und sei es auch nur eine Aufwärmübung, zu schwierig finden, beschäftigen Sie sich ruhig mit einem anderen. Verschiedene Menschen reagieren sehr unterschiedlich auf dieselbe Frage, und diese Reaktion hat nichts mit Intelligenz und Bildung zu tun. Wenden Sie sich der schwierigen Frage später noch einmal zu.

3. Lesen Sie die Lösung erst, wenn Sie auf eine eigene Lösung gekommen sind und diese gründlich durchdacht haben.

4. Die leichtesten Fragen finden sich in den ersten beiden Kapiteln und zu Beginn der nachfolgenden Kapitel. Die schwierigsten Rätsel stehen am Ende des jeweiligen Kapitels. Noch einmal: Denken Sie daran, dass die individuellen Reaktionen höchst unterschiedlich sind. Seien Sie also nicht überrascht, wenn Ihnen eine der «leichten» Fragen Schwierigkeiten bereitet.

KAPITEL EINS
Aufwärmübungen

1. Natürliche Geburt

Zwei Geschwister werden auf natürliche Weise am selben Tag, im selben Jahr und von derselben Mutter geboren. Beide haben denselben Vater. Trotzdem sind sie *keine* Zwillinge – weder zweieiige noch eineiige. Kann das sein?

TIPP: Achten Sie genau darauf, was gesagt wird und was nicht gesagt wird.

2. Der stumme Papagei (oder: Das Problem mit Mathematikern)

Der Eigentümer einer Zoohandlung ist ein Mathematiker im Ruhestand. Er lügt nie, und seine Aussagen sind stets sehr genau. Einem Kunden teilt er mit, der Papagei im Käfig sei von überragender Intelligenz – ja, «dieser Vogel wird jedes Wort wiederholen, das er hört». Beeindruckt von dieser Ankündigung, kauft der Kunde den Papagei. Doch schon nach wenigen Tagen taucht er wütend wieder mit dem Vogel auf und sagt: «Stundenlang habe ich jeden Tag mit ihm gesprochen, aber dieses dumme Federvieh hat nicht ein einziges Wort wiederholt.» Trotzdem hat der Zoohändler nicht gelogen. Wie ist das möglich?

TIPP: Irgendetwas stimmt mit der Aussage, dem Papagei oder dem Kunden nicht!

3. Kunstfragen

Ein Bildhauer namens Weiß, ein Geiger namens Schwarz und ein Maler namens Rot treffen sich in einem Café. Einer der drei sagt: «Ich habe schwarzes Haar, und ihr beide habt rotes beziehungsweise weißes Haar, aber keiner von uns hat die Haarfarbe, die zu seinem Namen passt.» Weiß antwortet: «Du hast völlig Recht.» Welche Haarfarbe hat der Maler?

TIPP: Zeichnen Sie eine rechteckige Tabelle oder Matrix. Tragen Sie in die Zeilen die Namen, in die Spalten die Haarfarben ein. Füllen Sie die Felder nun gemäß der Aufgabenstellung aus.

4. Ritter und Knappen

Vor vielen Jahren warteten drei Ritter darauf, über die Newa zu setzen. Jeder Ritter hatte seinen Knappen bei sich – folglich waren sie insgesamt sechs Personen. Das Boot, das ihnen zur Verfügung stand, konnte nur zwei von ihnen tragen. Nun waren die Ritter aber grausame Mörder und die Knappen deshalb außer sich vor Angst. So groß war ihre Furcht, dass jeder Knappe an einem Herzschlag sterben würde, wenn ihn nicht sein eigener Herr durch seine Anwesenheit vor den anderen Rittern beschützte. Gab es eine Möglichkeit, sie alle über den Fluss zu bringen, ohne einen Knappen zu verlieren?

TIPP: Zeichnen Sie sich die Situation auf, damit Sie sich die Aufgabe bei der Analyse besser vorstellen können.

5. Noch mehr Ritter und Knappen

Nehmen wir an, wir hätten die gleiche Problemstellung wie in der vorherigen Aufgabe, aber diesmal mit vier Paaren von Rittern und Knappen. Gibt es auch hier eine Lösung?

TIPP: Beweisen Sie, dass eine Situation, wie wir sie im vierten Schritt der Lösung für die vorherige Aufgabe hatten (das heißt mit allen Knappen auf der einen Seite des Flusses und den Rittern auf der anderen), unumgänglich ist. Überlegen Sie dann von diesem Punkt aus weiter.

6. Und noch einmal die Ritter und Knappen: Kein Mensch ist eine Insel

Betrachten Sie die letzte Aufgabe mit den vier Paaren von Rittern und Knappen noch einmal, aber nehmen Sie diesmal an, dass sich eine Insel in der Mitte des Flusses befindet. Ermöglicht die Insel eine Lösung?

TIPP: Inzwischen sollten Sie nicht mehr auf irgendwelche Tipps zur Lösung von Ritter-Knappen-Problemen angewiesen sein. Sie sind mittlerweile selbst zu einem Meister in mittelalterlicher Diplomatie geworden.

7. Großvaters Frühstück

Großvater ist ein sehr schwieriger Mensch. Seine Frühstückseier müssen genau fünfzehn Minuten gekocht werden und keinen Augenblick länger oder kürzer. Eines Tages bittet er Sie, ihm das Frühstück zu bereiten, doch die einzigen Uhren im Haus sind zwei Sanduhren. Bei der größeren dauert es elf Minuten, bis der Sand durchgelaufen ist, bei der kleineren sieben Minuten. Was tun Sie? (Großvater wird schon ungeduldig!)

TIPP: Überlegen Sie sich den ersten Schritt genau! Die Logik ist eindeutig.

8. Der Gefangene und die Wächter

Sie sind ein Gefangener mit zwei Wächtern. Jeder bewacht eine Tür zu Ihrem Kerker. Ein Wächter sagt *immer* die Unwahrheit und einer *immer* die Wahrheit, aber Sie wissen nicht, wer von beiden der Lügner ist. Sie dürfen den Kerker nun durch eine der beiden Türen verlassen. Die eine Tür führt zum Richtblock und in den Tod, die andere in die Freiheit. Es ist Ihnen erlaubt, eine einzige Frage an einen der Wächter zu stellen. Was tun Sie?

TIPP: Sie müssen in Ihrer Frage eine Verbindung zwischen den Türen und den Wächtern herstellen. (Es gibt mehr als eine Lösung für Ihr Dilemma.)

9. Iwanow und die Uhr

Iwanow sucht seinen Chef, den Parteifunktionär. Das Büro seines Chefs ist luxuriös eingerichtet, mit üppigen Polstermöbeln, dickem Teppich, schweren Vorhängen und einer dick ausgekleideten, schalldichten Tür, aber er selbst ist meist abwesend. Iwanow öffnet die Tür zu diesem Büro und hört die Wanduhr einmal schlagen. Auch diesmal ist der Chef nicht da. Iwanow lässt die Tür offen. Eine halbe Stunde später hört Iwanow die Uhr zu seiner Überraschung abermals einmal schlagen. Nach einer halben Stunde passiert das Gleiche erneut – und noch immer ist der Chef nicht aufgetaucht. Allmählich verliert Iwanow die Geduld, wartet eine weitere halbe Stunde und hört die Uhr zum vierten Mal nur einmal schlagen. Die Sekretärin des Chefs, die inzwischen zurückgekehrt ist, teilt ihm mit, der Chef sei, unmittelbar bevor Iwanow gekommen sei, zum Mittagessen gegangen. Iwanow weiß, dass die Uhr zu jeder vollen Stunde die Stundenzahl und zu jeder halben Stunde einmal schlägt. Wann kann der Chef spätestens sein Büro verlassen haben?

TIPP: Denken Sie an den Teppich, die Vorhänge, die Polstermöbel und die schalldichte Tür.

KAPITEL ZWEI

Mehr Aufwärmübungen

1. Einkaufen mit Boris und Marina

Boris und Marina möchten beide je ein Eis am Stiel. Leider fehlen Boris 24 Kopeken, um sich ein Eis zu kaufen, und Marina hat auch zwei Kopeken zu wenig. Sie beschließen, zusammenzulegen und sich ein Eis zu teilen. Als sie es tun, stellen sie fest, dass sie nicht genügend Geld haben. Was kostet ein Eis am Stiel?

TIPP: Kein Tipp, sondern nur eine kleine Anmerkung: Die Kopeke ist die kleinste Münze in Russland, und das geschilderte Problem stellte sich in der Realität oft genug.

2. Einkaufen mit Boris und Marina Teil zwei

Wieder kaufen Boris und Marina ein, diesmal Schokoriegel. Boris meint: «Wenn ich die Hälfte meines Geldes zu deinem hinzufüge, haben wir genug, um zwei Schokoriegel zu kaufen.» Treuherzig fragt Marina: «Und wenn ich die Hälfte meines Geldes zu deinem dazulege, wie viele können wir dann kaufen?» – «Einen Schokoriegel», antwortet Boris. Wie viel Geld hatte Boris?

TIPP: Wenn Sie die Aufgabe mit dem Eis am Stiel gelöst haben, wird Ihnen Boris sicher schon verdächtig vorkommen.

3. Im Kino

Olja, Petja, Kolja und Klawa gehen an Schultagen regelmäßig ins Kino, meist an Tagen, an denen sie eine bestimmte Stunde oder Klassenarbeit schwänzen möchten. Es begann mit einem regnerischen Tag, an dem sie gemeinsam ins Kino gingen, und seither ist es eine liebe Gewohnheit geworden. Die vier folgen dabei aber unterschiedlichen Zeitplänen: Olja geht an jedem vierten Tag, Petja an jedem fünften Tag, Kolja an jedem siebten und Klawa an jedem neunten. Wann werden sie wieder gemeinsam ins Kino gehen?

TIPP: Die Zahlen 4, 5, 7 und 9 haben keinen gemeinsamen Faktor.

4. Ein Alkoholproblem

Neben Schach und Knobeln ist Trinken seit jeher die verbreitetste Form der Freizeitbetätigung in Russland. Wassili hat einen 12-Liter-Eimer Wodka ergattert und möchte Pjotr die Hälfte davon abgeben. Nun hat Pjotr aber nur eine leere 8-Liter-Flasche und eine leere 5-Liter-Flasche. Wie können die beiden ihren Wodka gerecht teilen?

TIPP: Kein Tipp, nur eine Anmerkung: Flaschen waren, vor allem in der letzten Phase des kommunistischen Regimes, Mangelware. Um ein Medikament zu bekommen, musste man in der Apotheke oft mit einer leeren Flasche erscheinen.

5. Die Raupe

Wir haben Frühling und deshalb zwölf Stunden Tageslicht. Eine Raupe klettert tagsüber eine senkrechte Mauer mit einer Geschwindigkeit von einem Fuß (30,49 Zentimetern) pro Stunde empor und schläft in der darauf folgenden Dunkelheit zwölf Stunden lang. Während dieser Zeit rutscht sie mit einer Geschwindigkeit von einem halben Fuß in der Stunde abwärts. Die Wand ist 48 Fuß hoch. Wie lange braucht die Raupe, um die obere Kante der Mauer zu erreichen?

TIPP: Wenn die Raupe die obere Kante der Mauer erreicht hat und ein Nickerchen hält, rutscht sie nicht mehr nach unten.

6. In Unschuld die Hände waschen

Können Sie sich die Hände in flüssigem Stickstoff waschen (77° Kelvin oder –196 °Celsius), ohne Schaden zu erleiden? Erklären Sie, warum.

TIPP: Wenn Sie einen Wassertropfen in eine sehr heiße Bratpfanne fallen lassen, werden Sie feststellen, dass ihm eine lange Lebensdauer vergönnt sein kann.

7. Beeren kaufen

Beeren aller Sorten (von denen viele Ähnlichkeit mit Preiselbeeren haben) sind in Russland sehr beliebt. In einem Lagerhaus werden 1000 Kilogramm frische Beeren gelagert. Als sie frisch waren, enthielten sie 99 Prozent Wasser. Doch einige Tage später zeigt ein Test, dass sich der Anteil auf 98 Prozent Wasser verringert hat, weil die Beeren inzwischen etwas ausgetrocknet sind. Wie viel wiegen die Beeren nun?

TIPP: Überlegen Sie genau, bevor Sie rechnen. Der Aufgabe liegt ein Konzept zugrunde, das von zentraler Bedeutung für die gesamte Physik ist: Sie machen sich Ihr Leben (als Physiker) sehr viel leichter, wenn Sie eine Größe finden, die auch im Endzustand erhalten bleibt.

8. Das Videoband

Es geht um das Zurückspulen einer ganzen Videokassette, bei der sich der Wickelteller mit einer konstanten Winkelgeschwindigkeit dreht (das heißt mit einer konstanten Anzahl von Umdrehungen pro Zeiteinheit). Wie lange dauert es, die ersten 25 Prozent des Bands zurückzuspulen? Nehmen Sie der Einfachheit halber an, dass der Durchmesser des vollständig aufgespulten Videobands wesentlich größer ist als der Durchmesser des Tellers.

TIPP: Die Bandlänge lässt sich überschlagen, indem man die Fläche des aufgespulten Bandes auf der Abwickelspule durch die Banddicke teilt. Die Anzahl der Umdrehungen lässt sich errechnen, indem man den Radius des aufgespulten Abwickeltellers (abzüglich des Durchmessers des Aufwickeltellers) durch die Banddicke teilt.

9. Abenteuer in der Moskauer U-Bahn

Boris fährt mit der Moskauer U-Bahn, die einen Kreis beschreibt, in die Schule. Zufällig befindet sich diese an einem Punkt des Kreises, der der Station, wo Boris einsteigt, genau gegenüberliegt. Daher ist es egal, in welche Richtung Boris fährt – der Schulweg dauert immer gleich lang. Die Züge fahren im Uhrzeigersinn und gegen ihn, sie halten ihre Fahrpläne aber sehr genau ein. Der Zeitabstand zwischen zwei aufeinander folgenden Zügen, die gegen den Uhrzeigersinn fahren, ist gleich dem Intervall zwischen zwei Zügen, die dem Uhrzeigersinn folgen. Wenn also beispielsweise eine Stunde zwischen der Ankunft zweier Züge im Uhrzeigersinn liegt, so sind auch die Züge gegen den Uhrzeigersinn jeweils durch eine Stunde getrennt. Boris fiel jedoch auf, dass er häufiger Züge erwischte, die im Uhrzeigersinn fuhren, obwohl sein Stundenplan unregelmäßig war und er zu sehr unterschiedlichen Zeiten zur U-Bahn-Station kam. Können Sie das erklären?

TIPP: Nicht die Züge treffen zufällig ein, sondern Boris.

10. Der verrückte Hund (oder: Das Problem, das John von Neumann nicht hinters Licht geführt hat)

Mischa und Tischa sitzen auf ihren Fahrrädern und sind durch die Entfernung *L* getrennt. Sie beginnen gleichzeitig, sich aufeinander zuzubewegen. Beide treten so kräftig in die Pedale, wie sie können, denn sie wollen einen Zusammenstoß herbeiführen. Kaum sind sie losgefahren, verlässt ihr Hund, der sie beide liebt, Mischa und läuft, so schnell er kann, zu Tischa, die ihm den Kopf tätschelt. Daraufhin verlässt er Tischa und läuft zu Mischa, der ihm ebenfalls den Kopf tätschelt, woraufhin er sofort umdreht und zu Tischa zurückrennt. Das wiederholt sich, bis die beiden Radfahrer zusammenstoßen. Welche Entfernung hat das verrückte, liebevolle Tier zurückgelegt? Nehmen Sie an, dass Mischa und Tischa sich mit den konstanten Geschwindigkeiten v_1 beziehungsweise v_2 fortbewegen, während der Hund die Geschwindigkeit u aufweist und ohne Zeitverlust wenden kann (oder es zumindest versucht!).

TIPP: Das ist wirklich eine Aufgabe, bei der einem warm wird.

KAPITEL DREI
Nikolaijs mühselige Geschäftsreise

1. Tee kühlen

Nikolaij reist geschäftlich nach Wischnij-Wolotschok. In dem Hotel dort fehlt es an Annehmlichkeiten jeglicher Art. So gibt es selbstverständlich auch keine Küche. Daher hat Nikolaij einen kleinen Tauchsieder bei sich, mit dem er seinen Tee erwärmt. Jeden Morgen macht er den Tee heiß, gibt Zucker hinein und wartet, bis er so weit abgekühlt ist, dass er ihn trinken kann. Eines Morgens verspätet er sich, und sein Tee beginnt schon abzukühlen, bevor er den Zucker hineintut. Auf welche Art geht das Abkühlen schneller?

TIPP: Die Auflösung von Zucker in Wasser (oder Tee) ist eine endotherme Reaktion – das heißt, Zucker absorbiert Wärme, wenn er sich auflöst.

2. Luxuriöse Unterbringung

Nikolaij muss für eine Woche nach Sankt Petersburg. Die Unterkunft ist wesentlich besser als in Wischnij-Wolotschok, aber auch teurer. Außerdem ist der Hotelbesitzer nicht bereit, Rubel zu akzeptieren. Nikolaij hat eine Silberkette mit sieben Gliedern, und der Hotelbesitzer verlangt ein Kettenglied pro Tag. Jeden Morgen besteht er auf der Bezahlung für den neuen Tag. Andererseits will er aber, dass während des gesamten Aufenthalts von einer Woche nur ein Glied zerschnitten wird, damit die Kette möglichst wenig beschädigt wird. Wie kann Nikolaij den Hotelbesitzer bezahlen?

TIPP: Nikolaij kann dem Hotelbesitzer einige Kettenglieder geben und andere als Wechselgeld von ihm erhalten.

3. Worst-Case-Szenario in Wischnij-Wolotschok

Nikolaij ist zurück in Wischnij-Wolotschok. Als er mit neun anderen Reisenden eintrifft, ist der Hoteldiener betrunken und hat die Zimmerschlüssel vertauscht. Keiner der zehn Schlüssel ist gekennzeichnet, und die Zimmer sind verschlossen. Die zehn Reisenden sind sehr müde. Welche Zahl von Versuchen ist *maximal* (also im schlimmsten Fall) erforderlich, um jeden Schlüssel einer Tür zuzuordnen?

TIPP: Die Zahl der Versuche, die erforderlich ist, um die Schlüssel zuzuordnen, entspricht nicht der Zahl von Versuchen, die erforderlich ist, um alle Türen zu öffnen. Überlegen Sie, wie viele Versuche Sie brauchen, um den ersten Schlüssel zu ermitteln.

4. Eine weitere traurige Nacht in Wischnij-Wolotschok

Nikolaij muss das Hotel jeden Morgen sehr früh verlassen, um rechtzeitig bei der Arbeit zu erscheinen. Es gibt keinen Zimmerservice und keine Restaurants. Sein Freund und er bereiten den Tee in ihrem Zimmer zu (das ist zwar verboten, aber sie lassen sich lieber rauswerfen, als auf ihr Frühstück zu verzichten). Beide haben kleine Tauchsieder, mit denen sie das Wasser in ihren Tassen zum Kochen bringen. Die Zeit ist knapp, daher müssen sie dafür sorgen, dass das Wasser in ihren Tassen so rasch wie möglich kocht. Sie können je einen Tauchsieder in je eine Tasse stecken oder zwei Sieder in eine Tasse halten und die beiden Tassen nacheinander erhitzen. Was geht schneller?

TIPP: Gäbe es keinen Wärmeverlust, würden beide Methoden zur Erwärmung des Wassers die gleiche Zeit in Anspruch nehmen.

5. Wie Nikolaij zu Hause empfangen wird

Schließlich kehrt Nikolaij aus Wischnij-Wolotschok zurück. Seine Frau Nina entdeckt tiefe, gerade Kratzer auf Nikolaijs nagelneuem Koffer, den sie ihm kürzlich zum Geburtstag geschenkt hat. Wütend verlangt sie eine Erklärung. Daraufhin erzählt ihr Nikolaij die folgende Geschichte: Er hat auf dem Moskauer Flughafen auf sein Gepäck gewartet. Sein Koffer, der flache Seiten hat, wurde mit der konstanten Geschwindigkeit v auf dem Transportband befördert. In diesem Moment entwischte der Kater Waska seinem Besitzer und sprang über das Transportband, und zwar im rechten Winkel zur Bewegung des Gepäckstücks. Er schaffte es aber nicht ganz, landete auf Nikolaijs Koffer, wo er seine Krallen hineinschlug und das nagelneue Leder zerkratzte. Nina erwidert, das könne nicht stimmen, weil die Kratzer *gerade* seien. Sie sei sich ganz sicher, dass die Kombination aus der geradlinig-gleichförmigen Bewegung des Koffers und der sich verlangsamenden Bewegung des Katers in Querrichtung zu einer *gekrümmten* Bahn hätte führen müssen. Glauben Sie, dass Nina ihren Mann bei einer Lüge ertappt hat?

Betrachten Sie zwei Fälle: einen, bei dem die Reibung zu vernachlässigen ist und der Kater Waska mit konstanter Geschwindigkeit über den Koffer schlittert, und einen zweiten Fall, bei dem eine erhebliche Reibung entsteht (also tiefe Kratzer in Nikolais Gepäckstück) und Waska an Geschwindigkeit verliert, sodass er in der Mitte des Koffers zum Stehen kommt.

TIPP: Hier ist Ihr Bezugssystem von großer Bedeutung! Stellen Sie sich vor, Sie stünden auf dem Koffer und sähen Waska auf sich zuspringen. Sie sollten außerdem den Luftwiderstand außer Acht lassen (das ist ein weiterer Tipp).

KAPITEL VIER

Bezugssysteme

1. Eine Lektion aus dem Luftkampf

Beim Luftkampf greifen Kampfflugzeuge feindliche Bomber in der Regel von hinten an. Um die Militärflugzeuge vor solchen Angriffen zu schützen, rüstete man das Heck mit Raketen aus, die nach hinten gerichtet waren und abgeschossen werden sollten, wenn sich ein feindliches Flugzeug aus dieser Richtung näherte. Doch als man die neue Abwehrwaffe testete, stellte sich heraus, dass die Raketen augenblicklich eine Kehrtwendung vollzogen und das Flugzeug trafen, von dem aus sie abgeschossen worden waren. (Zum Glück für den Piloten waren diese Testraketen nicht mit Sprengsätzen ausgestattet. Trotzdem war die Bestürzung groß.) Können Sie dieses Phänomen erklären? (Das ist eine wahre Geschichte. Sie hat sich kurz nach dem Zweiten Weltkrieg in der Sowjetunion ereignet, als man anfing, Düsenflugzeuge zu entwickeln.)

TIPP: Als die Waffen konstruiert wurden, gab es noch keine elektronischen Lenkvorrichtungen, die es erlaubten, die Geschosse im Flug zu steuern. Es handelte sich um einfache Raketen, die auf das Ziel ausgerichtet und abgeschossen wurden. Berücksichtigen Sie folgende Aspekte: Welcher kinematische Unterschied besteht zwischen einem Geschoss, das von einer Kanone abgefeuert wird, und einer Rakete? Eignet sich das Flugzeug, von dem die Rakete abgeschossen wird, als Bezugssystem für die Rakete?

2. Opa Masaij rudert hinter seinem Wodka her

Wir wollen Sie nun mit Opa Masaij – einer beliebten Figur aus der russischen Folklore – bekannt machen. Er rudert einen Fluss hinunter, dessen Strömung zwei Kilometer in der Stunde beträgt. In einer Holzkiste im Heck des Bootes befindet sich die unvermeidliche Flasche Wodka. Als er unter einer Brücke hindurchfährt, nimmt er einen kräftigen Schluck aus der Flasche, stellt sie dann aber nicht in den Kasten zurück, sondern lässt sie in den Fluss fallen. Als ihm dreißig Minuten später wieder nach einem Schluck zumute ist, stellt er fest, dass die Flasche nicht mehr an ihrem Platz ist. Opa Masaij rudert (und trinkt Wodka) mit gleich bleibender Geschwindigkeit. In ruhigem Wasser, auf einem See, beträgt seine Geschwindigkeit drei Kilometer in der Stunde. Wie lange wird er brauchen, um zu seiner vor sich hindümpelnden Flasche zurückzukehren, und wie weit wird er zu diesem Zeitpunkt von der Brücke entfernt sein?

TIPP: Abermals ein Problem des Bezugssystems!

3. Legen Sie Ihre Sicherheitsgurte an!

Vor nicht allzu langer Zeit flog ich in einem kleinen Verkehrsflugzeug von Boston nach New York City. Da wir in einer Höhe von dreitausend Metern flogen, hatte ich einen wundervollen Blick auf die Welt unter mir. Dann wurde meine Aufmerksamkeit von einem kleineren, leichten Flugzeug angezogen, das unter uns unseren Weg kreuzte. Ich war von ihm so gefesselt, weil es sich sehr seltsam und verblüffend vorwärts bewegte. Eigentlich hatte ich erwartet, der Propeller würde das Flugzeug in gerader Linie vorwärts ziehen, in einer parallel zu seinem Rumpf verlaufenden Richtung. Stattdessen schien es in schrägem Winkel zum Rumpf voranzukommen, das heißt, sich sowohl seitwärts als auch vorwärts zu bewegen. Das Ganze war der Art, wie junge Hunde laufen – in schrägem Winkel zur Ausrichtung von Kopf und Körper –, geradezu lächerlich ähnlich. Mein Sitznachbar meinte, daran sei vielleicht ein Seitenwind schuld, aber der Pilot erklärte uns, es sei absolut windstill. Können Sie erklären, was ich gesehen habe?

TIPP: Streng genommen hängt es weniger von Ihrem Standpunkt ab als von einem anderen Element Ihrer Situation.

4. Explosionen

Ein Sack wird mit einer großen Anzahl Bälle gefüllt. Es sind jedoch zu viele Bälle, und der Sack explodiert in der Luft. Die Bälle fliegen vom Sack aus in alle Richtungen davon. Nehmen wir an, die Bälle hätten alle denselben Ausgangspunkt im Raum, die gleiche Geschwindigkeit und keinen Luftwiderstand. Was für eine geometrische Figur beschreiben die Positionen der Bälle zu jedem beliebigen Zeitpunkt?

TIPP: Blicken Sie am 1. Januar Punkt null Uhr in den Himmel.

5. Regnerischer Tag auf dem Karussell

Nehmen wir an, Sie sitzen auf einem Karussell ohne Dach. Als es zu regnen anfängt, öffnen Sie Ihren Regenschirm. Wie halten Sie ihn am besten, um möglichst trocken zu bleiben? Sie befinden sich im Abstand r vom Drehpunkt, das Karussell dreht sich mit der konstanten Winkelgeschwindigkeit ω, und die Regentropfen fallen mit der Geschwindigkeit **v** senkrecht vom Himmel (es ist absolut windstill).

TIPP: Was ist gemeint mit «Wie halten Sie den Regenschirm am besten»? Sie bleiben so trocken wie möglich, wenn er den größtmöglichen Querschnitt aus dem Regen herausschneidet. Vergleichen Sie diese Aufgabe mit dem Problem des Soldaten bei der Parade zum 1. Mai (Aufgabe 9 in diesem Kapitel).

6. Mischa und Tischa auf dem Jahrmarkt

Auch Mischa und Tischa sind auf dem Jahrmarkt. Mischas Geschwindigkeit verändert sich ständig, ist aber *immer* geringer als Tischas Geschwindigkeit. Tischas Geschwindigkeit verändert sich gleichfalls ständig, weist aber immer den gleichen Winkel zu Mischas Geschwindigkeit auf. Außerdem sind Mischa und Tischa relativ zueinander völlig bewegungslos. Wo befinden sie sich?

TIPP: Die *Beträge* von Mischas Geschwindigkeit und von Tischas Geschwindigkeit sind beide konstant.

7. Noch immer auf dem Jahrmarkt – Mischa und Mascha

Mischa und Tischa bleiben noch ein bisschen auf dem Jahrmarkt. Tischa ist davongegangen, um sich etwas zu essen zu holen, und Mischa sitzt auf dem Karussell – auf einem Pferd, das zwei Meter vom Mittelpunkt entfernt ist. Gleich nebenan steht ein zweites Karussell, dessen Mittelpunkt genau fünf Meter vom Zentrum des Karussells entfernt ist, auf dem Mischa sitzt. Dieses zweite Karussell dreht sich mit der gleichen Winkelgeschwindigkeit ω in die entgegengesetzte Richtung. Darauf sitzt Mascha, und ihr Pferd befindet sich ebenfalls zwei Meter vom Drehpunkt des eigenen Karussells entfernt. Nachdem Mascha, eine sehr attraktive und sehr ehrgeizige Kommilitonin von Mischa am Polytechnischen Institut, mehrfach (in entgegengesetzter Richtung) an ihm vorbeigekommen ist, fühlt sie sich von ihm angezogen. Als die Karussellfahrten vorbei sind, treffen sie sich. Sie meint, ihr sei bei ihren Begegnungen aufgefallen, dass sein Pferd ziemlich langsam gewesen sei. Mischa erwidert, sie müsse sich irren. Er habe keinen Zweifel daran, dass *seine* Geschwindigkeit jedes Mal größer als ihre gewesen sei, wenn sie sich einander näherten. Da sie diese Streitfrage nicht beilegen konnten, war die viel versprechende Liebesgeschichte schon zu Ende, noch ehe sie begonnen hatte. Können Sie die Beobachtungen der beiden verhinderten Liebenden erklären?

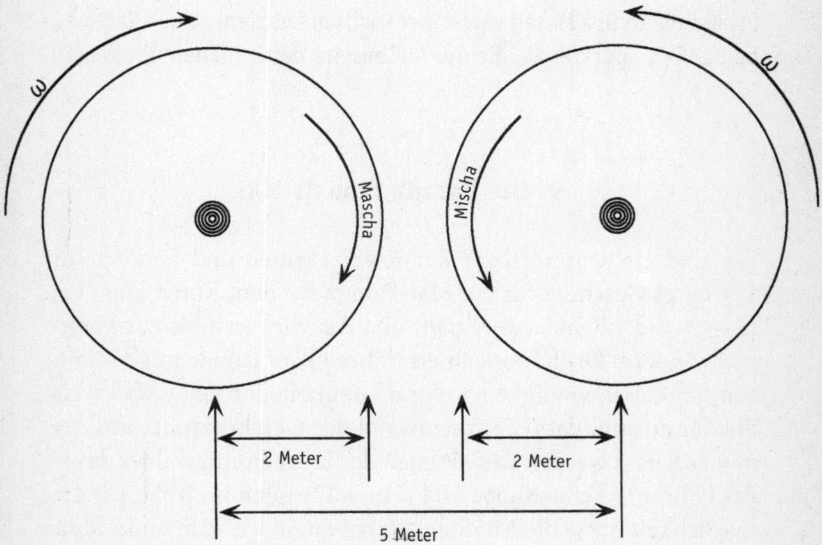

TIPP: Wir haben es hier mit trägheitslosen, rotierenden Bezugssystemen zu tun.

8. Opa Masaij und die Straßenbahn

Nachdem Opa Masaij seine Wodkaflasche wieder eingefangen und sich auf festen Boden zurückgezogen hat, befindet er sich jetzt auf der Straße und erholt sich in horizontaler Lage von den Strapazen und dem Alkohol. Als sein Blick parallel zum Erdboden auf eine Straßenbahn auf der anderen Seite fällt, hat er den Eindruck, dass sich Teile der Straßenbahn relativ zum Gleis *rückwärts* bewegen. Ist Opa Masaijs Hirn endgültig dem Wodka erlegen?

TIPP: Das ist ein ausgesprochenes Bezugssystem-Problem, und zwar in mehr als einer Hinsicht. Bedenken Sie vor allem, welche Teile der Straßenbahn Opa Masaij von seiner Position aus sieht. Diese Räder haben außen Spurkränze, die die Außenseite der Schienen überlagern.

9. Die Parade zum 1. Mai

Sie sind ein Unteroffizier der Roten Armee und bereiten Ihr fahrbares Geschütz für die Mai-Parade auf dem Roten Platz vor. Es ist windstill, aber es regnet, und das wird sich bis zur Parade nicht ändern. Die Kanone muss während der Parade mit der konstanten Geschwindigkeit **v** vorankommen. Ihr Feldwebel weist Sie darauf hin, dass die Innenwand des Geschützrohrs *auf keinen Fall* nass werden darf. Wegen des Erscheinungsbildes duldet das Politbüro keine Kappe und keinen Pfropfen im Rohr. Die Öffentlichkeit muss die Möglichkeit haben, in die gähnende Mündung Ihres Geschützes zu blicken. Aus dem gleichen Grund darf auch die Außenseite Ihrer Kanone nicht verkleidet werden. Da Sie keine Lust auf Scherereien haben, versichern Sie Ihrem Feldwebel, dass Sie die Innenwände des Geschützrohrs trocken halten werden, ohne das Geschütz zu bedecken oder zu verstopfen. Wie stellen Sie das an?

TIPP: Betrachten Sie das Problem aus dem Blickwinkel des Geschützes.

10. Trommelwirbel im Galilei'schen Bezugssystem

Eine zylindrische Trommel mit dem Radius R rollt zwischen zwei Platten, ohne zu rutschen. Die obere Platte bewegt sich mit der Geschwindigkeit $\mathbf{v}_{ob}$ nach rechts und die untere mit der Geschwindigkeit $\mathbf{v}_{un}$ nach links, wobei beide Geschwindigkeiten parallel zu den Ebenen der Platten verlaufen. Wenn $\mathbf{v}_{ob} = -\mathbf{v}_{un}$ und $|\mathbf{v}_{ob}| = |\mathbf{v}_{un}| = \mathbf{v}$ ist, wie viele Umdrehungen pro Sekunde

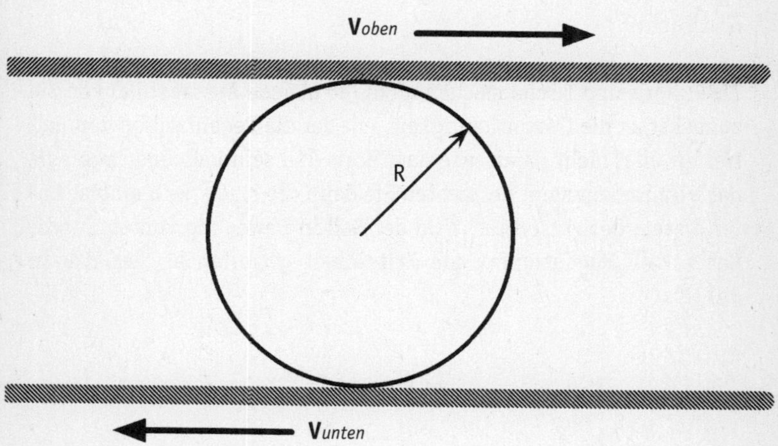

macht die Trommel dann? Und: Wie viele Umdrehungen pro Sekunde erfolgen in dem allgemeinen Fall $|\mathbf{v}_{ob}| \neq |\mathbf{v}_{un}|$?

TIPP: Sie können das Bezugssystem so wählen, dass die Bewegung der Platten symmetrisch aussieht. Noch besser ist es allerdings, die untere Platte als Bezugssystem zu nehmen.

11. Boris und der nasse Basketball – Bezugssysteme und Flüsse

Während Boris Basketball spielt, beginnt es zu regen. Widerwillig geht er nach Hause und kickt den Ball vor sich her. Seine Freundin Tischa sagt ihm, er solle schneller gehen, weil der Ball (und Boris) dann nicht so nass würde. Boris weigert sich, denn er ist der Meinung, je rascher der Ball sich bewege, desto nasser werde er auch. Es ist völlig windstill, und der Regen fällt senkrecht mit der Geschwindigkeit u herab. Der Ball gleitet waagrecht mit einer Geschwindigkeit von v dahin. Wer von beiden hat Recht?

TIPP: Boris und Tischa machen nicht die gleiche Aussage! Denken Sie zunächst an die Gesamthäufigkeit, mit der die Regentropfen den Ball treffen, und nicht daran, wie nass Boris und sein Ball sind, wenn sie nach Hause kommen. Betrachten Sie dann die Frage noch einmal unter diesem Gesichtspunkt. Wird der Ball in Bewegung von einer größeren Zahl Regentropfen pro Zeiteinheit getroffen als der Ball in Ruhe?

12. Hühnerfutter

Boris zieht eine Karre, in der ein Eimer mit Hühnerfutter steht, hinter sich her. Da fängt es an zu regnen. Boris läuft schneller, damit das Hühnerfutter nicht nass wird. Hilft das? Füllt sich der Eimer rascher, wenn Boris geht oder wenn er läuft? Nehmen Sie an, der Eimer bleibt aufrecht, seine Öffnung waagrecht und der Regen fällt gleichmäßig mit konstanter (End-)Geschwindigkeit. Wieder herrscht Windstille.

TIPP: Blicken Sie aus dem Inneren des Eimers nach oben.

13. Flussdichten und Erhaltungsgesetze (oder: Im Regen zu laufen, hilft immer)

Die beiden vorigen Probleme haben Ihnen gezeigt, dass Boris' Basketball rascher nass wird, wenn er schneller läuft, während sein Hühnerfutter in beiden Fällen gleich nass wird. Liegt da ein Widerspruch vor? Wenn nicht, haben Sie eine Erklärung dafür?

TIPP: Es liegt nicht an einem grundsätzlichen Unterschied zwischen Basketbällen und Hühnerfutter, sondern an einer wichtigen Eigenschaft des Flusses.

KAPITEL FÜNF

Unterwegs

1. Der Kosak und die Ziege

Ein wichtiges Element in der Ausbildung von Kosaken ist die Verwendung des Lassos zum Einfangen von Tieren.

Doch da die Ausbildung unter Parteiaufsicht steht, gibt es bestimmte Auflagen, wie die Abbildung auf Seite 39 zeigt. Von dem Parteisekretär hat der Kosak den Befehl erhalten, der Straße zu folgen, die vollkommen gerade ist. Das Pferd des Kosaken prescht mit konstanter Geschwindigkeit die Straße entlang. In diesem Moment erblickt der Kosak eine verirrte Ziege auf einer ebenfalls geraden Straße, die die seine in einiger Entfernung kreuzt. Da die Ziege einst dem Parteisekretär gehörte, bewegt auch sie sich mit konstanter Geschwindigkeit. Wie lang muss das Lasso des Kosaken sein? Das heißt, finden Sie die kleinste Entfernung zwischen dem Kosaken und der Ziege und gehen Sie dabei von der Annahme aus, dass der Kosak am Punkt A beginnt und die Geschwindigkeit v_1 hat, während die Ziege an Punkt B beginnt und die Geschwindigkeit v_2 besitzt.

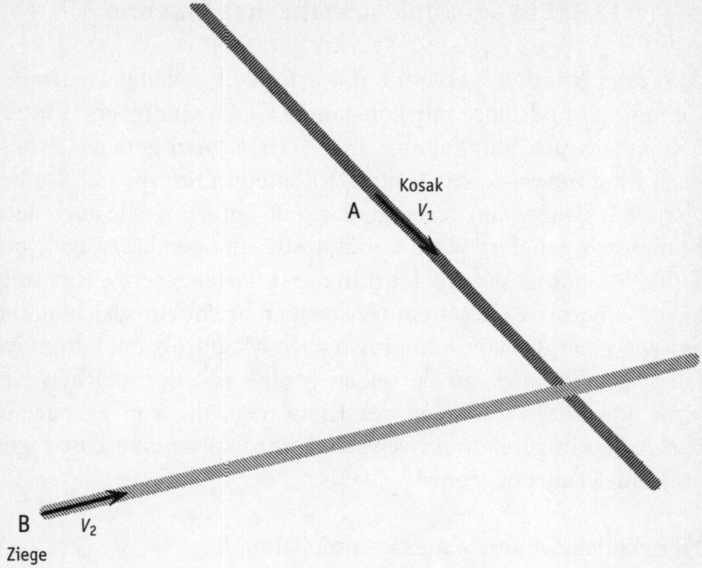

TIPP: Am vertracktesten an dieser Aufgabe sind die Missverständnisse in Hinblick auf das, was tatsächlich gegeben und was für ein Lösungsweg erforderlich ist. Wenn Sie glauben, dass die Bewegung vollständig gegeben und die Abbildung exakt ist, können Sie graphisch vorgehen und die Daten direkt der Abbildung entnehmen. Sie können aber auch eine analytische Lösung finden und alle notwendigen Parameter in der Form heranziehen, die Ihnen am besten passt. Sollten Sie zufällig irgendwelche Erfahrung im Umgang mit Radargeräten in Flugzeugen oder Schiffen haben, wird Ihnen dieses Problem sehr vertraut (und leicht!) erscheinen.

2. Ein Triumph sowjetischer Planung

Alle zehn Minuten verlässt ein mit Kohle beladener Lastwagen Kemerowo und fährt mit konstanter Geschwindigkeit (fünfzig Kilometern pro Stunde) auf einer vollkommen geraden Straße nach Magnitogorsk, das fünfzig Kilometer entfernt ist.[1] Da der letzte Fünfjahresplan verlangt, dass ein Teil der Kohle auch nach Kemerowo geliefert wird, verlässt ein einziger Lastwagen mit Kohle Magnitogorsk und fährt in die entgegengesetzte Richtung nach Kemerowo. Dieser eine Lastwagen bricht zur gleichen Zeit auf wie einer der von Kemerowo nach Magnitogorsk fahrenden Lastzüge. Er fährt auf derselben Straße mit der gleichen Geschwindigkeit. Wie vielen der Lastwagen, die von Kemerowo nach Magnitogorsk unterwegs sind, wird dieser eine Lastwagen auf seiner Fahrt begegnen?

TIPP: Prüfen Sie unsere Aussagen sorgfältig.

3. Rückwärts zur Wahrheit

Wenn Sie Auto fahren können, wissen Sie aus Erfahrung, dass das Einparken rückwärts weit leichter als vorwärts ist. Erklären Sie, wie das kommt.

TIPP: Nehmen Sie an, Sie fahren aus einer Parklücke heraus. Geht das vorwärts oder rückwärts leichter? Jetzt lassen Sie diesen Vorgang auf einem vorgestellten Videoband rückwärts ablaufen.

1 Tatsächlich ist die Entfernung viel größer. Wir haben die Entfernung untertrieben, damit das Problem leichter aussieht (was es in Wirklichkeit gar nicht ist).

4. Noch ein Problem mit dem Autofahren

In Anlehnung an die vorherige Aufgabe und aus Ihrer Erfahrung als Autofahrer haben Sie vielleicht auch schon bemerkt, dass sich die Vorderreifen rascher abnutzen als die Hinterräder. Erklären Sie, warum sich das so verhält.

TIPP: Ziehen Sie für Ihre Antwort das vorige Problem heran. Denken Sie vor allem an die Drehung der Vorderreifen, während Sie das Auto lenken.

5. Wie weit ist dieses Auto gekommen? (Eine Fahrt durch die falsche Dimension)

Ein Rennwagen wird auf gerader Strecke getestet. Aus dem Stand wird er auf seine Höchstgeschwindigkeit beschleunigt. Dann geht der Testfahrer in die Bremsen und bringt das Fahrzeug zum Stehen. Da der Wagen von einem Mathematiker entworfen wurde, ist seine Leistung außerordentlich symmetrisch. Aus einem Geschwindigkeit-Zeit-Diagramm lässt sich ersehen, dass die Leistungskurve einen Halbkreis beschreibt, wie die Abbildung auf Seite 42 zeigt.

Die Höchstgeschwindigkeit ist v_0 und die Gesamtzeit vom Start bis zum Halt t_0. Nun ist es erforderlich, auszurechnen, wie weit das Auto gefahren ist. Alle Mathematiker gelangen zu dem Schluss, dass die zurückgelegte Entfernung genau der Fläche unter der Kurve entspricht, in diesem Fall also unter dem Halbkreis. Doch nur die Hälfte der Mathematiker verwendet die übliche Formel zur Berechnung der Kreisfläche und gelangt zu dem Schluss, dass die zurückgelegte Entfernung $(\pi / 2)(v_0)^2$ sein muss, wenn v_0 der Radius des Halbkreises ist. Die andere Hälfte ist der Meinung, dass auch $t_0 / 2$ der Radius des Halbkreises ist und die

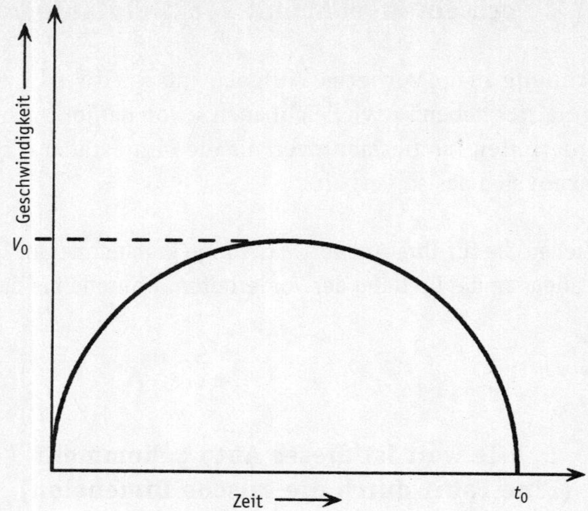

zurückgelegte Entfernung deshalb $(\pi/2)(t_0/2)^2$ sein müsse. Die Diskussion nimmt unerquickliche Formen an. Der Inspektor überhört die scharfen Töne und behauptet, dass sich beide Gruppen offenkundig irren. Wer hat Recht?

TIPP: Die Ordinate und die Abszisse in diesem Kurvenbild haben unterschiedliche Dimensionen!

6. Wohin ist das Auto jetzt gefahren?

Unsere Mathematiker setzen die Arbeit an dem Rennwagen fort, der diesmal auf offenem Feld getestet wird. Die Daten werden automatisch genommen, von einem Computer verarbeitet und den Mathematikern präsentiert. In einem ersten Diagramm wird der Geschwindigkeits*betrag* des Autos gegen die x-Koordinate

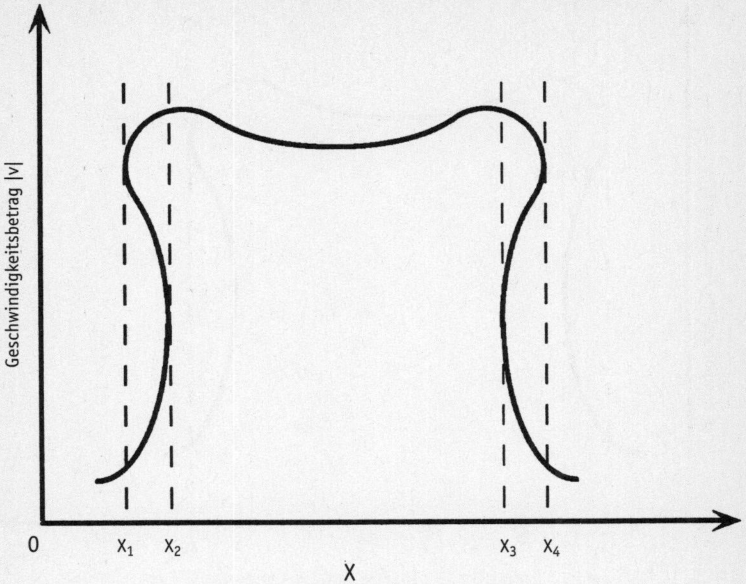

A: Geschwindigkeitsbetrag versus x-Koordinate des Autos

der *Lage* des Autos aufgetragen. Das Kurvenbild ist in Abbildung A zu sehen.

Einem zweiten Kurvenbild liegen die x-Komponente des Geschwindigkeits*vektors* des Autos und die x-Koordinate der *Lage* des Autos zugrunde. Das Diagramm ist in Abbildung B auf Seite 44 zu sehen. Der «Inspektor» sieht diesen Tests aufgrund der vorangegangenen Diskussion (vgl. die vorige Aufgabe) mit einiger Sorge entgegen und meint, es müsse in der Software etwas durcheinander geraten sein, da eine der beiden Abbildungen augenscheinlich falsch sei. Welche? Und warum?

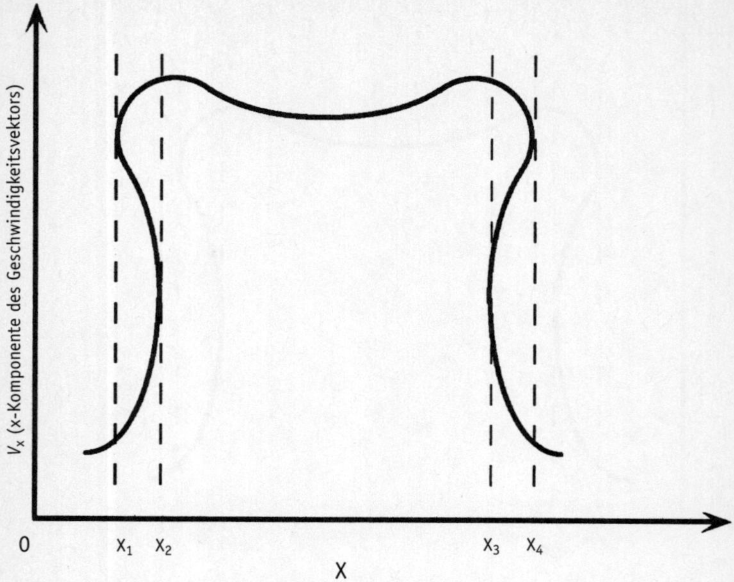

B: x-Komponente des Geschwindigkeitsvektors versus x-Koordinate des Autos

TIPP: Denken Sie an die dargestellten Variablen und an das Verhalten, das sie zeigen müssen.

7. Autofahren im Winter

Einer der Mathematiker führt seinen Sohn in die Geheimnisse des Autofahrens ein. «Petja, du musst im Winter vorsichtig fahren», erklärt er ihm. «Du musst einen großen Abstand zwischen dir und dem Auto vor dir lassen.» In seinem jugendlichen Leichtsinn erwidert Petja: «Warum? Ich sehe keinen Grund dafür. Wenn ich aufgrund der Straßenglätte länger brauche, um zum Stehen zu kommen, dann gilt das doch auch für das Auto vor mir. Wenn der Bremsweg wegen des Schnees auf der Straße von zehn auf sechzig Meter anwächst, dann kommen wir in gleich bleibendem Abstand zum Stehen, weil ich sehr schnell reagiere. Falls ich zu Beginn des Bremsvorgangs zehn Meter hinter ihm bin, dann bin ich auch zehn Meter hinter ihm, wenn wir stehen. Vielleicht fahre ich ein bisschen langsamer, aber auf keinen Fall muss ich einen größeren Abstand halten.» Hat Petja Recht?

TIPP: Sie sollten sich die Weisheit der Älteren durchaus zu Herzen nehmen, denn es ist viel sicherer, im Winter größere Sicherheitsabstände einzuhalten. Petja hat nur unter bestimmten Voraussetzungen Recht, die im Winter nicht gelten.

8. Autofahren im Winter
Teil zwei

Ist es wirklich notwendig, im Winter langsamer zu fahren, um beim Bremsen nicht ins Rutschen zu kommen, oder hat der Rat nur den Zweck, Ihnen mehr Zeit zum Reagieren zu geben?

TIPP: Denken Sie an die Mechanik des Rutschens, vor allem an die Reibung mit der Straße, die einen bestimmten Höchstwert nicht überschreiten kann.

9. Noch ein Triumph der zentralen Planwirtschaft

In Tschechow werden enorme Mengen Wodka hergestellt, die für den Konsum in Serpuchow vorgesehen sind. Transportiert werden diese Mengen in großen, senkrecht stehenden Tanks (tatsächlich handelt es sich um flüchtig ausgewaschene Öltanks), deren Zylinderform einen Radius von elf Metern aufweist. In dieser aufrechten Position sind sie fest auf den Ladeflächen der Lastwagen montiert. Dadurch sind die Lastwagen so breit, dass sie sich auf der einzigen schmalen und gewundenen Straße zwischen den beiden Städten nicht überholen können. Eine zweite Straße ist notwendig. Man hat vor, eine Straße für die Beförderung des Wodkas von Tschechow nach Serpuchow zu benutzen, während auf der anderen die leeren Tankwagen zurückkehren sollen, um neuen Wodka zu holen (vgl. den unteren Teil der Abbildung auf Seite 47).

Auch die neue Straße ist eng und gewunden, und damit sie von argwöhnischen Bürokraten leichter in Augenschein genommen werden kann, ist sie auf die folgende Weise geplant worden: Zwei Wagen mit Bürokraten brechen gleichzeitig in Serpuchow auf, wie der obere Teil der Abbildung zeigt. Eines der Autos fährt auf der alten Straße, das andere legt durch seine Route den Verlauf der neuen Straße fest. Die Wagen sind durch ein zwanzig Meter langes Telefonkabel verbunden. (Funktelefone gab es damals noch nicht. Sie hätten ohnehin den hohen Standards der Geheimhaltung nicht genügt.) Daher können sich die Mittelpunkte der Autos nicht weiter als zwanzig Meter voneinander entfernen (näher dürfen sie sich durchaus kommen), obwohl die Straßen selbst sich nach Belieben winden und wenden und sogar kreuzen können. Überführungen sind nicht möglich, denn beide Straßen sollen auf gleicher Höhe liegen. Der Ingenieur, der mit dem Projekt betraut ist, hat erhebliche Einwände gegen diesen Plan und meint, die Lastwagen könnten auf keinen Fall aneinan-

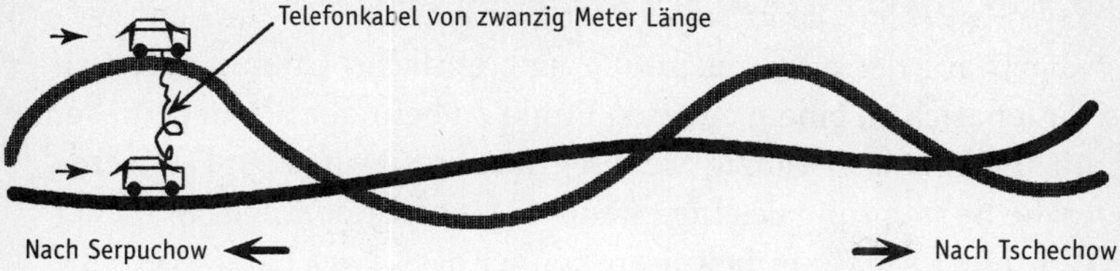

Die Bürokraten fahren von Serpuchow nach Tschechow und sind durch ein zwanzig Meter langes Telefonkabel verbunden.

Der Wodka wird auf Lastwagen mit senkrechten, zylindrischen Tanks (mit einem Radius von elf Metern) von Tschechow nach Serpuchow befördert. Die Lastwagen mit den leeren Tanks kehren auf der anderen Straße zurück.

der vorbeikommen. Die neue Straße sei völlig nutzlos, da von den Lastwagen nur eine Straße zur selben Zeit benutzt werden könnte. Der ganzen großen Stadt Serpuchow drohe, vom Wodkanachschub abgeschnitten, der Tod durch Verdursten.

Der Kommissar im zentralen Planungsbüro verweist auf die Notwendigkeit einer sorgfältigen Überwachung und macht geltend, dass die Lastwagen ja nicht wie die offiziellen Parteiwagen fahren müssten, da sie nicht durch Telefonkabel verbunden seien. Sie könnten einander durch Warten oder gestaffelte Abfahrtzeiten aus dem Wege gehen. Da die Autos der Bürokraten durch Telefonkabel von zwanzig Meter Länge miteinander verbunden sind, ist natürlich klar, dass es für jeden Punkt der einen Straße einen entsprechenden Punkt der anderen Straße gibt, der höchstens zwanzig Meter entfernt ist. Wenn ein Lastwagen an einem solchen Punkt sei, so der Bürokrat, sei es für den Lastwagen auf der anderen Straße eine einfache Übung, dafür zu sorgen, sich an einem anderen Punkt zu befinden als an dem, der nicht weiter als zwanzig Meter entfernt sei. Auf jeden Fall werde er die Behauptung des Ingenieurs nicht ernst nehmen, wenn der ihm nicht schlüssig beweisen könne, dass zwei Lastwagen, die gleichzeitig abführen – der eine aus Serpuchow in Richtung Tschechow und der andere aus Tschechow in Richtung Serpuchow –, ihre Bestimmungsorte nicht ohne Kollision erreichen könnten. Können Sie das beweisen?

TIPP: Der Kommissar ist nicht bereit, Ihre intuitive Antwort zu akzeptieren, und Sie müssten ihm wohl oder übel einen strengen Beweis liefern. Es steht schließlich einiges auf dem Spiel. Da die Geschwindigkeiten der Autos und der Lastwagen keine Rolle spielen, können Sie die augenblickliche Situation beschreiben, wenn Sie die Positionen der Fahrzeuge entlang der beiden Straßen näher spezifizieren.

KAPITEL SECHS

Quellen und Becken

1. Eine Aufgabe aus der Welt der Klempner

Ein Wasserhahn bleibt eine Zeit lang etwas aufgedreht, sodass ein geringer Wasserstrahl ins Becken fließt. Warum wird der Strahl umso dünner, je weiter er sich vom Wasserhahn entfernt?

TIPP: Der Strahl fließt gleichmäßig und verändert seine Form nicht.

2. Mehr praktische Ratschläge von Ihrem Klempner (Wie man die Gravitation mit einem Lineal und einem Eimer misst)

Denken Sie an den Wasserstrahl in der vorigen Aufgabe, der nach dem Austritt aus dem Wasserhahn dünner wurde. Können Sie, nur mit einem Lineal bewaffnet, den Volumenfluss (zum Beispiel Liter pro Sekunde) und den Fluss ermitteln? (Wenn Sie es unbedingt genauer haben wollen, können Sie auch einen Greifzirkel benutzen.) Ist es Ihnen mit dieser Technik außerdem möglich, die Gravitationsbeschleunigung g zu messen?

TIPP: Sie müssen hier sowohl den Satz von der Erhaltung der Energie als auch den von der Erhaltung der Masse anwenden.

3. «Du hast zwanzig Sekunden, um deine Berechnung anzustellen, dann greife ich an!»

Bevor eine Kobra angreift, richtet sie sich gewöhnlich so auf, dass der Kopf und der an ihn anschließende Rumpf senkrecht stehen; der Schwanz bleibt waagrecht und in Ruhe, während sich der Kopf erhebt. Finden Sie heraus, welche Kraft der Schwanz der Kobra auf den Boden ausübt. Nehmen Sie an, dass die Kobra die Masse m hat, die gleichmäßig über ihre Länge l verteilt ist (wie bei einem Gartenschlauch), und dass sich der Kopf mit der konstanten Geschwindigkeit v senkrecht erhebt.

TIPP: Denken Sie an das zweite Newton'sche Gesetz in seiner fundamentalsten Form, das nicht notwendig eine Beschleunigung voraussetzt. Das zweite Gesetz stellt eine Beziehung zwischen der zeitlichen Änderung des Impulses und der Summe der auf den Körper einwirkenden Kräfte her.

4. Erhaltung des Impulses (und der Energie) in Sankt Petersburg

Es waren einmal zwei Straßenfeger in Sankt Petersburg. Der eine hieß Oblomowetz und war faul, der andere hieß Stachanowetz und war ein Workaholic, aber ansonsten glichen sie sich in jeder Hinsicht. An einem besonders kalten Wintertag fiel der elektrische Strom in der ganzen Stadt aus. Gleichzeitig setzte ein Schneetreiben ein. Um zur Arbeit zu kommen, verließen die beiden den Bahnhof auf zwei absolut identischen, reibungslosen Draisinen ohne Eigenantrieb, die mit der gleichen Geschwindigkeit (v_0) fuhren. (Die reibungslose Draisine ist eine Errungenschaft der Partei und des modernen Sozialismus.) Oblomowetz legte sich sogleich schlafen, während Stachanowetz sich augenblicklich ans Werk machte: Er fegte den Schnee, kaum dass er gelandet war, senkrecht zur Bewegungsrichtung der Draisine, wieder herunter.

Welcher der beiden Straßenfeger legte im gleichen Zeitraum die größere Entfernung zurück? In Sankt Petersburg gibt es keine Hügel, da die Stadt auf einer vollkommen flachen Ebene erbaut wurde. Der Schnee fiel mit der konstanten Intensität von μ Kilogramm pro Sekunde auf beide Draisinen.[1]

TIPP: Denken Sie an den Impuls jeder Draisine.

5. Michails Karussell

Michail betreibt ein Karussell und stellt fest, dass in regnerischen Zeiten die Stromrechnungen höher sind. Nehmen wir an, der Regen fällt senkrecht herunter. Es herrscht kein Wind, die Geschwindigkeit der Regentropfen beträgt v und die Regendichte, in Wassermasse pro Volumeneinheit, ist p. Wie viel zusätzliche Leistung ist erforderlich, um dafür zu sorgen, dass das Karussell sich weiterhin mit der konstanten Winkelgeschwindigkeit ω dreht? Nehmen Sie an, der Regen fällt gleichmäßig und der Radius des Karussells ist r.

TIPP: Wie verlässt das Regenwasser das Karussell?

1 Stachanow war in der stalinistischen Ära ein Held der Arbeit, der wegen seiner Produktivität, seiner Energie und seines unermüdlichen Fleißes hoch geachtet wurde. Oblomow brauchte, wie Iwan Gontscharow in seinem gleichnamigen Roman beschreibt, einen ganzen Tag, um aus dem Bett zu kommen.

6. Wie man den Bus nach Jakutsk erwischt (und dabei den Mach'schen Kegel entdeckt)

Der Bus nach Jakutsk fährt mit konstanter Geschwindigkeit v über eine vollkommen glatte Ebene (wenn Sie sich genauer über die Gegend informieren, werden Sie feststellen, dass es sich hier um einen weiteren sozialistischen Traum handelt). Es ist kalt (Jakutsk liegt in Sibirien), und in dem Augenblick, da Sie den Bus erblicken (sagen wir, zum Zeitpunkt $t = 0$), beginnen Sie in Richtung der Straße zu laufen, weil Sie mit dem Bus fahren wollen. Ihre Höchstgeschwindigkeit beträgt u.

(A) Beschreiben Sie das Gebiet, in dem Sie sich aufhalten müssten, um den Bus noch zu erwischen. Die Straße können Sie durch eine waagrechte Linie darstellen. Wenn Sie wollen, gehen Sie bei einer Skizze dieser Region von $v/u = 2$ aus.

(B) Stellen Sie sich eine große Zahl völlig gleicher Menschen vor (noch ein sozialistischer Traum), die gleichmäßig entlang der Grenze der von Ihnen beschriebenen Region verteilt sind; wir wollen diese Region das «Gebiet der rechtzeitigen Ankunft» nennen. Stellen Sie sich weiter vor, Sie hätten eine Film- oder Videoaufnahme dieser Menschen, wie sie auf den Bus zulaufen und einsteigen (der Bus kann eine unendliche Zahl von Menschen fassen). Diesen Film lassen Sie nun *rückwärts* ablaufen. Was werden Sie sehen? Kennen Sie irgendeine Naturerscheinung, die diesem Bild ähnelt?

TIPP: Die Frage müsste Ihnen eigentlich Hilfe genug sein. Beeilen Sie sich, oder Sie verpassen den Bus!

7. Ein explosives Thema: Die Eistüte (oder: Der Mach'sche Kegel)

Aus einer hochexplosiven Substanz wird ein dünner Stab von einseitig unbegrenzter Länge geformt. Die Detonationsgeschwindigkeit – das heißt das Tempo, mit dem die Detonation sich entlang des Stabs ausbreitet – ist v. Die Geschwindigkeit der Explosionsprodukte im Raum beträgt *u*, und *u* ist geringer als v. Beschreiben Sie die Form der Explosion in Raum und Zeit. Das heißt, wie entwickelt sich der Raum, der von den Explosionsprodukten eingenommen wird, in der Zeit?

TIPP: Wählen Sie eine globale Lösung.

8. Weitere Informationen über hochexplosive Stoffe (und Eistüten)

Betrachten Sie die vorige Frage und ihre Antwort. Welche Form hat die Explosion, wenn der Stab die endliche Länge *L* besitzt? Und welche Form wird die Explosion aufweisen, wenn die Ausbreitungsgeschwindigkeit v entlang des endlichen Stabs *geringer* als die Geschwindigkeit *u* der Explosionsprodukte im Raum ist?

TIPP: Versuchen Sie, die Lösung auf die gleiche Art anzugehen wie in der vorigen Aufgabe.

9. Alles ist im Fluss (Von kleinen und großen Hubschraubern)

Ein Hubschraubermodell aus Ihrem Konstruktionsbüro zeigt mit einem 50-Watt-Motor zufrieden stellende Leistungen. Der echte Hubschrauber wird zehnmal so groß sein wie das kleine Modell. Einer Ihrer Kollegen rechnet rasch aus, dass die Leistung, die der große Hubschrauber erfordert, ungefähr 160 kW beträgt (für die Anhänger des alten Systems: rund 210 PS). Wie ist er so schnell zu dieser Schätzung gekommen?

TIPP: Das besondere Problem bei der Abschätzung der Dimensionen besteht darin, dass die Rotorfläche nicht wie das Gewicht des Hubschraubers skaliert: Bei einem zehnmal so großen Hubschrauber wird der Rotor hundertmal und das Gewicht tausendmal so groß sein!

Sie können bei der Maßstabsberechnung davon ausgehen, dass jede Fläche des Hubschraubers dem Quadrat der Länge entspricht und dass die Masse sich zur dritten Potenz der Länge proportional verhält. Denken Sie auch in Hinblick auf den Impuls an das zweite Newton'sche Gesetz in seiner allgemeinsten Form.

10. Körperwärme

Boris hat gerade die Thermodynamik kennen gelernt und zeigt, wie Sie vielleicht noch von einigen der Aufwärm-Aufgaben wissen, ein ausgeprägtes Interesse an Geld. Als Marina zu ihm kommt, studiert er gerade die Stromrechnung für seine Wohnung und schimpft: «Es ist sehr teuer, im Winter diese Wohnung zu heizen. Ich weiß überhaupt nicht, was mit all der Energie geschieht, die in diese Wohnung hineingesteckt wird, oder warum ich dieses ganze Geld zahle. Schließlich gibt es in dieser Wohnung außer mir kaum etwas!» Marina erwidert: «Das ist ganz einfach. Du bezahlst, um es in deiner Wohnung warm zu haben. Das hat nichts mit Energie zu tun.» Stimmen Sie Marina zu? Wo bleibt die Energie?

TIPP: Überlegen Sie genau, wie die Energie von der Temperatur abhängt, und achten Sie sorgfältig darauf, was Boris' Wohnung enthält.

KAPITEL SIEBEN

Expandierende und kontrahierende Universen

1. Linientreue auf dem Rubel

Boris hat auf eine Münze eine gerade Linie gezeichnet. Von den staatlichen Stellen verlautet, dass die Münze aus homogenem Material ist. Boris ist davon überzeugt, dass die Linie sich krümmt, wie in der Abbildung unten gezeigt, wenn er die Münze erwärmt, weil einige Abschnitte der Linie weiter vom Mittelpunkt der Münze entfernt sind und daher weiter nach außen gedrückt werden. Marina ist da ganz anderer Ansicht. Wer hat Recht? Können Sie es beweisen?

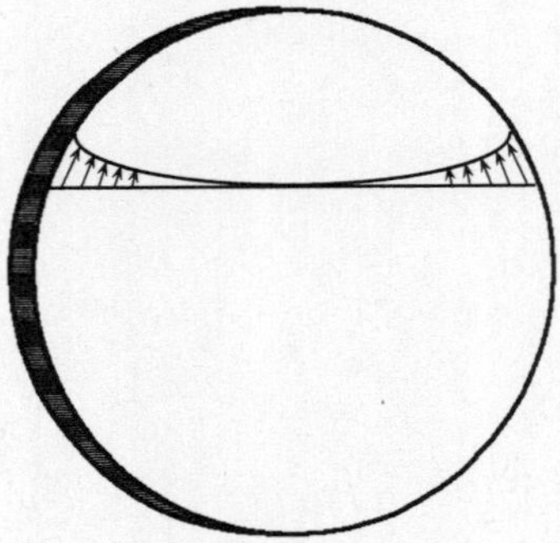

TIPP: Der Koeffizient α der linearen Wärmeausdehnung wird definiert durch die Beziehung $l = l_0 (1 + \alpha\Delta T)$, wobei ΔT die Temperaturveränderung und l die Länge eines Objekts oder der Abstand zwischen zwei Punkten auf dem Objekt ist.

2. Münz-Inflation

Boris besitzt eine Kupfermünze mit einem Loch in der Mitte. Nach allem, was er über Wärmeausdehnung gehört hat, erklärt er Marina, dass das Metall sich in alle Richtungen ausdehnen werde, das heißt nach innen wie nach außen, sobald man die Münze erwärme. Folglich müsse das Loch bei steigender Temperatur kleiner werden. Marina äußert Zweifel. Wer hat Recht?

TIPP: Marina hat einmal in einer Bäckerei gearbeitet.

3. Expandierende Bürokratie

Auf höchster Kremlebene haben Breschnew und Tschernopow eine heftige Debatte über Energieerhaltung: Sollen Lampen und andere elektrische Geräte auf Tischen (und anderen Unterlagen) stehen oder soll man sie lieber aufhängen? Bei welcher Anordnung verbrauchen sie weniger Energie? Sollte der zweite Fall zutreffen, dann wird die Partei verfügen müssen, dass alle Lampenkörper von der Decke hängen. Tisch- und Stehlampen sind dann nicht mehr gestattet. Die entscheidende Überlegung lautet: Betrachten Sie den Fall zweier identischer Kugeln aus einem beliebigen Material. Die eine hängt an einer feinen, isolierenden Schnur von der Decke herab, und die andere steht auf einem flachen, isolierenden Tisch. Welche Kugel braucht mehr Energie, um erwärmt zu werden? Eine Wärmeleitung durch die Schnur oder den Tisch können Sie vernachlässigen. Gehen Sie davon aus, dass Schnur und Tisch völlig träge und bewegungslos und an dem Prozess ausschließlich in ihrer Trägerfunktion beteiligt sind.

TIPP: Wir haben Ihnen schon genügend Tipps gegeben.

4. Opa Masaij heißt Sie im Friedmann-DeSitter-Universum willkommen! (Ist die Hubble-Konstante tatsächlich konstant?)

Opa Masaij war im 19. Jahrhundert die beliebteste Gestalt in volkstümlichen Erzählungen. Im Frühjahr, wenn der Schnee schmolz und die Felder überflutete, wanderte Opa Masaij umher und rettete Hasen von den winzigen Inseln trockenen Landes. Immer, wenn Masaij eine Gruppe Hasen in Sicherheit gebracht hatte und sie wieder freiließ, stoben sie in alle Richtungen davon. Da es sich um russische Hasen handelte, verhielten sie sich mathematisch präzise, wie die Abbildung zeigt.

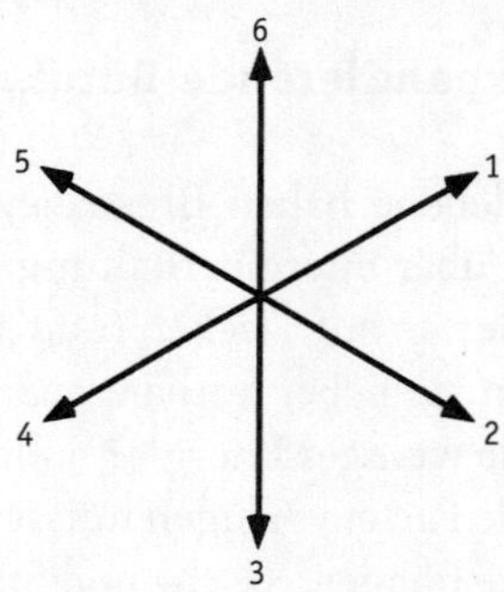

Alle sechs Hasen laufen mit der gleichen Geschwindigkeit v und verteilen sich nach allen Seiten, wobei sie in Winkeln von 60 Grad auseinander streben. Während sie so davonrennen, dreht sich der intelligenteste Hase um und blickt zurück. Was er sieht, versetzt ihn zunächst in Erstaunen. Wir möchten von Ihnen wissen, was für ein Bild er vor Augen hat – vor allem: Wie schnell bewegen sich die anderen Hasen (relativ zu ihm)? Und gibt es irgendeine Beziehung zwischen ihren Geschwindigkeiten und ihren Positionen (wiederum relativ zum intelligentesten Hasen)?

TIPP: Beginnen Sie mit einer Galilei-Transformation, um die relativen Geschwindigkeiten in den Blick zu bekommen.

5. Bezugssysteme und interstellare Bewegung (Flüchtende Hasen)

Von einem Raumschiff aus, das einen Stern im Sternhaufen Concourse-MIT-97 umkreist, ist zu beobachten, dass alle anderen Sterne in dem Haufen vor dem Stern «flüchten», und zwar mit Geschwindigkeiten, die ihren Entfernungen von ihm proportional sind. Um diesem bemerkenswerten Phänomen auf den Grund zu gehen, sucht das Raumschiff einen der anderen Sterne im Haufen auf, einen Stern, der relativ zum ursprünglichen Stern eine hohe Geschwindigkeit aufweist. Was beobachten die Astronomen von diesem Stern aus?

TIPP: Entfernungen und Bahngeschwindigkeiten im nächsten Umkreis des Sterns sind im Vergleich zu interstellaren Entfernungen zu vernachlässigen. Den Rest der Antwort liefern Opa Masaijs Hasen.

6. Wärmeausdehnung und kosmologische Katzen

Drei Katzen sitzen auf einem Blechdach, das von der Morgensonne erwärmt wird. Sie beobachten sich mit größter Aufmerksamkeit, wie es die Art von Katzen ist. Katzen besitzen die besondere Begabung, auch noch winzigste Bewegungen wahrzunehmen, und diese hier bemerken, dass sie sich voneinander entfernen, während sich das Dach erwärmt – tatsächlich driftet jede Katze von der anderen mit einer Geschwindigkeit davon, die dem Abstand zwischen ihnen proportional ist. Die beiden Katzen, die am weitesten voneinander entfernt sind, bewegen sich auch am schnellsten auseinander. Die beiden Katzen mit dem geringsten Abstand trennen sich mit dem langsamsten Tempo. Zeigen Sie, dass dieser Umstand aus dem Koeffizienten der linearen Wärmeausdehnung von Metall resultiert. Nehmen Sie an, das Metall erwärmt sich mit konstanter Geschwindigkeit. Der lineare Wärmeausdehnungskoeffizient α zwischen zwei beliebigen Punkten mit dem Abstand l_0 wird definiert durch die Gleichung $l = l_0 (1 + \alpha\Delta T)$, wobei ΔT die Temperaturveränderung und l der Abstand zwischen zwei Punkten auf dem Objekt mit der veränderten Temperatur ist.

TIPP: Sehen Sie sich den linearen Wärmeausdehnungskoeffizienten sorgfältig an.

7. Maschas mathematische Schildkröten

Mascha hat ihren vier Schildkröten beigebracht, einander immer zu folgen. Nun setzt sie sie so an die Ecken eines Quadrats, dass jedes Tier seinem Nachbarn im Uhrzeigersinn zugewandt ist. Die Schildkröten bewegen sich nur mit der einen konstanten Geschwindigkeit **v**. Was geschieht mit dem Quadrat? Wann treffen sich die Schildkröten?

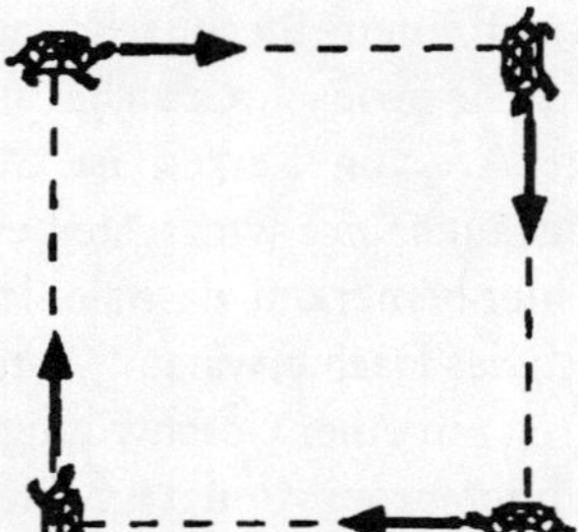

TIPP: Hier spielt die Symmetrie eine große Rolle. Infolge der Symmetrie der Anordnung werden sich die Schildkröten immer in den Ecken eines Quadrats befinden.

KAPITEL ACHT

Man arbeitet sich ein

1. Alexander und der Kommandant

Alexander ist der Kapitän des Fischdampfers *Olga*. Mit den Laderäumen voller Fisch fährt er in den Hafen von Tichwin ein. Der Hafenkommandant Kretinow möchte wissen, wie viele Kilogramm Fisch auf dem Dampfer sind, um es dem Parteisekretär zu melden. Leider funktionieren die Hafeneinrichtungen zum Wiegen von Schiffen und zum Entladen von Fischen nicht richtig. Also macht Alexander sich daran, das Gewicht des Dampfers mit einer Fischwaage zu ermitteln! Die Waage hat eine maximale Leistung von lediglich 100 kg, und der Kutter ist sehr groß – er hat vielleicht das Tausendfache der Leistung der Waage. Wie nimmt Alexander seine Messung vor? Listig meint Alexanders Maschinist zum ersten Offizier, Alexander habe Kretinow wieder einmal an der Nase herumgeführt und zu viel Gewicht angegeben. Pflichten Sie ihm bei?

TIPP: Isaac Newton wäre von Alexanders Methode angetan gewesen, macht sie doch auf sehr hübsche Weise von seinem zweiten Gesetz Gebrauch. Allerdings werden die Ergebnisse etwas verwässert.

2. Wie Alexander seine Ladung löscht

Nachdem Alexander Kretinow davon überzeugt hat, dass er das Gewicht seines mit Fisch beladenen Dampfers richtig gemessen hat, schickt er sich an, das Löschen der Ladung zu beaufsichtigen. Durch zwei feste Rollen in gleicher Höhe werden die Taue entlastet, wie die Abbildung zeigt.

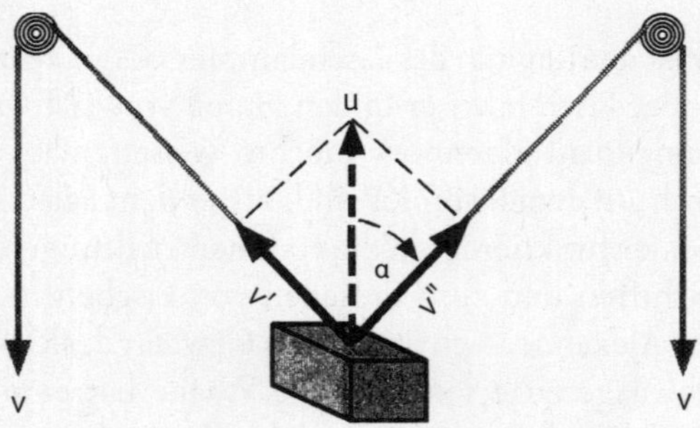

$|v'| = |v''| = v$

Die Fischkiste befindet sich an einem Ort, der von jeder Rolle gleich weit entfernt ist, und an den Tauen, die genau die gleiche Länge haben, wird mit genau der gleichen Geschwindigkeit v gezogen. Das müsste die Last gleichmäßig auf die beiden Taue und Rollen verteilen. Kretinow hat unlängst etwas über solche Situationen erfahren (in einem Kursus mit dem Titel «Physik für Bürokraten») und beherrscht die Vektoraddition. Er gelangt zu dem Schluss, dass die Geschwindigkeit der Fischkiste die Vektorsumme der Seilgeschwindigkeiten ist. Folglich müsste sich die Kiste mit der Geschwindigkeit $u = 2v\cos\alpha$ nach oben bewegen, wobei α der Winkel zwischen einem der Seile und der senkrechten Linie ist, die den Weg der sich hebenden Kiste bezeichnet. Hat Kretinow Recht, oder stinkt etwas an dieser Rechnung (wie der Fisch, um den es geht)?

TIPP: Lässt sich dieses Problem wirklich durch Zerlegung und Addition der Vektoren lösen? Betrachten Sie die Abbildung sehr genau!

3. Alexanders Fische auf Überschallkurs

Betrachten Sie die Lösung der vorigen Aufgabe. Beachten Sie insbesondere die Geschwindigkeit der Fischkiste, wenn der Winkel α sich 90 Grad nähert. Tatsächlich müsste die Geschwindigkeit bei Annäherung von α an 90 Grad sehr hoch werden, und es hat den Anschein, dass Alexanders Fisch etwas gelingen könnte, wozu Sascha nicht fähig war (vgl. Kapitel zehn, Aufgabe 2) – nämlich die Lichtgeschwindigkeit zu überschreiten. Ist das möglich?

TIPP: Wenn Sie sich die Lösung der vorigen Aufgabe angesehen haben, sind Sie vielleicht geneigt, diese hier als «Kretinows Rache» zu bezeichnen.

4. Im Schlamm festgefahren (Das politisch korrekte Seil)

Sie fahren auf Ihrem Lastwagen auf einer ungepflasterten Straße, als es zu regnen beginnt und Sie im Schlamm versinken. Russische Erde besteht entweder aus Lehm oder aus *Tschernosem,* einer sehr fruchtbaren, fetten Mischung organischen Ursprungs. In nassem Zustand sind beide Bodenarten instabil und sehr rutschig. Da die Straßen in Russland häufig schmutzig sind, versinken Personen- und Lastwagen regelmäßig im Matsch. Statt die Landstraßen zu pflastern und Autobahnen zu bauen, haben die Sowjets (nach Beratung mit einem renommierten

Theoretiker) verfügt, dass jedes Fahrzeug ein langes, kräftiges Seil mit sich zu führen habe. Offiziell hieß es, man könne am Ende des Seils stets eine unendliche Kraft erzielen, weil es überall Bäume an den Straßen gebe. Daher lasse sich jedes Fahrzeug, egal, wie schwer es sei, aus dem Schlamm ziehen. Stimmt das? Wie wird das gemacht? Was müssten Sie tun?

TIPP: An gespannten Seilen kann man nicht nur ziehen. Es ist auch möglich, Druck auf sie auszuüben. Die von der Partei vorgesehenen Seile müssen allerdings in jeder Hinsicht perfekt sein.

KAPITEL NEUN

Gravitation und der harmonische Oszillator

1. Gleichgewicht der Macht

Ein fast volles Glas Wasser steht in der Waagschale einer genau austarierten Waage. Wird das Gleichgewicht aufgehoben, wenn Sie Ihren Finger vorsichtig ins Wasser stecken, ohne das Glas zu berühren?

TIPP: Solche und ähnliche Probleme wurden im antiken Syrakus gelöst.

2. Wanja und der Wassereimer (Eine Standortfrage)

An einem kalten Wintermorgen geht Wanja zum Fluss hinunter und holt einen Eimer voll kalten Wassers, den er in die Diele seiner *Isba* (seines Blockhauses) stellt. Seit vielen Jahrhunderten wird der winterliche Wasserbedarf in Russland durch ein Loch im Eis eines zugefrorenen Flusses gedeckt. Wanja ist stolz darauf, dass er kein Wasser verschüttet hat, obwohl er den Eimer bis zum Rand gefüllt hat. Auf dem Wasser schwimmen noch einige Eisstücke, sodass sich die aus dem Wasser herausragenden Teile dieser Eisstücke über dem Rand des Eimers befinden. Die Mutter rät Wanja, das Eis zu entfernen und vor die Hütte zu werfen, weil der Eimer überfließen werde, wenn das Eis schmelze. Ist diese Vorsichtsmaßnahme erforderlich?

TIPP: Uns hat hier nicht nur das archimedische Prinzip (der Auftrieb ist dem Gewicht des verdrängten Wassers gleich) zu interessieren. Tatsächlich muss die korrekte Antwort für Russland anders lauten als für die USA.

3. Den Kahn schleppen

Diese Aufgabe wurde zum ersten Mal Ende des 19. Jahrhunderts den Anwärtern der Technischen Hochschule in Paris gestellt: Ein Schleppkahn wird die Rhône aufwärts von Marseille nach Lyon gezogen. Lyon liegt 170 Meter höher als Marseille. Sie sollen errechnen, wie viel Arbeit insgesamt erforderlich ist, um den Schleppkahn von Marseille nach Lyon zu bringen. Dazu erhalten Sie die Angaben über die Arbeit, die auf diesem Weg gegen den Widerstand des fließenden Wassers zu leisten ist. Es ist bekannt, dass man für die Berechnung der gesamten Arbeit, die erforderlich ist, um einen Körper eine schiefe Ebene hinaufzuziehen, die Veränderung mgh als potenzielle Energie zu jener Arbeit hinzufügen muss, die zur Überwindung der Reibung benötigt wird. Gilt das auch in diesem Fall? Müssen Sie die Arbeit mgh (wobei m die Masse des Schleppkahns, g die Gravitationsbeschleunigung und h die Höhenzunahme ist), die notwendig ist, um die potenzielle Energie des Schleppkahns zu erhöhen, dazuaddieren? Schließlich wird der Schleppkahn am Ende 170 Meter höher sein.

TIPP: Denken Sie an Archimedes und den Unterschied zwischen träger Masse und Gewicht.

4. Beam me up, Scotty!

Um die «g-Kräfte» – das heißt die Kräfte, die auf die hohen Beschleunigungen beim Start von Raumfahrzeugen zurückgehen – zu minimieren, hat man vorgeschlagen, die Astronauten in Wassertanks einzutauchen. Diese Überlegung findet man häufig in Science-Fiction-Produkten wieder. Im Wasser schwimmend, wären die Astronauten praktisch gewichtslos und würden nicht unter den Auswirkungen der hohen Beschleunigung leiden. Wird das funktionieren?

TIPP: Überlegen Sie, ob die beteiligten Kräfte von gleicher Art sind.

5. Die Uhr stellen (Ein «gravierendes» Problem)

Der holländische Mathematiker, Astronom und Physiker Christian Huygens hat im 17. Jahrhundert die Wellentheorie des Lichts entwickelt und die ersten genau gehenden Pendeluhren erfunden und gebaut. Eine dieser Uhren schickte er aus Frankreich, wo sie entworfen und konstruiert wurde, an einen Freund in Nordafrika. In seinem Dankesbrief erwähnte dieser Freund, dass die Uhr nicht ganz so genau sei wie erwartet. Um ehrlich zu sein, sie gehe etwas nach. Huygens erkannte sogleich, worin das Problem lag, und erläuterte dem Freund in einem Antwortbrief, was er zu tun habe, um die Uhr zu justieren. Wie sah Huygens' Rat aus, und worin lag das Problem?

TIPP: Wie funktionieren Pendeluhren?

6. Die Uhr im Fahrstuhl

Eine Fahrstuhlführerin registriert ihre Arbeitszeit mit einer Stechuhr. Es handelt sich um einen *sehr* alten Fahrstuhl, und die Stechuhr, die sich direkt im Fahrstuhl befindet, besteht aus einer altmodischen Uhr mit einem Pendel. Die Beschleunigungen des Fahrstuhls sind völlig gleichmäßig und konstant und haben den gleichen Betrag (kleiner als die Gravitationsbeschleunigung g), unabhängig davon, ob der Fahrstuhl aufwärts oder abwärts fährt. Wenn die Fahrstuhlführerin stundenweise bezahlt wird, bekommt sie dann zu viel oder zu wenig?

TIPP: Die Periode des Pendels wird durch Veränderungen der effektiven Gravitationsbeschleunigung beeinflusst, sodass die scheinbare Arbeitsstunde im Fahrstuhl länger oder kürzer als eine Stunde im Büro sein kann.

7. Die Kerze auf dem Karussell

Zünden Sie eine Kerze an und stellen Sie sie in einen hohen Glaszylinder, damit der Wind die Flamme nicht stören kann. Unternehmen Sie mit diesem Windlicht eine Karussellfahrt. In welche Richtung wird sich die Flamme neigen?

TIPP: Wenn Sie einen gewissen inneren Auftrieb haben und sich von der Trägheit nicht überwältigen lassen, sollten Sie in der Lage sein, das Problem zu lösen.

8. Warum verursacht der Mond Gezeiten?

Wie allgemein bekannt, herrscht im Inneren eines Raumfahrzeugs, dessen Antriebsaggregate ausgeschaltet sind, Schwerelosigkeit. Denken Sie an die Bilder aus dem Spaceshuttle in der Erdumlaufbahn, wo alle nicht befestigten Gegenstände frei in der Kabine umherschweben. Hier wird die Gravitationsbeschleunigung der Erde durch die Beschleunigung aufgehoben, die sich aus der Umkreisung der Erde ergibt. In diesem Bezugssystem lässt sich aber auch die Erde als antriebsloses Raumschiff verstehen. Daher müssten alle Gegenstände auf der Erdoberfläche in Hinblick auf die Gravitationskräfte der Sonne, des Mondes und aller anderen Himmelskörper gewichtslos sein. Warum verursacht dann der Mond Gezeiten in unseren Meeren und Seen?

TIPP: Für ein Raumschiff ist die Erde ziemlich groß!

9. Gravitative Anziehung am Frühstückstisch

Boris hat gelernt, dass sich nach Newtons Gravitationsgesetz alle Körper gegenseitig anziehen und dass die Anziehungskraft mit dem umgekehrten Quadrat ihrer Entfernung zunimmt, wenn sie sich nähern. Der Großvater, der mit am Frühstückstisch sitzt, fordert Boris auf, ein Beispiel zu suchen, wo die Gravitationskraft *abnimmt,* wenn man zwei Körper näher zusammenbringt. Können Sie ein solches Beispiel finden?

TIPP: Streng genommen hat Newton sein Gravitationsgesetz nur für zwei konzentrierte Massen aufgestellt. Sie sollten auch daran denken, was Boris' Großvater vor Augen haben könnte, wenn er sich auf dem Frühstückstisch umblickt.

10. Wenn in Malachowka die Lichter ausgehen (Der harmonische Oszillator)

Sie amüsieren sich großartig auf dem Dorffest in Malachowka. Alle Datschas sind hell erleuchtet. Im Gemeindehaus hat die Partei strahlende Glühlampen aufgehängt, die an langen, elastischen Schnüren von der Decke baumeln. Infolge der lauten Musik hüpfen die Lampen auf und nieder: Die Schnüre dehnen sich und ziehen sich zusammen, die Höhe jeder Lampe oszilliert periodisch. Dabei bemerken Sie, dass jede Glühlampe am höchsten und am niedrigsten Punkt, also an den Wendepunkten der Schwingung, am hellsten erscheinen. Stimmt das, oder haben Sie zu viel Wodka gehabt? Die fortgesetzte Bewegung der Glühlampen reizt Sie dermaßen, dass Sie in Ihre Datscha gehen und sich Ihre treue AK-47 holen, um sie auszuschießen (vielleicht ist es doch der Wodka). Wann sollten Sie Ihre Waffe abfeuern, um die besten Aussichten zu haben, eine Lampe zu treffen? Worauf sollten Sie zielen?

TIPP: Denken Sie an die Überschrift dieser Aufgabe und daran, was der Ausdruck Helligkeit bedeutet.

11. Der Platinplanet

Unser Raumschiff befindet sich in einer niedrigen Umlaufbahn um einen Planeten eines neu entdeckten Sternensystems. Der Koch schiebt das Essen in den Backofen und stellt den Timer auf 45 Minuten ein. Alle entspannen sich nach der langen Reise. Nach 45 Minuten ertönt das Signal des Timers, und der Koch bemerkt, dass sich das Raumschiff an genau der gleichen Position befindet wie zu dem Zeitpunkt, als er das Essen in den Ofen geschoben hat. Er informiert die Mannschaft, woraufhin der Technologie-Offizier ganz aus dem Häuschen ist und erklärt: «Das ist nur etwas mehr als die Hälfte der Umlaufzeit, die eine Low-Orbit-Raumstation in der Erdumlaufbahn braucht!» Der Kapitän plant sofort eine Expedition und verkündet: «Sieht aus, als wäre der Planet aus reinem Platin. Auf geht's!» Wie ist er zu dieser Schlussfolgerung gelangt?

TIPP: Die durchschnittliche Dichte der Erde beträgt 5,5 g/cm^3. Die Dichte von Platin ist ungefähr viermal so hoch.

12. Alle Tunnel führen nach Moskau

Der Lebenssaft des sowjetischen Systems, die Papierflut aus den Büros, musste zu Sowjetzeiten so rasch wie möglich Moskau (vor allem den Kreml) erreichen. Die Masse dieser Papierberge und die ungeheuren Entfernungen, die es zu überwinden galt, verursachten beträchtliche Probleme. Der elektronischen Nachrichtenübertragung misstraute man aus Gründen der Geheimhaltung. Daher wurde vorgeschlagen, diese Kommunikationsprobleme ein für alle Mal zu lösen, indem man unter der Erde absolut gerade, luftleere Tunnel anlegte, die die größten Städte der ehemaligen UdSSR auf direktem Wege mit dem Kreml verbinden würden. Die Papiere sollten nun in Metallbehältern verschickt werden, die durch Magnetfelder von supraleitenden Spulen in den Tunneln derart in der Schwebe gehalten werden sollten, dass keine Reibung hätte entstehen können. Die Bürokraten in Wladiwostok (ungefähr 10000 Kilometer entfernt am Pazifik gelegen) hofften, ihre Berichte am schnellsten liefern zu können, weil sie sich fast auf der gegenüberliegenden Seite der Erde befanden. Ihr Tunnel würde daher am steilsten verlaufen, sodass ihre Behälter die größte Beschleunigung erfahren mussten. Die Apparatschiks aus Leningrad (dem heutigen Sankt Petersburg, 700 Kilometer entfernt) waren hingegen der Meinung, sie würden die Schnellsten sein, weil sie viel näher waren. Wer hatte die besseren Aussichten, seine Berichte schneller zu liefern? Nehmen Sie an, die Erde sei eine Kugel von konstanter Dichte.

TIPP: Welche Geschwindigkeit werden die «Rohrpostbehälter» in Moskau haben, wenn man sie am anderen Ende einfach fallen lässt? Denken Sie auch daran, dass (in vollkommener Analogie zu elektrostatischen Feldern) eine massereiche Hohlkugel an keinem Punkt in ihrem Inneren irgendwelche Gravitationskräfte entwickelt.

KAPITEL ZEHN

Mechanik und Relativitätstheorie

1. Die Schwerter kreuzen

In einer Macbeth-Aufführung bemerken Sie während der Fechtszene, dass es fast unmöglich ist, die Bewegung der Schnittpunkte zwischen den Schwertern genau zu verfolgen. Die sorgfältige Beobachtung eines einzelnen Schwertkampfes zeigt Ihnen, dass sich solche Punkte manchmal mit extrem hohen Geschwindigkeiten bewegen, zu rasch für das menschliche Auge. Können Sie das erklären?

TIPP: Um die Aufgabe zu vereinfachen, können Sie die Situation folgendermaßen betrachten: Zwei Stangen schneiden sich in einem Winkel von 2α, wobei sich jede Stange im rechten Winkel zur eigenen Ausrichtung mit einer Geschwindigkeit von v bewegt. Welche Geschwindigkeit hat der Schnittpunkt? Wählen Sie ein symmetrisches Bezugssystem, zum Beispiel das Laborsystem (in diesem Bezugssystem wäre der Geschwindigkeitsbetrag beider Stangen gleich).

2. Spezielle Relativitätstheorie in der Schneiderwerkstatt (Sascha überschreitet die Lichtgeschwindigkeit)

Sascha hat die vorige Aufgabe in der Schule gelöst. Als er jetzt in der Schneiderwerkstatt seines Vaters sitzt und eine große Schere untersucht, gelangt er zu dem Schluss, dass er gegen das Prinzip der speziellen Relativitätstheorie verstoßen kann. Die vorhergehende Aufgabe beschreibt seiner Meinung nach die Kinematik von Scherenblättern. Die Blätter drehen sich um einen Punkt, daher wird die Geschwindigkeit jedes Punktes auf einem Blatt rechtwinklig zur Achse des Scherenblatts sein. Aus der Lösung von Aufgabe 1 ergibt sich nun die Geschwindigkeit des Schnittpunkts, da $u = v / \sin\alpha$. Wenn sich die Schere schließt und der Winkel α verringert, dann ist klar, dass der Nenner in dem Ausdruck gegen null geht und folglich die Geschwindigkeit u der Schneide (des Schnittpunkts der Scherenblätter) zunehmen und gegen unendlich gehen wird. Als Mascha den Laden betritt, erläutert ihr Sascha aufgeregt, er habe gerade entdeckt, dass sich die Lichtgeschwindigkeit überschreiten lasse. Folglich könne man gegen das Prinzip der speziellen Relativitätstheorie verstoßen.

In der vorigen Aufgabe mit den Schwertern hatten wir es mit einer rein linearen, seitwärts gerichteten Bewegung zu tun, während es bei diesem Problem um eine Drehung geht. Wenn Sie die Frage etwas gründlicher angehen wollen als Sascha, dann betrachten Sie die Abbildung auf der nächsten Seite.

Die Blätter drehen sich im Punkt O, und die Schere schneidet im Punkt M. Die Entfernung s vom Dreh- zum Schnittpunkt der Blätter (der Abstand zwischen Punkt O und Punkt M in der Abbildung) liefert die Beziehung $h = s\sin\alpha$, wobei h die Entfernung vom Drehpunkt zum Rand des Scherenblattes und α eine Hälfte des Winkels zwischen den Rändern der Scherenblätter ist. Nach s aufgelöst ergibt sich

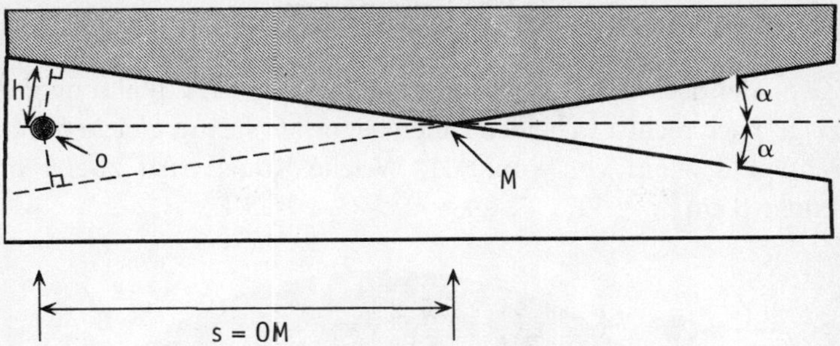

$$s = \frac{h}{\sin\alpha}$$

Diesen Ausdruck kann man nach der Zeit ableiten. Dann ist

$$v = \frac{ds}{dt} = \frac{d\left|\frac{h}{\sin\alpha}\right|}{dt} = -h\left[\frac{\cos\alpha}{\sin^2\alpha}\right]\frac{d\alpha}{dt} = h\omega\left[\frac{\cos\alpha}{\sin^2\alpha}\right]$$

Für kleine Winkel lässt sich die Gleichung noch weiter vereinfachen, weil $\cos\alpha \cong 1$ und $\sin\alpha \cong \alpha$ ist, wenn α gegen 0 geht:

$$v = h\omega\left[\frac{\cos\alpha}{\sin^2\alpha}\right] \cong \frac{h\omega}{\alpha^2}$$

Die Kinematik der Scherenblätter sorgt dafür, dass der Schneidepunkt sich, bei kleinen Winkeln, noch schneller bewegt als der Schnittpunkt der «Schwerter» in der vorigen Aufgabe! Hat Sascha es geschafft? Muss Mascha das Nobelpreiskomitee anrufen? (Sie glaubt nicht daran.)

TIPP: In Wirklichkeit handelt es sich um zwei Aufgaben. Die erste Aufgabe widmet sich der Frage, ob ein Verstoß gegen das Prinzip der speziellen Relativitätstheorie vorliegt. Auch wenn Sie nicht dieser Meinung sind, sollten Sie sich weiter mit dem Problem beschäftigen, um die zweite Aufgabe zu finden.

3. Bowlingbahnen

Zwei identische Kugeln bewegen sich, wie in der Abbildung gezeigt, nach rechts. In beiden Fällen beginnen sie mit gleichen Geschwindigkeiten von Punkt *A*. Welche Kugel trifft zuerst in Punkt *B* ein?

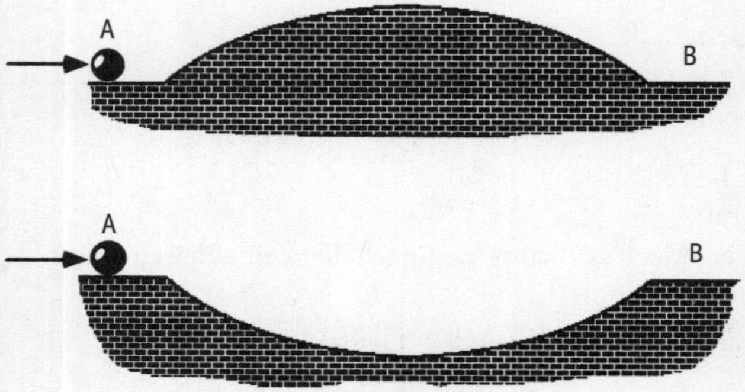

TIPP: Was können Sie über die Geschwindigkeiten der Kugeln aussagen, wenn sie Punkt B erreichen? Können Sie diese Idee weiterdenken?

4. Boris und die Lokomotive

Boris hat gerade etwas über momentane Drehpunkte gelernt: Bei jedem Punkt, der sich in Ruhe befindet, lassen sich Impulse, Drehgeschwindigkeiten und Drehmomente ausrechnen. Großvater, der mit Boris auf einem Hang in der Sonne sitzt, beobachtet eine Lokomotive und meint, das Konzept sei künstlich und irreführend. Er weist darauf hin, dass bei der Lokomotive der Zylinder eine Kolbenstange antreibt, die ihrerseits eine Kuppelstange zurückstößt, wie die Abbildung zeigt.

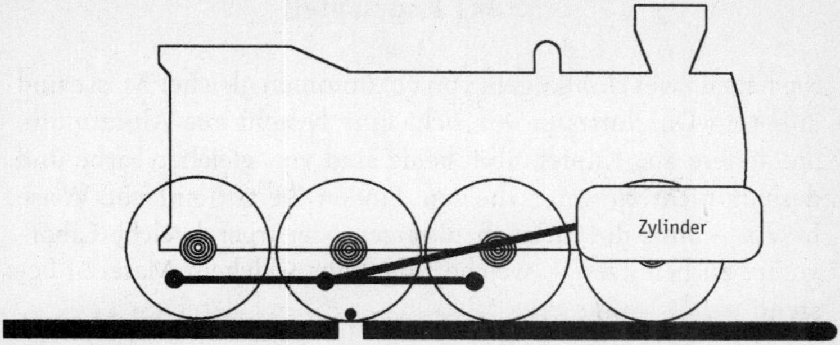

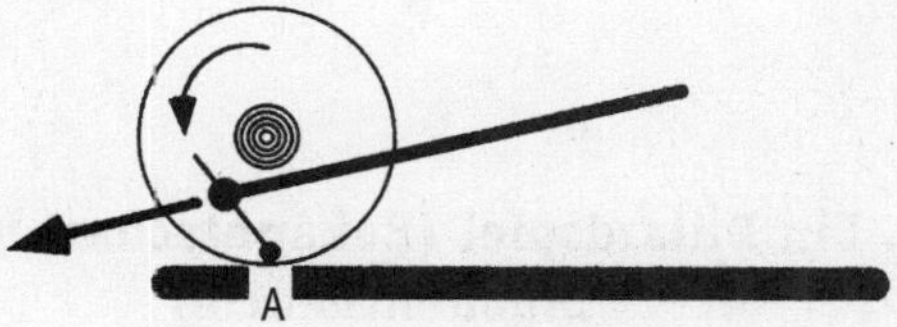

Die Kuppelstange treibt das Rad an einem Punkt zwischen der Achse und dem Punkt *A* an (an dem das Rad die Schiene berührt). Punkt *A* lässt sich als *momentaner Drehpunkt* betrachten. Nach Boris' Konzept ruft die Kuppelstange dort einen Impuls gegen den Uhrzeigersinn hervor, sobald sie auf das Rad einwirkt. Folglich, so Großvater, müsse sich das Rad entgegen dem Uhrzeigersinn drehen und die Lokomotive rückwärts fahren. Warum bewegt sich die Lokomotive vorwärts, obwohl die Kuppelstange in der beschriebenen Weise auf das Rad einwirkt?

TIPP: Bis zu diesem Punkt ist die Analyse richtig. Trotzdem fährt die Lokomotive vorwärts.

5. Das Kugelspiel

Sie haben zwei Hohlkugeln von vollkommen gleicher Masse und äußerem Durchmesser vor sich. Eine besteht aus Aluminium, die andere aus Kupfer, aber beide sind von gleicher Farbe und deshalb nicht zu unterscheiden. Finden Sie auf einfache Weise heraus – ohne die Farbe abzukratzen oder irgendwelche Laborgeräte zu benutzen –, welche Kugel aus welchem Material besteht.

TIPP: Ballspieler werfen den Ball durch die Gegend, Cheerleader versetzen ihre Stäbe in wirbelnde Drehungen. Wer erfährt dabei mehr über Mechanik?

6. Ein Billardspiel (Bekanntschaft mit der Ergodentheorie)

Ein Billardtisch hat die Seiten a und $b = 2a$. Eine Kugel wird von der Mitte der langen Bande b aus in Bewegung gesetzt. Finden Sie die Ausgangswinkel (sagen wir, die Winkel mit der langen Seite b), die garantieren, dass die Kugel zu ihrem Ausgangspunkt zurückkehrt. Nehmen wir an, die Kollisionen mit den Banden sind elastisch (das heißt ohne Energieverlust), und denken wir daran, dass Billardtische im Gegensatz zu Pool-Tischen keine Löcher haben.

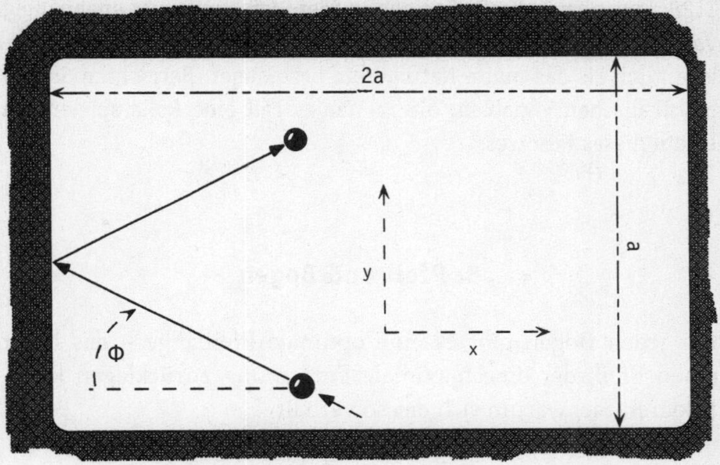

TIPP: Bei elastischen Stößen (Kollisionen) bleibt die Geschwindigkeitskomponente parallel zur Seite unverändert.

7. Winterfreuden

Wanja tummelt sich mit seinem Schlitten im Schnee. Er klettert auf die Spitze eines Hügels, setzt sich auf den Schlitten und fährt hinunter. Um die Abfahrt zu verlängern, versucht er es mit einem höheren Hügel, doch das scheint vergebliche Liebesmühe zu sein. Nun erklettert er einen weiteren Hügel, der viermal so hoch ist wie der vorige, und hofft, die Schlittenfahrt werde auch viermal so lange andauern. Der neue Hügel ist dem vorigen geometrisch ähnlich. Wie viel länger wird es dauern, ihn hinunterzufahren? Den Luftwiderstand können Sie vernachlässigen, und die Reibung zwischen Schnee und Schlitten hängt nicht von der Geschwindigkeit ab.

TIPP: Eine physikalische Beziehung oder Gleichung muss unabhängig von dem verwendeten Einheitssystem sein. Dieses Prinzip wird gelegentlich als das nullte Naturgesetz bezeichnet. Betrachten Sie die physikalischen Variablen, die in Wanjas Fall eine Rolle spielen, im Lichte dieses Gesetzes.

8. Pfeil und Bogen

Für jeden Bogen gibt es eine optimale Pfeillänge – das heißt einen Pfeil, der eine maximale Entfernung zurücklegen kann. Erklären Sie, warum sich das so verhält.

TIPP: Es gibt ein bekanntes Theorem, das für stetige Funktionen gilt: Wenn eine nichtnegative Funktion über ein gegebenes Intervall stetig ist und an den beiden Enden des Intervalls gleich null ist, muss sie innerhalb des Intervalls mindestens ein Maximum aufweisen. Wie in der Lösung zu Aufgabe 9 in Kapitel neun erwähnt, hat der namhafte theoretische Physiker Lew Landau dieses Prinzip sehr allgemein angewendet. Sie können es auch für den speziellen Fall des Pfeils verwenden. Denken Sie daran, dass man mit dem Pfeil auch zielen können muss.

9. High Tech in Russland

Iwanow befördert den Safe seines Chefs, der außerordentlich groß und schwer ist (schließlich beherbergt er Parteigeheimnisse), von einem Büro in ein anderes. (Infolge der allgemeinen Paranoia in der Sowjetunion fand sich ein solcher Safe in fast jedem Büro. Einer von uns [Jurij Tschernjak] hat in seinem Safe den für Laborzwecke benötigten reinen Alkohol eingeschlossen, weil die Flasche sonst sofort gestohlen und ausgetrunken worden wäre.) Einige der «Geheimnisse» sind zerbrechlich, weshalb der Safe vorsichtig bewegt werden muss und bei seinem Transport nicht auf und ab hüpfen darf. Üblicherweise stellt man den Safe dazu auf eine schwere Metallplatte und rollt die Platte auf Pfählen vorwärts, wobei man sich möglichst runde Pfähle aussucht.

Nun sind runde Pfähle aber in Zeiten wie diesen Mangelware, und Iwanow befindet sich in echten Schwierigkeiten. Der Sekretär des Chefs (auch er ist Mathematiker) erläutert Iwanow, dass die Pfähle gar nicht rund sein müssten! Ein vollkommen waagrechter Transport – die Platte ist absolut parallel zum Fußboden – lasse sich auch bei nicht kreisförmigen Querschnitten erreichen. Macht der Sekretär des Chefs einen Scherz mit Iwanow, oder ist das wirklich möglich?

TIPP: Die Entfernung zwischen der Platte und dem Fußboden muss gleich bleiben. Doch über die waagrechte Position oder Geschwindigkeit wird keine Aussage gemacht. Die können sich sehr rasch verändern, wenn Sie es wünschen!

10. Der Springteufel (Eine Renormierungsübung)

Wenn Sie den Kopf des Teufelchens hinunterdrücken und es plötzlich loslassen, schießt es nach oben, weil sich zwischen ihm und dem Schachtelboden eine Sprungfeder befindet. Wie viel Kraft ist erforderlich, um den Springteufel so niederzudrücken, dass beide – er und die Schachtel – in die Luft springen? Die Massen des Springteufels und der Schachtel sind bekannt, während die Masse der Feder (einer typischen, linearen Sprungfeder) vernachlässigt werden kann.

TIPP: Ordnen Sie dem Ganzen zwei Massen zu, *m* (Springteufel) und *M* (die auf einem Tisch stehende Schachtel). Diese beiden Massen sind senkrecht durch eine Sprungfeder verbunden, die Schachtel unten, der Teufel oben. Die kleinste notwendige Kraft (Minimalkraft) veranlasst die Schachtel, sich zu einer vernachlässigbaren Höhe (einer Höhe, die infinitesimal oder gleich null ist) über den Tisch zu erheben. Da es sich um die geringste erforderliche Kraft handelt, werden die Geschwindigkeiten von Teufel wie Schachtel an diesem Wendepunkt (kurz vor dem Abheben) gleich null sein. Das ist ein ganz besonderer Augenblick, weil die Summe der auf die Schachtel einwirkenden Kräfte und die Gesamtenergie des Systems zu diesem Zeitpunkt besonders einfache Formen annehmen.

KAPITEL ELF
Geometrie und Zahlen

1. Die Hühnchen von Minsk und die Datenautobahn (oder: Warum haben die Hühnchen die Autobahn überquert?) Eine Geschichte aus dem neuen Russland

Ein Glasfaserkabel reicht einmal ganz um die Erde und verläuft vor den Toren von Minsk zufällig über eine neue Hühnerfarm in Privatbesitz. Die Hühner weigern sich, über das Kabel zu flattern. Sie sind nur bereit, unter ihm hindurchzugehen. Folglich können die Hühner nur überleben, wenn man das Kabel etwa einen Meter über den Boden hebt. Aus technischen und bürokratischen Gründen muss das Kabel dann aber überall, auf der Länge des ganzen Erdumfangs, um einen Meter angehoben werden (das Kabel ist dick und brüchig und kann nicht im Mindesten gebeugt oder verdreht werden). Im Bewusstsein seiner neu erworbenen Staatsbürgerrechte (die UdSSR gehört der Vergangenheit an!) weigert sich der Hühnerfarmer, das Kabel über sein Land verlegen zu lassen, wenn es nicht entsprechend angehoben wird. Der Bürokrat, der mit dem Projekt betraut ist, entpuppt sich als ein Fossil aus alten Tagen. Heimtückisch erklärt er sich bereit, das Kabel in die Luft zu heben, wenn der Farmer damit einverstanden ist, das *gesamte zusätzlich erforderliche Kabel* zu bezahlen – für einen Euro pro Meter. Der Farmer ist einverstanden, vorausgesetzt, die Regierung bezahlt die zusätzlich erforderlichen Trägereinrichtungen. Wie viel muss der Hühnerfarmer bezahlen?

TIPP: Hier sind Zirkelschlüsse angebracht!

2. Familienspaß unter Mathematikern

Eines Tages treffen sich die Mathematiker Igor und Pawel auf der Straße: «Wie geht es Ihnen? Was machen Ihre Söhne?», fragt Igor. «Sie haben drei Söhne, soweit ich mich erinnere. Aber das Alter habe ich vergessen.» – «Richtig, ich habe drei Söhne», erwidert Pawel. «Das Produkt ihres Alters ist 36.» Sich umblickend, deutet Pawel auf ein nahe stehendes Haus und sagt: «Die Summe ihres Alters ist gleich der Fensterzahl in dem Gebäude dort.» Igor denkt eine Minute nach und antwortet dann: «Hören Sie, Pawel, so kann ich nicht auf das Alter Ihrer Söhne kommen.» – «Oh, tut mir Leid», meint Pawel. «Ich habe vergessen, Ihnen zu sagen, dass mein ältester Sohn rotes Haar hat.» Jetzt ist Igor in der Lage, das Alter der Brüder zu bestimmen. Sie auch?

TIPP: Achten Sie sorgfältig darauf, was gesagt wird und wer es sagt.

3. Ein paar Zahlen!

Beweisen Sie, dass sich die Zahl (n^2-1), wobei n eine beliebige Primzahl mit Ausnahme von 2 und 3 ist, durch 24 teilen lässt.

TIPP: $(n^2-1) = (n-1)(n+1)$. Und vergessen Sie die anderen Bedingungen der Aufgabe nicht.

4. Die Wurzel all unserer Probleme

Wie lautet der Grenzwert des folgenden Ausdrucks:

$$x_n = \sqrt{2 + \sqrt{2 + \ldots \sqrt{2 + \sqrt{2}}}}$$

wenn die Zahl der Quadratwurzeln n gegen unendlich geht?

TIPP: Legen Sie die Axt an die Wurzeln Ihres Problems.

5. Skalentransformation und der Satz des Pythagoras

Beweisen Sie den Satz des Pythagoras durch Ähnlichkeitsabbildungen.

TIPP: Die Flächen ähnlicher Dreiecke sind den Quadraten ähnlicher Dreiecksseiten proportional.

6. Olja streckt ihre Gedanken (oder: Eine Strecke in Oljas Vorstellung)

Olja kommt aus dem Kino (vgl. Kapitel zwei, Aufgabe 3) und macht ihre Hausaufgaben, die unter anderem von ihr verlangen, die Fläche einer Ellipse auszurechnen. Sie kann ihr Mathebuch nicht finden (sie hat Angst, es im Kino liegen gelassen zu haben) und erinnert sich nicht an die Formel. Nur an die Flächenformel des Kreises erinnert sie sich: $F = \pi r^2$. Verzweifelt zeichnet sie den Kreis in ihr Skizzenbuch, das aus Millimeterpapier besteht, sodass die Fläche in kleine Quadrate aufgeteilt ist. Petja (der ihr Mathebuch versteckt hat) neckt sie, indem er sagt: «Du musst deine Gedanken strecken.» Da begreift Olja, wie sie die Aufgabe lösen kann. Wie stellt sie das an?

TIPP: Eine Ellipse lässt sich aus einem Kreis durch gleichmäßige Streckung in eine Richtung konstruieren.

7. Das Problem, das von Neumann nicht hinters Licht geführt hat

Schauen Sie sich noch einmal Aufgabe 10 in Kapitel zwei an: «Der verrückte Hund». Das ist eine Version dessen, was man gemeinhin als «Das Problem, das John von Neumann hinters Licht geführt hat» bezeichnet. Wir haben dort darauf hingewiesen, dass das Problem eigentlich eine Fangfrage ist, die sich sehr rasch beantworten lässt, wenn man auf die Zeit blickt, die der Hund zurückzulegen hat. Als von Neumann diese Aufgabe von seinem Freund und Kollegen Stanislaw Ulam gestellt wurde, löste er sie auf Anhieb, und Ulam meinte: «Oh, du hast den Trick durchschaut.» – «Was für einen Trick?», fragte von Neumann. «Ich habe einfach die Reihe aufsummiert.» Im Allgemeinen nimmt man an, dass die Reihenlösung sehr kompliziert ist. Von Neumann war da anderer Meinung. Können Sie es ihm gleichtun?

TIPP: Nachdem der Hund den ersten Zyklus abgeschlossen hat – das heißt, nachdem er von Mischa zu Tischa und zurückgelaufen ist –, ist die gesamte Situation fast wie am Anfang. Nur der Maßstab hat sich um einen bestimmten Faktor verändert, denn die Radfahrer sind jetzt näher zusammen. Um das Problem zu lösen, müssen Sie lediglich diesen Faktor finden.

8. Der Zaun des Parteisekretärs

Um die Datscha des Parteisekretärs soll ein Zaun gebaut werden, dessen oberer Rand die in der Abbildung dargestellte Zickzackform aufweisen muss. Mit der Errichtung des Zauns ist der Mathematiker Igor beauftragt (er soll auch die Konstruktionszeichnung anfertigen). Eigentlich wollte er die Zeichnung dem Tischler Pawel geben, doch dann kam die Ziege des Parteisekre-

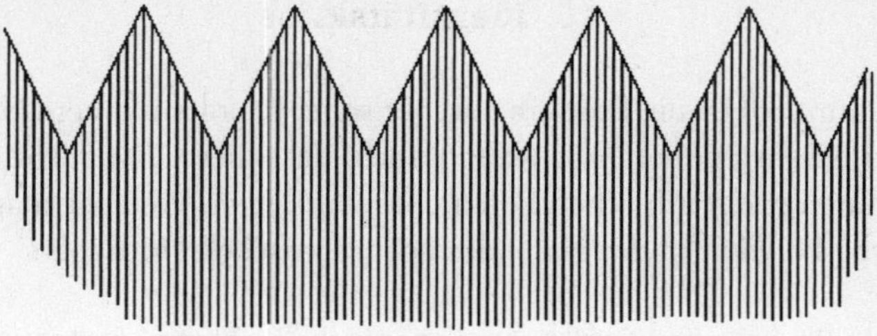

tärs und hat das wertvolle Papier verspeist. Zum Glück ist Pawel ein begeisterter Hobby-Mathematiker, daher schreibt Igor ihm eine Gleichung auf, die den oberen Zaunrand beschreibt. Können Sie das auch? (Da die Datscha, wie es sich für die Datschas von Parteisekretären gehört, sehr, sehr groß ist, können wir von einer unendlichen Länge des Zauns ausgehen.)

TIPP: Es gibt mehr als eine Antwort.

9. Welche Farbe hat der Bär? (Eine Lektion in nichteuklidischer Geometrie)

Ein Camper verlässt sein Zelt und läuft zwei Kilometer nach Süden. Dann wendet er sich nach Westen und geht weitere fünf Kilometer. Schließlich dreht er sich nach Norden und geht noch einmal zwei Kilometer. Wie weit ist er nun von seinem Zelt entfernt?

TIPP: Es gibt Situationen, in denen Gleichheit keine ausreichende Antwort ergibt. Jedenfalls sollten Sie sich bei dieser Aufgabe warm anziehen!

10. Identitätskrise

Bekanntlich ist die Erde ein magnetischer Dipol mit einem Nord- und einem Südpol. Wir wissen auch, dass diese Pole nicht weit von den geographischen Polen entfernt liegen. Welcher magnetische Pol liegt in der Nähe des geographischen Nordpols?

TIPP: Die Begriffe «Norden» und «nördliche Richtung» hatten in Europa schon Geltung, lange bevor der magnetische Kompass aus China eingeführt wurde.

Lösungen zu Kapitel eins

Aufwärmübungen

1. **Natürliche Geburt** Drillinge! Es handelt sich um zwei von drei (oder vier oder fünf ...) Geschwistern, die von derselben Mutter am Ende derselben Schwangerschaft geboren wurden. Wir haben Ihnen geraten, auf den Wortlaut zu achten. Diese Aufgabe wäre Ihnen leichter gefallen, wenn wir Sie nach einer Definition des Wortes «Zwillinge» gefragt hätten.

2. **Der stumme Papagei (oder: Das Problem mit Mathematikern)** Für diese Aufgabe gibt es zahlreiche Lösungen. Es folgt eine Auswahl:
   (A) Der Vogel ist taub (es gibt, physiologisch gesprochen, keinen Schlüsselreiz). Der Vogel würde zwar jedes Wort wiederholen, das er hört, aber er kann nichts hören und bleibt deshalb stumm.
   (B) Da der Zoohändler keine Auskunft darüber gegeben hat, *wann* der Vogel wiederholen wird, was er hört, könnte eine andere Antwort lauten, dass der Papagei jedes Wort wiederholen wird, das er hört – aber erst in ein paar Jahren. (Eine Verschiebung auf der Zeitachse, würde der Mathematiker sagen.)
   (C) Möglicherweise verweigert sich der hochintelligente Vogel seinem neuen Besitzer, dessen Konversation äußerst ermüdend ist. Oder würde ein intelligenter Mensch mit dem Papagei sprechen, nur damit dieser die Wörter wiederholt?
   (D) Vielleicht lügt der Kunde auch. (Seine Frau hat herausge-

funden, wie teuer der Vogel ist, und ihren Mann gezwungen, ihn zurückzubringen.)

Es gibt viele Lösungen, die noch lächerlicher sind als die genannten. Das Problem erwächst aus der Anwendung der strengen mathematischen Sprache auf einen alltäglichen Kontext, der viel ungenauer ist. Der Versuch, stets auf mathematische Strenge zu pochen, würde uns in den Wahnsinn treiben. In der Alltagssprache wird vieles stillschweigend vorausgesetzt. Der Wissenschaftler bewegt sich zwischen diesen Extremen und muss alle Definitionen und Beschreibungen prüfen, um sich seines eigenen Verständnisses zu vergewissern.

3. **Kunstfragen** Wenn Sie eine quadratische Matrix oder Tabelle anlegen, in der die Namen die Spalten und die Haarfarben die Zeilen bilden (oder umgekehrt), sind die diagonalen Elemente verboten, weil dann Haarfarben und Namen gleich wären. Wir wissen, dass Weiß der Person mit schwarzem Haar antwortet. Folglich kann er kein schwarzes Haar haben und muss somit der Rotschopf sein, sodass für Schwarz und Rot nur noch schwarzes und weißes Haar übrig bleiben. Schwarz muss weißes Haar haben, also ist das Haar von Rot, dem Maler, schwarz.

4. **Ritter und Knappen** Die Lösung auf Seite 91 funktioniert nur, wenn alle Knappen miteinander auskommen und die Ritter sich während der Überfahrt nicht gegenseitig erschlagen. Es ist nicht die einzige Lösung, denn auch andere Versionen sind möglich.

5. **Noch mehr Ritter und Knappen** Für diese Aufgabe gibt es keine Lösung, außer Sie sind bereit, einen der vier Knappen zu opfern (was im Mittelalter kein Problem war). Es besteht keine Möglichkeit, vier oder mehr Paare von Rittern und Knappen über den Fluss zu bringen, ohne dass irgendwann einer der Knappen Herzrhythmusprobleme bekommt.

● Ritter ○ Knappe

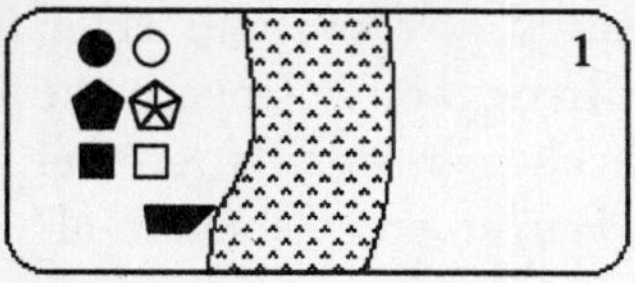

1. Hier fangen Sie an.

2. Sie setzen einen Ritter und einen Knappen über.

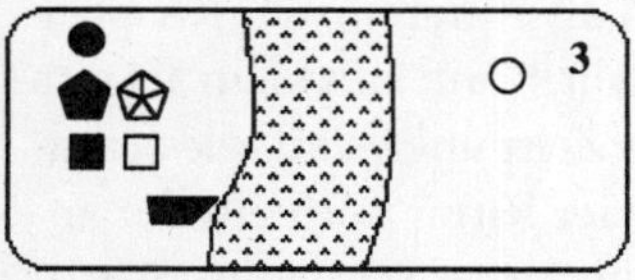

3. Den Ritter bringen sie zurück

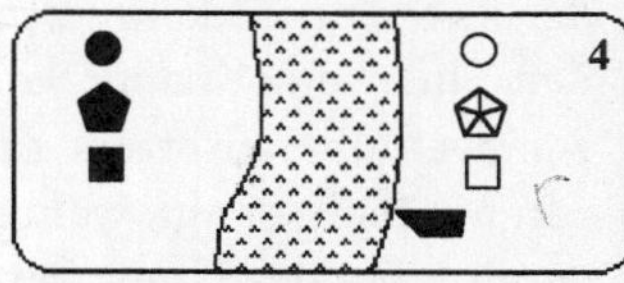

4. Sie befördern die beiden Knappen hinüber.

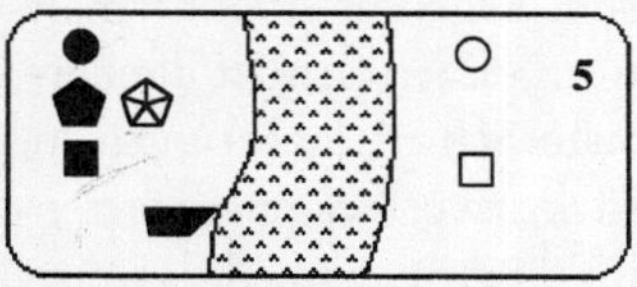

5. Einen der Knappen holen Sie zurück.

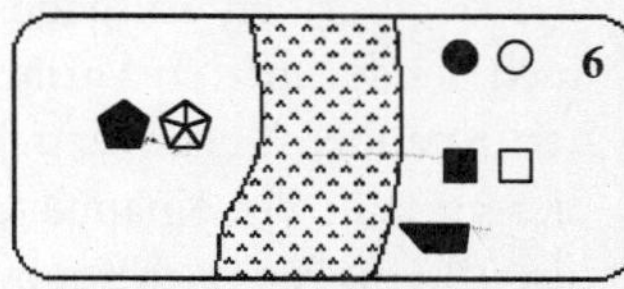

6. Sie transportieren die beiden Ritter hinüber.

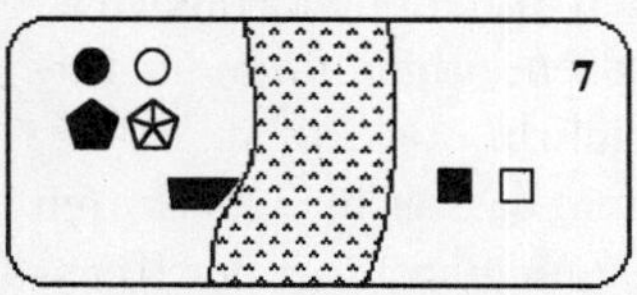

7. Ein Ritter-Knappen-Paar holen Sie zurück.

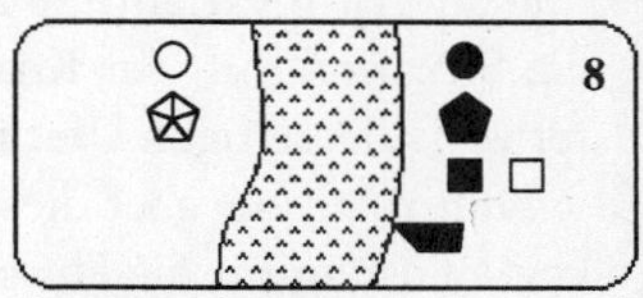

8. Beide Ritter kommen hinüber.

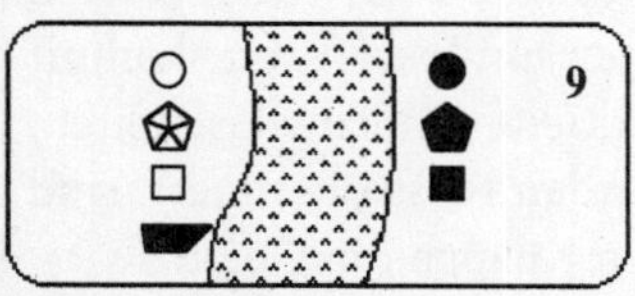

9. Den Knappen holen Sie zurück.

10. Bringen Sie zwei Knappen hinüber.

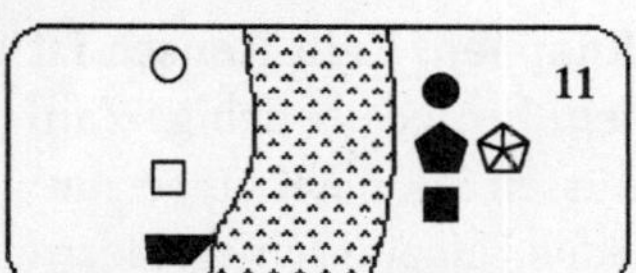

11. Einen Knappen befördern Sie wieder zurück.

12. Bringen Sie die beiden Knappen hinüber.
Es ist geschafft!

Für den ersten Schritt gibt es nur drei Varianten: Das Boot befördert entweder erstens zwei Ritter oder zweitens einen Knappen und einen Ritter oder drittens zwei Knappen. Die erste Möglichkeit führt zu augenblicklichem Herzflattern bei den beiden Knappen, die von ihren Herren und Gebietern allein zurückgelassen werden. Bei der zweiten Variante darf nur der Ritter zurückkehren; daraufhin überqueren zwei Knappen den Fluss, ein Knappe kommt zurück, um mit dem letzten Knappen überzusetzen. Zu diesem Zeitpunkt sind alle Knappen hinübergelangt, während alle vier Ritter noch auf der anderen Seite des Ufers warten – eine Situation wie in Schritt vier der vorigen Aufgabe. Zu diesem Ergebnis kommt man auch bei der dritten Variante, wenn im ersten Schritt die beiden Knappen übersetzen. Der nächste Schritt lautet auch in diesem Fall: Ein Knappe kehrt zurück, zwei Knappen setzen über. So führen nach der zweiten Flussüberquerung die zweite und die dritte Variante zu identischen Situationen. Folglich ist die Situation mit vier Knappen am jenseitigen und vier Rittern am diesseitigen Ufer unvermeidlich.

Nun zeigt uns aber diese Situation, dass es bei vier Paaren keine Lösung für die Flussüberquerung gibt. Einer der Knappen muss mit dem Boot zurückkehren, aber die Ritter dürfen nicht übersetzen: Wenn zwei Ritter hinüberfahren, kommt der dritte Knappe auf der anderen Seite in Schwierigkeiten, und wenn das Ritter-Knappen-Paar den Fluss überquert, sind die drei am anderen Ufer wartenden Knappen in Gefahr.

6. **Und noch einmal die Ritter und Knappen: Kein Mensch ist eine Insel** Die Insel löst das Problem für jede beliebige Zahl von Rittern und Knappen. Zuerst müssen Sie alle Knappen auf die Insel schaffen. Jetzt begleitet jeder Knappe seinen Herrn auf die andere Seite des Flusses und kehrt auf die Insel zurück. Das wird so lange fortgesetzt, bis alle Ritter den Fluss überquert haben. Nach der letzten Überfahrt bleibt der Knappe im

Boot, kehrt auf die Insel zurück, und die Knappen setzen von der Insel ans andere Flussufer über.

7. **Großvaters Frühstück** Sie müssen damit beginnen, dass Sie *beide* Sanduhren umdrehen. Wenn Sie nur eine wenden, landen Sie unvermeidlich wieder bei der Ausgangssituation! Nun gibt es zwei einfache Lösungen:
(A) Nachdem Sie beide Sanduhren umgedreht haben, warten Sie, bis die kleinere (sieben Minuten) leer ist, und legen *dann* das Ei ins kochende Wasser. Warten Sie, bis auch die größere abgelaufen ist (weitere vier Minuten), und drehen Sie sie um (noch einmal elf Minuten). Nachdem sie erneut abgelaufen ist, nehmen Sie das Ei aus dem Wasser. Dann hat das Ei genau fünfzehn Minuten (elf plus vier) gekocht. Diese Lösung hat allerdings einen Haken: Das ganze Verfahren dauert zweiundzwanzig Minuten, und Ihr Großvater ist sowohl ungeduldig als auch Mathematiker im Ruhestand. Sie brauchen eine optimale Lösung, daher nehmen Sie Ihren ganzen Mut zusammen und
(B) legen das Ei in dem Augenblick ins Wasser, wenn Sie beide Sanduhren umdrehen. Nach sieben Minuten wird jetzt die kleine Sanduhr umgedreht, woraus folgt, dass für die große noch vier Minuten verbleiben. Wenn diese nach vier Minuten abgelaufen ist, befindet sich noch Sand für drei Minuten in der oberen Hälfte der kleinen Sanduhr. Wichtiger aber noch: *Der Sand in der unteren Hälfte entspricht einem Zeitraum von vier Minuten!* Mit einem Seufzer der Erleichterung drehen Sie die kleine Sanduhr also um, warten, bis sie abgelaufen ist, und servieren Ihrem Großvater das Frühstück. Diese Lösung dauert genau fünfzehn Minuten.
Besser geht es nicht.

8. Der Gefangene und die Wächter Sie werden keinen Erfolg haben, wenn Ihre Fragen nur die Türen oder nur die Wächter berücksichtigen. Völlig nutzlos ist zum Beispiel die Frage: *«Führt die linke Tür in den Tod?»* Sie bekommen ein «Ja» oder ein «Nein» zur Antwort und können nicht sicher entscheiden, ob die Antwort wahr oder falsch ist. Wenn Sie stattdessen fragen: *«Sagt der andere Wächter die Wahrheit?»*, wird die Antwort in jedem Fall «Nein» lauten, da der Lügner implizit immer mit angesprochen ist. Das ist zwar ein Schritt in die richtige Richtung, aber Sie haben noch keine Information über den richtigen Ausgang erhalten. Deshalb sollten Sie diese Art der Frage mit einem Bezug auf die Tür kombinieren, zum Beispiel indem Sie fragen: *«Würde der andere Wächter sagen, dass die linke Tür in den Tod führt?»* Wenn Ihnen der Wächter nun erzählt, dass die linke Tür nicht in den Tod führt, heißt dies entweder, dass er lügt (und hinter der Tür also der Tod wartet) oder dass der andere Wächter lügen würde, was der angesprochene Wächter ehrlich bekundet. Sie erhalten somit in jedem Fall die falsche Antwort, worauf Sie sich nun bei Ihrer Entscheidung verlassen können. Wenn Ihre Frage mit «Nein» beantwortet wird, sollten Sie also auf keinen Fall durch die linke Tür gehen. Lautet die Antwort dagegen «Ja», dann können Sie aus denselben Gründen darauf vertrauen, dass die linke Tür nicht in den Tod, sondern in die Freiheit führt.

Sie können sich auch den Umstand zunutze machen, dass jeder Wächter vor einer der Türen steht, und fragen: *«Steht der wahrheitsliebende Wächter vor der Tür zum Richtblock?»* Auch hier sollten Sie die andere Tür wählen, wenn der Wächter vor Ihnen mit «Ja» antwortet. Entweder der wahrheitsliebende Wächter steht vor Ihnen, und die Tür führt tatsächlich in den Tod, oder es ist der Lügner, der nicht zugeben darf, dass der ehrliche Wächter vor der Tür zum Leben steht und er selbst vor dem verhängnisvollen Ausgang. Lautet die Antwort dagegen «Nein», dann können Sie beruhigt durch die Tür vor Ihnen gehen.

9. Iwanow und die Uhr Kurz vor zwölf Uhr mittags. Es gibt nur einen einzigen Zeitraum, in dem diese Uhr *dreimal* hintereinander *einmal* schlägt: um 12.30, 13.00 und 13.30 Uhr. Iwanows Bemühungen müssen in dieses Intervall fallen. Wie ist das vierte Mal zu erklären? Iwanow muss die Tür geöffnet haben, kurz bevor die Uhr ihre Schläge um zwölf Uhr mittags beendet hatte, also unmittelbar vor dem letzten Schlag. Die schallschluckende Einrichtung und die schalldichte Tür haben verhindert, dass er die ersten elf Schläge gehört hat. Hätte der vierte Schlag um 14.00 Uhr erfolgen können? Nein, denn zu diesem Zeitpunkt stand die Tür offen, sodass Iwanow beide Schläge hätte hören müssen.

Lösungen zu Kapitel zwei

Mehr Aufwärmübungen

1. **Einkaufen mit Boris und Marina** 25 Kopeken. Hätte Boris 2 oder mehr Kopeken, dann besäßen Marina und er genügend Geld, da Marina ja nur 2 Kopeken zu wenig hat. Folglich hat Boris nur eine oder gar keine Kopeke. Wenn er eine hat, dann betrüge der Preis 25 Kopeken, weil ihm 24 zum Kauf eines Eises fehlen. Und Marina hätte in der Tat 2 Kopeken zu wenig. Sie könnten natürlich einwenden, der Preis hätte auch 24 Kopeken betragen können. Dann hätte Boris 0 Kopeken und Marina 22 Kopeken gehabt. Aber wir wollen zu Boris' Ehrenrettung annehmen, dass er Marina nicht an der Nase herumgeführt und wenigstens ein bisschen Geld in der Tasche gehabt hat.

2. **Einkaufen mit Boris und Marina, Teil zwei** Ja, Ihr Verdacht ist völlig richtig. Boris hat überhaupt kein Geld. Seine Schwester dagegen hat genug für zwei Schokoriegel. Angesichts dieser neuen Erkenntnisse über Boris' Charakter müssen Sie die Antwort auf die vorige Aufgabe vielleicht doch noch einmal überdenken.

3. **Im Kino** 1260 Tage nach dem ersten gemeinsamen Kinobesuch werden sie wieder zusammentreffen. Die Zahl der Tage zwischen ihren Treffen müssen durch 4, 5, 7 und 9 teilbar sein. Da aber keine dieser Zahlen einen gemeinsamen Faktor hat, ist die kleinste Zahl, die der oben genannten Bedingung genügt, das Produkt aus: $4 \times 5 \times 7 \times 9 = 1260$. Da die Studienstufe auch

in Russland nur drei Jahre dauert, war der Zeitplan schlau gewählt. Keiner von ihnen wurde erwischt.

4. **Ein Alkoholproblem** Sehen Sie sich die Abbildung auf Seite 98 an. In den einzelnen Behältern befinden sich folgende Wodkamengen:
   a. (12, 0, 0) Ausgangsbedingung: 12-Liter-Eimer gefüllt, die Flaschen leer.
   b. (4, 8, 0) Füllen Sie die 8-Liter-Flasche aus dem 12-Liter-Eimer.
   c. (4, 3, 5) Füllen Sie die 5-Liter-Flasche aus der 8-Liter-Flasche.
   d. (9, 3, 0) Leeren Sie die 5-Liter-Flasche in den 12-Liter-Eimer.
   e. (9, 0, 3) Gießen Sie die 3 Liter Wodka aus der 8-Liter-Flasche in die 5-Liter-Flasche.
   f. (1, 8, 3) Füllen Sie die 8-Liter-Flasche aus dem 12-Liter-Eimer auf, woraufhin noch 1 Liter zurückbleibt.
   g. (1, 6, 5) Füllen Sie die 5-Liter-Flasche, indem Sie 2 Liter aus der 8-Liter-Flasche abgießen, sodass noch 6 Liter übrig bleiben.

   Jetzt haben Sie 6 Liter in der 8-Liter-Flasche. Leeren Sie die 5-Liter-Flasche in den 12-Liter-Eimer, und Sie haben (6, 6, 0) – 6 Liter für Wassili und 6 für Pjotr.

5. **Die Raupe** Die Raupe braucht sechseinhalb Tage. Bei Sonnenaufgang des ersten Tages beginnt sie vom Boden aus ihren Aufstieg und erreicht bei Sonnenuntergang dieses Tages 12 Fuß, von denen sie jedoch in der Nacht jeweils 6 Fuß verliert. Bei den folgenden Sonnenuntergängen sind es 18, 24, 30, 36, 42 und schließlich 48 Fuß.

6. **In Unschuld die Hände waschen** Der Siedepunkt von flüssigem Stickstoff liegt (bei einem Druck von einer Atmosphäre)

etwa 230 Grad Celsius unter Ihrer Hauttemperatur, also bei –195,8 °C. Die «extreme» Wärme der Haut bringt die Flüssigkeit bei Kontakt so schnell zum Kochen, dass sich zwischen der Haut und der kalten Flüssigkeit eine dünne Gasschicht bildet, die beide voneinander isoliert. Wenn Sie einen Versuch mit einem Wassertropfen in einer heißen Bratpfanne durchführen, können Sie ein ähnlich widersprüchliches Verhalten beobachten: Je heißer die Pfanne ist, desto länger hält sich der Wassertropfen. Das ist natürlich nur ein scheinbarer Widerspruch. Die größere Hitze sorgt für eine bessere Gasschicht und verringert dadurch die Wärmeleitung zum Tropfen. Eine solche Gasschicht kann bei der Konstruktion von Boilern und

von Wasserkühlern für Explosionsmotoren zu ernsthaften Schwierigkeiten führen. Wenn sich die Gasschicht an Stellen bildet, an denen das Wasser zum Kühlen verwendet wird, kann sich das zu kühlende Metall überhitzen und sogar schmelzen. Übrigens hatte einer von uns (Jurij B. Tschernjak) einst die Gewohnheit, sich an warmen Sommertagen das Gesicht mit flüssigem Stickstoff zu waschen, weil das damals die einzige Form von Abkühlung war, die er sich verschaffen konnte. Das Verfahren barg jedoch gewisse Risiken. So mussten zum Beispiel die Augenbrauen beim Waschen ausgelassen werden, weil die Härchen die Gasschicht durchbohren und zu schweren Frostbeulen im Gesicht führen konnten.

7. Beeren kaufen Die Trockenmasse der Beeren ist eine *Erhaltungsgröße*. Bei den frischen Beeren beläuft sie sich auf ein Prozent des Gesamtgewichts, also auf 10 Kilogramm. Wenn bei dem zweiten Test die Beeren nur noch 98 Prozent Wasser aufwiesen, stellen die 10 Kilogramm demzufolge bereits *zwei* Prozent der Gesamtmasse. Daher betrug die Gesamtmasse zu diesem Zeitpunkt 500 Kilogramm. In wenigen Tagen waren also mehr als 50 Prozent des Wassers aus den Beeren verdunstet. Würden Sie diese Geschichte glauben, wenn Sie der Aufseher wären?

8. Das Videoband Bei einem Radius R des Abwickeltellers samt *aufgespultem* Band lässt sich die Länge des Bandes (L) dadurch ermitteln, dass man die Fläche des Tellers (die allgemeine Formel zur Berechnung von Kreisflächen lautet: $F = R^2\pi$) durch die Banddicke teilt:

$$L = \pi(R^2 - r^2)/\delta,$$

wobei r der Durchmesser des Aufwickeltellers und δ die Banddicke ist. Da R viel größer als r ist, wird diese Beziehung zu

$L = \pi R^2 / \delta.$

Wenn sich der Aufwickelteller mit konstanter Winkelgeschwindigkeit dreht (120 Umdrehungen pro Minute), dann wächst der äußere Radius mit konstanter Rate an. Folglich wird die Bandlänge mit dem Quadrat der Zeit t zunehmen. Das *erste* Viertel der Gesamtlänge braucht daher die Hälfte der Gesamtzeit. Bedenken Sie, dass die Antwort für das *letzte* Viertel ganz anders lautet! Bedenken Sie auch, dass die Situation völlig verschieden ist, wenn der Videorekorder im Wiedergabemodus läuft: Jetzt ist die *Band*geschwindigkeit konstant, und die *Winkel*geschwindigkeit des Abwickeltellers (Beschleunigung) wie auch die des Aufwickeltellers (Verlangsamung) verändern sich mit der Zeit.

9. **Abenteuer in der Moskauer U-Bahn** Nehmen wir an, die Züge im Uhrzeigersinn kommen pünktlich zur vollen Stunde und die Züge entgegen dem Uhrzeigersinn zwölf Minuten später. Wenn Boris im Zeitraum zwischen einer vollen Stunde und zwölf Minuten nach der vollen Stunde eintrifft, wird der nächste Zug *gegen* den Uhrzeigersinn fahren. Sind jedoch seit der vollen Stunde mehr als zwölf Minuten vergangen, dann kommt als Nächstes ein Zug *im* Uhrzeigersinn. Bei 20 Prozent der Zeit (12 Minuten in jeder Stunde) wird Boris in einen Zug steigen, der *gegen* den Uhrzeigersinn fährt, und während der übrigen 80 Prozent in einen Zug, der *im* Uhrzeigersinn verkehrt. Wenn Boris' Ankunftszeiten in der U-Bahn-Station zufällig sind, wird er in 80 Prozent der Fälle *im* Uhrzeigersinn fahren. Das heißt, die Aussichten stehen 4 zu 1, dass er in einem Zug *im* Uhrzeigersinn landet! Solange die Züge nach einem regelmäßigen Fahrplan verkehren, mit regelmäßigen Zeiträumen zwischen den Ankunftszeiten, muss dieser Effekt eintreten. Die Zeitachse wird in Zeitspannen aufgeteilt, und die Länge der Spannen «*gegen* den Uhrzeigersinn» und «*im* Uhr-

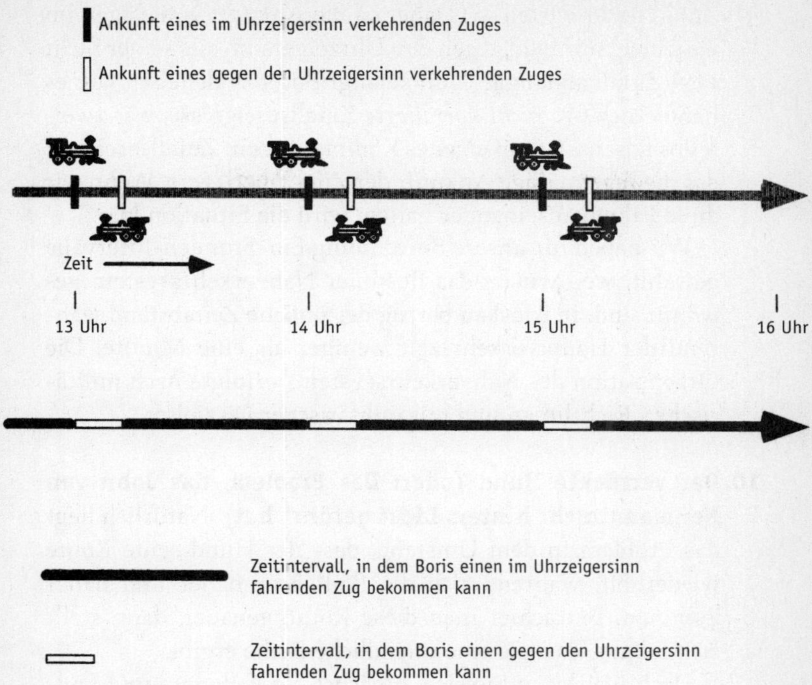

zeigersinn» hängt von der Phasenverschiebung ab, das heißt dem Zeitintervall zwischen den Punkten. Solange die Phasenverschiebung nicht null oder die Hälfte der planmäßigen Zeitintervalle zwischen den Zügen beträgt, sind die Zeitspannen von verschiedener Länge. Folglich wird es grundsätzlich einen Unterschied in der Wahrscheinlichkeit geben, welcher der beiden Züge für den wartenden Boris zuerst kommt.

Widerspricht dieses Ergebnis Ihrer Intuition? Wenn ja, dann ist Ihre Intuition falsch. Zufällige und regelmäßige Ereignisse darf man nicht verwechseln. Für Boris ist die Ankunft eines Zuges ein zufälliges Ereignis, weil sein eigenes Kommen dem

Zufall unterworfen ist. Daher ist die Ankunft von Zügen im Uhrzeigersinn und gegen den Uhrzeigersinn aus seiner Sicht vom Zufall abhängig. Nun gelangt Boris zu dem Schluss, es handle sich um *nicht korrelierte* Zufallsereignisse, was zweifellos falsch ist. Sein eigenes Kommen ist ein Zufallsereignis, das die regelmäßige Ankunft der Züge überlagert. Wenn wir diese Fakten auseinander halten, wird die Situation klar.

Wir haben für unsere Berechnung Ein-Stunden-Intervalle gewählt, weil wir an das Bostoner Nahverkehrssystem gewöhnt sind. In Moskau betrug der übliche Zeitabstand während der Hauptverkehrszeit weniger als eine Minute. Die Organisation des Nahverkehrssystems erfolgte nach militärischen Richtlinien und mit militärischer Disziplin.

10. Der verrückte Hund (oder: Das Problem, das John von Neumann nicht hinters Licht geführt hat) Natürlich liegt das Problem in dem Umstand, dass der Hund seine Route wiederholt, während sich die Radfahrer näher und näher kommen. Betrachtet man diese Route genauer, dann stellt sich heraus, dass sie eine unendliche Reihe ergibt.

Doch überlegen Sie sich zunächst die Anfangs- und Endsituation. Wie lange dauert es, bis die Radfahrer zusammenstoßen? Die für den Weg L erforderliche Zeit t ist

$$t = \frac{L}{v_1 + v_2}$$

Da der Hund mit der konstanten Geschwindigkeit u läuft, beträgt die vom Hund in derselben Zeit t zurückgelegte Entfernung D

$$D = ut = \frac{ul}{v_1 + v_2}$$

Hier sollten wir zwei wichtige Dinge bezüglich des Tempos beziehungsweise des «Geschwindigkeitsbetrags» und der

«Geschwindigkeit» beachten. Das Tempo des Hundes ist relativ zum Boden. Ginge es in dieser Aufgabe um ein Insekt oder einen geworfenen Ball – um etwas, dessen Tempo relativ zu den Radfahrern wäre –, müssten wir das Tempo der Radfahrer in unsere Überlegungen einbeziehen, um die Gesamtstrecke auszurechnen, die das dritte Objekt zurückgelegt hätte. Wir müssten die Geschwindigkeit des Objekts mit der Geschwindigkeit des Radfahrers addieren, um die Geschwindigkeit relativ zum Boden zu erhalten. Vielleicht haben Sie auch bemerkt, dass wir vorher von «Geschwindigkeitsbeträgen» oder «Tempi» gesprochen haben und nicht von «Geschwindigkeiten». Der *Geschwindigkeitsbetrag* des Hundes ist konstant, aber seine *Geschwindigkeit* ändert sich jedes Mal, wenn er einen der Radfahrer trifft und seine Richtung wechselt. *Geschwindigkeit* ist eine Vektorgröße, die *sowohl den Geschwindigkeitsbetrag als auch die Richtung* festlegt. Achten Sie immer auf den Unterschied zwischen *Geschwindigkeitsbetrag* und *Geschwindigkeit*.

Diese Aufgabe hat interessante wissenschaftliche und wissenschaftsgeschichtliche Wurzeln. Der aufgeregt hin und her rennende Hund könnte ebenso gut ein Photon oder ein anderes Teilchen sein, das mit einer Feldwechselwirkung verknüpft ist und zwischen zwei einander näher kommenden Teilchen ausgetauscht wird. Die wissenschaftshistorischen Wurzeln reichen etwa fünfzig Jahre zurück – bis zu einem Gespräch zwischen den beiden berühmten Mathematikern Stanislaw Ulam und John von Neumann. Diese Unterhaltung, in der es um eine Fliege und nicht um einen Hund ging, wird auch manchmal als das «Problem, das John von Neumann hinters Licht geführt hat» bezeichnet (vgl. *Mathematics Teacher* vom November 1991). Nach unserer Ansicht hat sich von Neumann keineswegs hinters Licht führen lassen, aber das werden wir in einem späteren Kapitel («Geometrie und Zahlen») beweisen.

Lösungen zu Kapitel drei

Nikolaijs mühselige Geschäftsreise

1. **Tee kühlen** Für jede Wärmeübertragung gilt: Der Wärmeaustausch zwischen zwei Körpern ist umso stärker, je größer ihr Temperaturunterschied ist. In diesem Fall ist die Luft in der Umgebung des Tees der «zweite Körper». Je heißer der Tee ist, umso größer ist demzufolge auch sein Wärmeverlust. Wenn man nun den Zucker sofort in den Tee gibt, sinkt die Temperatur infolge der endothermen Reaktion (vgl. Tipp), wodurch der Wärmeverlust des Tees reduziert wird. Nikolaij sollte also etwas warten, bevor er Zucker in seinen Tee gibt.

2. **Luxuriöse Unterbringung** Zerteilen Sie den dritten Ring der Kette. Jetzt haben Sie drei Teile, die ein, zwei und vier Glieder lang sind. Die erste Übernachtung bezahlen Sie mit einem Glied. Für die zweite geben Sie dem Hotelbesitzer den Abschnitt mit zwei Gliedern und bekommen ein Glied zurück. Für die dritte Übernachtung erhält der Hotelbesitzer wieder das eine Kettenglied. Für die vierte geben Sie dem Hotelbesitzer das Teilstück mit vier Gliedern und erhalten dafür die Abschnitte mit einem und mit zwei Gliedern zurück. Die restlichen drei Tage werden bezahlt wie die ersten drei. (Die Fähigkeit, solche Probleme zu lösen, war in Russland einst lebenswichtig.)

3. **Worst-Case-Szenario in Wischnij-Wolotschok** 45 Versuche. Hier gibt es nur einen Trick: Wenn sie n Schlüssel haben und wenn Sie wissen, dass einer von ihnen die Tür öffnet, dann

müssen Sie im schlimmsten Fall n–1 dieser Schlüssel auszuprobieren, denn wenn die n–1 Schlüssel nicht passen, dann ist der letzte verbleibende Schlüssel der richtige. Beim ersten Schlüssel sind nur neun Versuche erforderlich, denn wenn die ersten neun nicht passen, wissen Sie, dass der noch übrige Schlüssel die Tür öffnen wird. Der schlimmste Fall ist also 9 + 8 + 7 + 6 + 5 + 4 + 3 + 2 + 1 + 0 = 45.

4. **Eine weitere traurige Nacht in Wischnij-Wolotschok** Die schnellere Methode besteht darin, beide Tauchsieder gleichzeitig erst in der einen und dann in der anderen Tasse zu verwenden. Denken Sie daran, dass die Energie nicht nur für das Erwärmen des Wassers verbraucht wird, sondern auch durch Wärmeverlust während des Erhitzens verloren geht. Um das Wasser von der Zimmertemperatur auf den Siedepunkt zu erwärmen, ist bei beiden Methoden die gleiche Wärmemenge erforderlich. Aber die Wärmeverluste während der Zeit, in der sich das Wasser erwärmt, sind verschieden! Unabhängig davon, wie die Wärmeverluste mathematisch zu berechnen sind, die Geschwindigkeit des Wärmeverlustes (das heißt der Wärmeverlust pro Zeiteinheit) hängt fast vollständig von dem Temperaturunterschied zwischen Tasse und Zimmer ab. Wenn sich die Tasse also längere Zeit in einem bestimmten Temperaturintervall befindet, ist auch der Wärmeverlust größer. Je rascher die Tasse erwärmt wird, desto weniger Wärme geht verloren. Wird die Tasse mit zwei Tauchsiedern erhitzt, ist der Energieverlust geringer als bei einem Tauchsieder. Erwärmt man die Tassen nacheinander mit jeweils zwei Siedern, braucht man weniger Energie und folglich auch weniger Zeit.

5. **Wie Nikolaij zu Hause empfangen wird** Nikolaij ist, zumindest diesmal, unschuldig. In *beiden* Fällen würden Waskas Krallen gerade Linien auf seinem Koffer zurücklassen. In beiden Fällen interessiert uns nur die horizontale Komponente

von Waskas Geschwindigkeit, das heißt seine Flugbewegung durch den Raum. Bevor der Kater auf dem Koffer landet, ist die horizontale Komponente eine Konstante, wenn wir den Luftwiderstand außer Acht lassen können (bei Geschwindigkeiten von Katzen ist das der Fall), und verläuft senkrecht zur konstanten Koffergeschwindigkeit. Die einzige Beschleunigung, die nach seinem Absprung auf den Kater einwirkt, ist die Gravitation, und die macht sich nicht in der horizontalen Ebene bemerkbar.

Machen Sie jetzt den Koffer zu Ihrem Bezugssystem. Das ist ein Galilei'sches Bezugssystem (Inertialsystem). Auch die Geschwindigkeit des Katers muss deshalb relativ zum Koffer gleichförmig und konstant sein. Dann landet der Kater auf der flachen, horizontalen Fläche von Nikolaijs Koffer. Wenn die Reibung zu vernachlässigen ist, setzt der Kater seine Bewegung in einem konstanten Winkel über den Koffer fort, sodass gerade Kratzer entstehen. Lässt sich die Reibung nicht vernachlässigen, dann denken Sie vielleicht zunächst, dass sich der Winkel verändern muss, wenn der Kater durch die Reibung abgebremst wird: Seine Geschwindigkeit verändert sich nach der Landung auf dem Koffer, und daher müssen die Kratzer gekrümmt sein – das war ja auch Ninas Annahme. Doch mit dieser Überlegung haben Sie Ihr Bezugssystem «Koffer» verlassen. Die Reibungskraft ist der Geschwindigkeit des Katers *relativ zum Koffer genau entgegengesetzt,* daher wird sich *nur* der *Betrag,* aber nicht die *Richtung* der relativen Geschwindigkeit verändern.

In beiden Fällen sind also die Kratzer *gerade Linien,* die in konstantem Winkel zur Bewegungsrichtung des Transportbandes verlaufen. Es ist wichtig, dass Sie den Luftwiderstand vernachlässigen (erinnern Sie sich an den Tipp?), weil dieser Widerstand von Waskas Geschwindigkeit relativ zur Luft und nicht zum Koffer abhängt. Diese Kraft könnte also die Form der Kratzer verändern. (Katzen, insbesondere russische, küm-

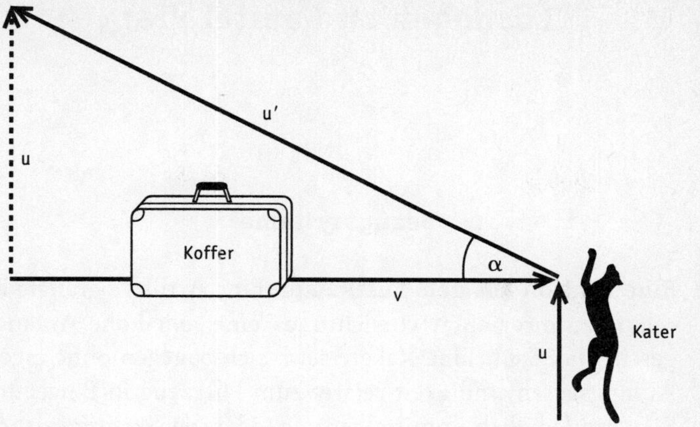

mern sich wenig um die Gesetze der Aerodynamik.) Sobald Nikolaij Nina das alles erklärt hat, wird ihm vergeben.

Auch eine eher quantitative Antwort können wir Ihnen liefern. Im Bezugssystem des Koffers ist der Winkel der Flugbahn des Katers zum Transportband (vgl. Abbildung)

$$\tan \alpha = \frac{u}{v}$$

Die Kratzer sind also gerade und bilden den Winkel α zur Bewegungsrichtung des Koffers auf dem Transportband.

Mit dieser Aufgabe wollten wir Ihnen die grundsätzliche Bedeutung von Bezugssystemen vor Augen führen. Im nächsten Kapitel werden Sie mehr zu diesem Thema erfahren.

Lösungen zu Kapitel vier

Bezugssysteme

1. **Eine Lektion aus dem Luftkampf** Eine Artilleriegranate hat relativ zu ihrer «Startvorrichtung» eine sehr hohe Anfangsgeschwindigkeit. Eine Rakete setzt sich dagegen ohne eigene Anfangsgeschwindigkeit relativ zum Flugzeug in Bewegung. Sie wird lediglich unmittelbar vor (oder gleichzeitig mit) der Zündung des Raketenaggregats vom Flugzeug gelöst. In diesem Moment ist die Anfangsgeschwindigkeit der Rakete relativ zur Erde (und der sie umgebenden Atmosphäre) gleich der des Flugzeugs. Doch das Flugzeug bewegt sich vorwärts, während die Rakete die entgegengesetzte Richtung einschlägt. Sie bewegt sich *rückwärts* durch die Luft, entgegengesetzt zu ihrer vorgesehenen Bewegungsrichtung. Nun sind aber die Seitenflossen auf der Rakete ausschließlich für eine Vorwärtsbewegung berechnet. Wer schon einmal Federball gespielt hat, kennt den Effekt: Die Federn des Balls (oder ihre Plastiknachahmung) bewirken eine Drehung des Balls, sobald er vom Schläger getroffen wird. Mit anderen Worten, infolge der Seitenflossen ist jede Rückwärtsbewegung der Rakete instabil. Sie dreht sich und richtet sich zum Luftstrom aus. Bei den Geschwindigkeiten von Kampfflugzeugen geschieht das sehr rasch, und wenn der Raketenmotor zündet, beschleunigt die Rakete und trifft das Flugzeug, das sie abgeschossen hat.

2. **Opa Masaij rudert hinter seinem Wodka her** Opa Masaij wird genau dreißig Minuten brauchen, um seinen Wodka wiederzubekommen. Das gilt natürlich nur für den Fall, dass nie-

mand vom Ufer ins Wasser springt und sich die Flasche holt, bevor Opa Masaij zurückgekehrt ist – keine ganz unwahrscheinliche Annahme für russische Verhältnisse. Die Antwort hängt nicht von der Rudergeschwindigkeit oder der Strömung ab, sondern davon, dass beide Größen sich nicht verändern. Wenn wir das fließende Wasser als Bezugssystem wählen, wird die Zeit bis zu Opa Masaijs Rückkehr gleich der Zeit sein, die verstrichen ist, seit er die Flasche ins Wasser fallen ließ. Stellen Sie sich vor, die Flasche wäre neben einer Boje in stehendem Wasser gelandet. In diesem Bezugssystem hätte Opa Masaij nichts anderes zu tun, als auf dem gleichen Weg zur Boje zurückzurudern, was genau eine halbe Stunde dauern würde. Das Gleiche muss für strömendes Wasser gelten. Zwar bewegt sich die Flasche im Bezugssystem des Flusses nicht, aber sie kommt relativ zur Erde mit zwei Kilometern pro Stunde voran. Daher ist sie zwei Kilometer (flussabwärts) von der Brücke entfernt, wenn Opa Masaij sie eine halbe Stunde später aus dem Wasser holt – genau eine Stunde nachdem sie ins Wasser gefallen ist. Welchen Vorteil dieser Ansatz hat, werden Sie feststellen, wenn Sie versuchen, das gleiche Problem in einem Bezugssystem zu lösen, das die Erde als festen Punkt nimmt. Die redundanten Daten, die wir Ihnen mitgeteilt haben, machen die Aufgabe dann sehr verwirrend.

3. **Legen Sie Ihre Sicherheitsgurte an!** Erklären Sie die Situation mit einer *Galilei-Transformation.* Mein Flugzeug hat sich mit der Geschwindigkeit $\mathbf{v}_0$ relativ zur Luft und zur Erde bewegt (wie gesagt, es war windstill!), während das andere Flugzeug mit der Geschwindigkeit $\mathbf{v}$ flog. Da ich der Beobachter war, sollte mein Flugzeug auch als Bezugssystem dienen. In diesem Bezugssystem bekommt das kleinere Flugzeug die neue Bezugsgeschwindigkeit $\mathbf{v}'$, und aus der *Galilei-Transformation* ergibt sich für die Geschwindigkeiten die Beziehung:

$\mathbf{v}' = \mathbf{v} - \mathbf{v}_0$

Da **v** parallel zum Rumpf des kleinen Flugzeugs (und nicht parallel zu meinem) ausgerichtet war, hatte die von mir beobachtete Geschwindigkeit eine andere Richtung, was den verwirrenden Effekt hervorrief. Das kleine Flugzeug bewegt sich ganz normal durch die Luft – parallel zu seinem Rumpf – und driftet keineswegs schräg oder seitwärts. Doch in *meinem* Bezugssystem verhält sich die Geschwindigkeit nicht parallel zum Rumpf des kleinen Flugzeugs, es sei denn, beide Flugzeuge bewegen sich relativ zur Erde in genau die gleiche Richtung. Wenn sie auch nur einen kleinen Winkel bilden, muss die Geschwindigkeit **v′** eine seitliche Komponente haben, sodass das Flugzeug den Eindruck erweckt, es drifte seitwärts.

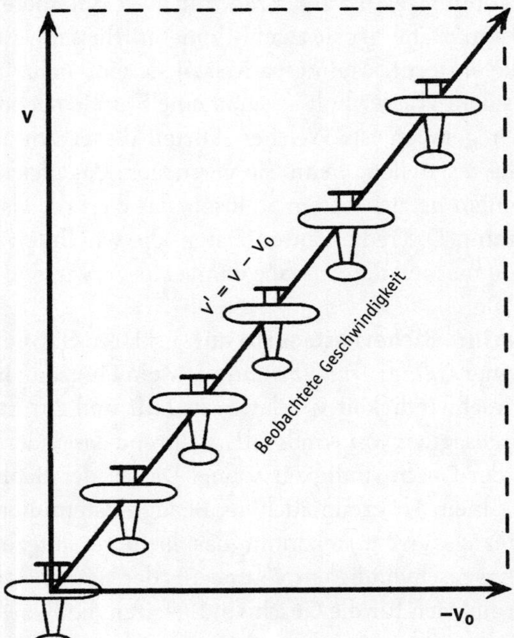

4. **Explosionen** Die Form wird durch die relative Bewegung der Bälle zueinander bestimmt, die nicht vom Bezugssystem abhängt. Unmittelbar nach der Explosion des Sacks entspricht die geometrische Form, die durch ihre Positionen beschrieben wird, der Oberfläche einer Kugel mit dem gleichförmig anwachsenden Radius $\mathbf{v}_0 t$, wobei $\mathbf{v}_0$ die Anfangsgeschwindigkeit der Bälle ist. Wenn ein Gravitationsfeld vorliegt, wird die expandierende Kugel erhalten bleiben, aber ihr Mittelpunkt mit der Beschleunigung g fallen. Sie können auch auf viel direkterem Wege zu diesem Schluss gelangen, indem Sie ein trägheitsloses Bezugssystem verwenden. Das gilt vor allem für den Schwerpunkt der Bälle, der mit der konstanten Beschleunigung g fallen muss. Sie können diese Beschleunigung auch zur Bewegung jedes einzelnen Balls addieren und zum gleichen Ergebnis kommen. Der Term mit der Gravitationsbeschleunigung fällt immer dann fort, wenn wir uns nur mit der relativen Bewegung der Bälle beschäftigen. Die wachsende Kugel bleibt unbeeinträchtigt, solange sie dem Einfluss einer *gleichförmigen* Feldkraft unterworfen ist. Einige Feuerwerkskörper – zum Beispiel «Leuchtkugeln» – zeigen diesen Effekt, denn die Funken streben anfangs mit großer Geschwindigkeit nach außen und verlöschen, bevor sich der Luftwiderstand bemerkbar machen kann.

5. **Regnerischer Tag auf dem Karussell** Wenn der trockene Zylinder unter dem Regenschirm so breit wie möglich sein soll, dann muss der Griff parallel zur Bewegungsrichtung der Regentropfen (relativ zu Ihnen und nicht zur Erde) ausgerichtet werden. Sie bewegen sich mit der Geschwindigkeit ωR relativ zur Erde und zum Karussellmittelpunkt, das heißt, in Ihrem Bezugssystem bewegt sich die Erde mit der Geschwindigkeit $-\omega R$ an Ihnen vorbei. Die Geschwindigkeit $\mathbf{v}'$ der Regentropfen relativ zu Ihnen entspricht dann der Geschwindigkeit $\mathbf{v}$ der Regentropfen relativ zur Erde plus der Erdgeschwindigkeit

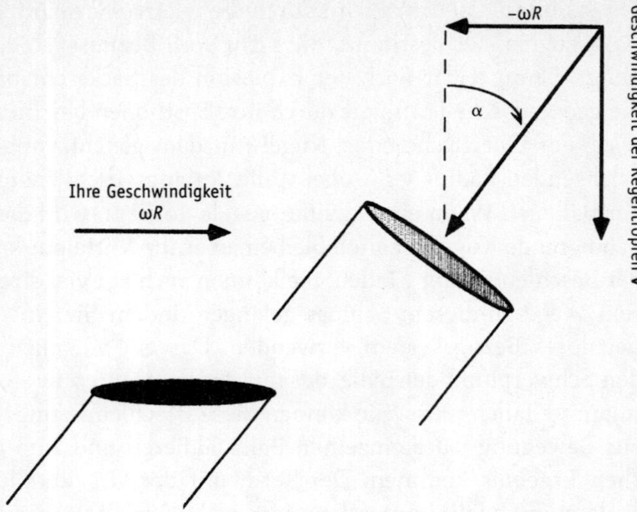

$-\omega R$. Die Subtraktion $\mathbf{v}' = \mathbf{v} - \omega R$ wird – wie in der Abbildung gezeigt – mit der üblichen Vektormethode vorgenommen. Daher muss der Regenschirm nach vorn geneigt werden, und zwar mit dem Winkel α, der sich ergibt aus $\tan\alpha = \frac{\omega R}{\mathbf{v}}$.

6. Mischa und Tischa auf dem Jahrmarkt Die beiden befinden sich auf einem Karussell und sitzen beispielsweise Seite an Seite auf einem Pferd und einem Schwan. Sie könnten aber auch mit einem Riesenrad fahren. Sehen Sie sich die Abbildung auf Seite 113 an! Mischa und Tischa haben die gleiche Winkelgeschwindigkeit ω. Da Tischa an der Außenseite sitzt, ist sein Radius vom Mittelpunkt des Drehpunkts aus größer. Daher hat er auch einen größeren Geschwindigkeitsvektor. Die besonderen Umstände dieser Aufgabe gelten stets für zwei beliebige Punkte auf einem rotierenden starren Objekt: Obwohl sie relativ zueinander in Ruhe sind, haben sie vom

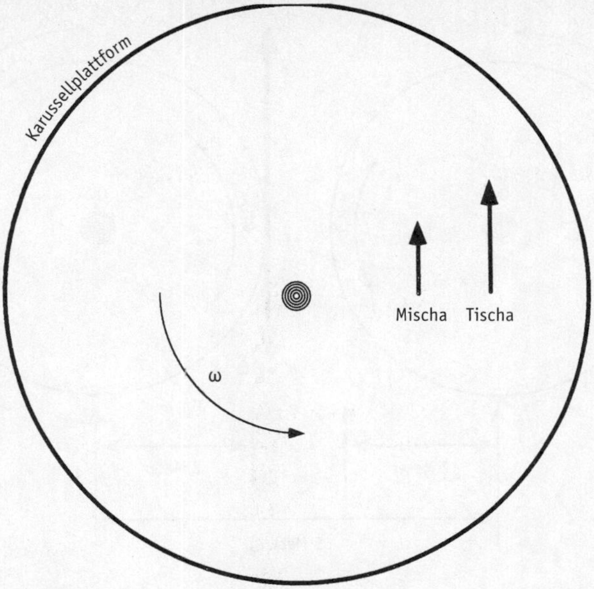

Standpunkt eines externen Beobachters aus völlig unterschiedliche Geschwindigkeiten. Säßen Mischa und Tischa nicht nebeneinander, dann wären ihre Geschwindigkeitsvektoren noch nicht einmal parallel.

7. **Noch immer auf dem Jahrmarkt – Mischa und Mascha** Betrachten Sie Maschas Bezugssystem: Der Rest der Welt dreht sich um den Mittelpunkt ihres Karussells mit der Winkelgeschwindigkeit ω. Mischas Bewegung muss sich folglich (in Maschas Bezugssystem) aus zwei Komponenten zusammensetzen: der Bewegung um das Zentrum O_1 von Maschas Karussell und seiner Bewegung relativ zum Zentrum O_2 des eigenen Karussells. Wie in der Abbildung gezeigt, weisen die beiden Geschwindigkeitsvektoren genau in entgegengesetzte

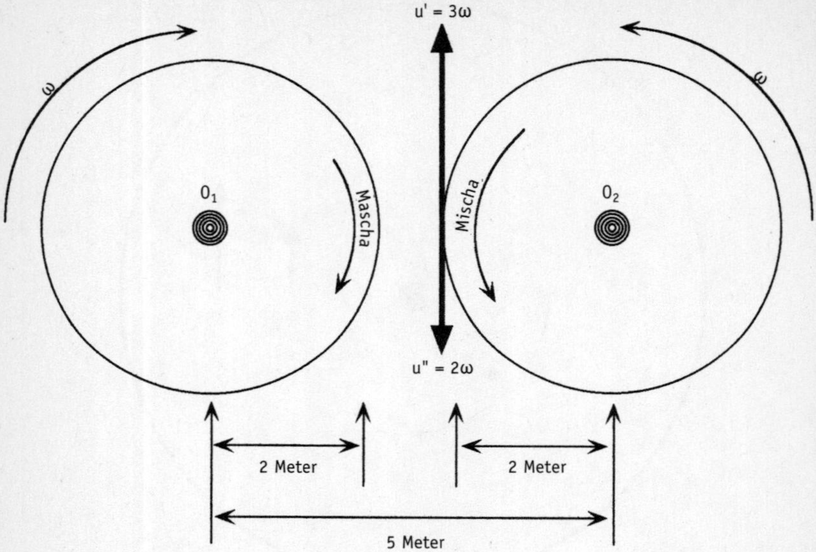

Richtungen, wenn die beiden aneinander vorbeikommen. Nun ist Mischa drei Meter vom Mittelpunkt von Maschas Karussell entfernt, daher beträgt die erste Komponente, die zu dem Vektor **u′** führt, drei Meter mal ω. Denken Sie daran, dass es sich von Maschas Standpunkt aus um eine *negative* Geschwindigkeit handelt. In der Abbildung blickt sie in Richtung des Pfeils. Die zweite Komponente, **u″**, Mischas Bewegung relativ zu seinem eigenen Karussell, beträgt nur 2 Meter mal ω. Diese Geschwindigkeit kommt zu **u′** hinzu. Daher heben sich die beiden Komponenten nicht auf. Tatsächlich ergibt sich unter dem Strich eine negative lineare Geschwindigkeit, nämlich –1 Meter mal ω. Die Richtung der relativen Geschwindigkeit ist so, dass sich Mischa von Maschas Blickwinkel aus rückwärts bewegt. Ganz offensichtlich scheint sie ihn zu überholen.

Aber natürlich ist diese Situation symmetrisch, denn wenn wir *Mischas Bezugssystem* zugrunde legen, entsteht der Eindruck, dass er sie überholt! Vielleicht haben Sie ja Lust, das Experiment selbst einmal mit einem Freund oder einer Freundin auszuprobieren. Die Welt der trägheitslosen Koordinaten, und besonders die der rotierenden Bezugssysteme, ist wirklich eigenartig. Sie hat aber große Ähnlichkeit mit *Political Correctness*. Wir haben den Eindruck, dass heute viele Politiker in rotierenden Koordinatensystemen leben.

8. Opa Masaij und die Straßenbahn Opa Masaij blickt auf den untersten Teil der Straßenbahnräder, das heißt auf deren äußeren Rand. Betrachten Sie nun die Skizze des Straßenbahnrades:

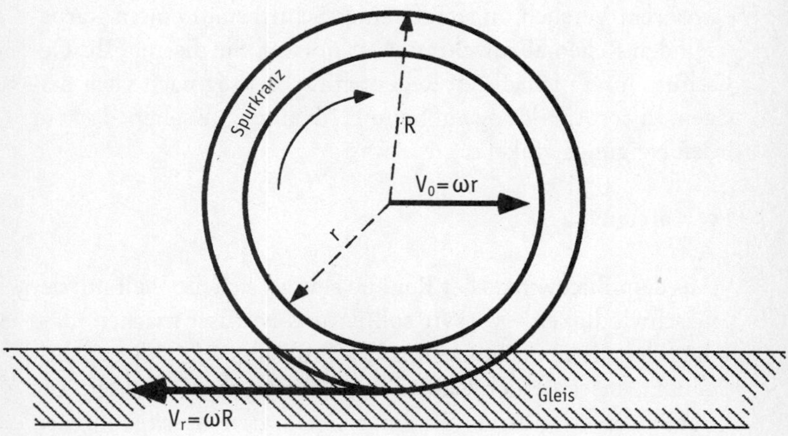

Der Spurkranz reicht über das Gleis und damit auch über den Punkt hinaus, an dem Rad und Schiene aufeinander treffen. Das Rad dreht sich mit der Winkelgeschwindigkeit ω, und die

Straßenbahn bewegt sich relativ zum Gleis mit der Geschwindigkeit $V_0 = \omega r$ vorwärts, wobei r der Radius des Rades ist. Der äußerste Rand des Spurkranzes hat *relativ zur Straßenbahn* die Geschwindigkeit $V_r = \omega R$, wobei R der Radius des Spurkranzes ist. Diese Geschwindigkeit muss (relativ zur Straßenbahngeschwindigkeit) negativ sein und in die entgegengesetzte Richtung weisen. Wenn wir die Geschwindigkeit dieses Punktes *relativ zur Schiene* errechnen wollen, müssen wir die beiden Geschwindigkeiten V_0 und V_r addieren. Da R größer ist als r, erhalten wir für die resultierende Geschwindigkeit (relativ zur Schiene) $V'_r = \omega\,(r - R)$ einen negativen Wert. Offensichtlich bewegt sich dieser tiefste Punkt des Spurkranzes rückwärts.

9. **Die Parade zum 1. Mai** Das Problem ähnelt Aufgabe 5, also unserem Versuch, mit Hilfe eines Schirms auf einem Karussell den Regen abzuwehren. Nur müssen Sie diesmal Ihr Geschütz (und nicht Ihren Regenschirm) schräg nach vorn neigen. In der Abbildung auf Seite 117 können Sie sehen, dass für den Neigungswinkel α gilt:

$$\alpha = \arctan\left(\frac{\mathbf{v}}{\mathbf{u}}\right)$$

Aus dem Blickwinkel der Kanone bewegt sich die Welt mit der Geschwindigkeit $-\mathbf{v}$. (Wir sollten uns bewusst machen, dass die folgende einfache Lösung des Problems von einer wichtigen Eigenschaft der Galilei-Transformationen abhängt: Die Regentropfen müssen mit einer *konstanten Geschwindigkeit* zur Erde fallen. (Das trifft im Allgemeinen für die Endgeschwindigkeit der Regentropfen zu.) Ist der Geschwindigkeitsvektor des Regens relativ zur Erde konstant, wird die gleichförmige, geradlinige Bewegungseigenschaft der Regentropfen auch für jedes andere Bezugssystem gelten, das sich mit konstanter Geschwindigkeit relativ zur Erde bewegt. Der Lastwagen, auf dem sich die Kanone befindet, ist ein solches System. *Daher müssen die Bahnen der Regentropfen aus der Sicht eines Beobachters, der im Lastwagen sitzt – aus Ihrer Sicht –, als gerade Linien erscheinen.* Folglich müsste es möglich sein, das Geschützrohr in einem bestimmten Winkel aufzustellen, der dafür sorgt, dass die Regentropfen einfach durchfallen und die Innenwände nicht berühren. Dazu muss seine Achse parallel zur Geschwindigkeit **u′** der Regentropfen *im Bezugssystem der in Bewegung befindlichen Kanone* verlaufen. Wenn **u** und **v** die Geschwindigkeiten des Regens und der Kanone *relativ zur Erde* sind, dann ergibt sich die Geschwindigkeit **u′** des Tropfens *relativ zur Kanone* aus der Galilei-Transformation:

$$\mathbf{u} = \mathbf{v} + \mathbf{u}'$$
$$\mathbf{u}' = \mathbf{u} - \mathbf{v}$$

Vergleichen Sie noch einmal die Abbildung. Die bewegte Kanone muss nach vorne gekippt werden, wobei der Neigungswinkel α auf die Differenz von **u** und **v** zurückgeht, und nicht auf deren Summe.

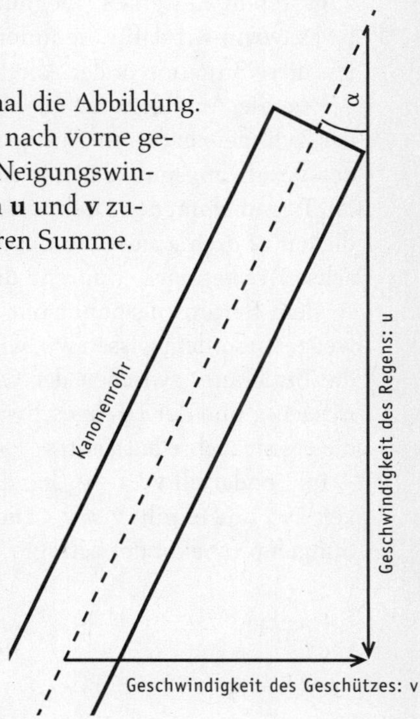

Wenn das Geschütz nicht bewegt wird, muss $\alpha = 0$ sein und das Geschützrohr senkrecht stehen – eine Lösung, die sofort einleuchtet. Wahrscheinlich ist Ihnen mittlerweile längst klar geworden, dass der Boden des Geschützrohrs auf jeden Fall nass werden wird, was der Kanone kaum gut tun wird. Doch Ihr Feldwebel hat nur vom Geschütz*rohr* und nicht vom *Boden* gesprochen!

10. Trommelwirbel im Galilei'schen Bezugssystem Die Abbildung in der Aufgabenstellung zeigt, dass sich die Trommel zwischen den Platten mit der Winkelgeschwindigkeit ω dreht. Diese Geschwindigkeit wollen wir bestimmen. Natürlich ist die Versuchung groß, die Achse der Trommel als Bezugssystem zu wählen, aber aufschlussreicher und eleganter ist es, wenn wir dafür die untere Platte nehmen. Betrachten wir diese Situation in der Abbildung auf Seite 119.

Wie die Abbildung zeigt, ist der momentane Drehpunkt des Zylinders in diesem Bezugssystem (dem «gestrichenen») der Berührungspunkt B mit der unteren Platte. Wenn sich die Trommel um den Drehpunkt B mit der Winkelgeschwindigkeit Ω dreht, muss die Geschwindigkeit $\mathbf{v}_o$ der Trommelachse $R\Omega$ betragen, während die Geschwindigkeit im Punkt A, dem Berührungspunkt mit der oberen Platte, $2R\Omega$ aufweist. Außerdem wissen wir, wie in dem Bezugssystem um B die Beziehung zwischen der Geschwindigkeit $\mathbf{v}_o$ der Trommelachse und der Drehgeschwindigkeit ω der Trommel um die eigene Achse aussieht: $\mathbf{v}_o = \omega R$. Daher ist $\omega = \mathbf{\Omega}$.

Im Sonderfall $\mathbf{v}_{ob} = -\mathbf{v}_{un}$ hat der Punkt A die Geschwindigkeit $2\mathbf{v}_{un}$ und es gilt: $\mathbf{v}_o = \mathbf{v}_{un}$. Die Rotationsfrequenz (Umdrehungen pro Sekunde) beträgt $f = \omega / 2\pi$, und daher gilt:

$$f = \frac{\mathbf{v}_{un}}{2\pi R}.$$

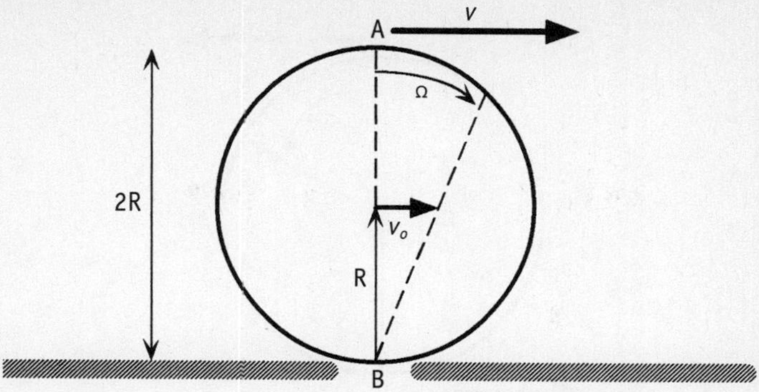

Im allgemeinen Fall ist die Geschwindigkeit des Punktes A in dem Bezugssystem um B (gemäß Galilei-Transformation)

$\mathbf{v}_{ob} - \mathbf{v}_{un}$,

woraus für die Rotationsfrequenz folgt:

$$f = \frac{\omega}{2\pi} = \frac{|\mathbf{v}_{ob} - \mathbf{v}_{un}|}{4\pi R}.$$

Betrachten Sie nun die zweite Abbildung auf Seite 120, wenn Sie die Trommelachse als Bezugssystem verwenden wollen. Für den ersten Fall $\mathbf{v}_{ob} = -\mathbf{v}_{un}$ und $|\mathbf{v}_{ob}| = |\mathbf{v}_{un}| = \mathbf{v}$ gilt, dass die Bewegung der Platten symmetrisch ist. Die Trommelachse bleibt in Ruheposition, während sich die Trommel um ihre Achse dreht. Die lineare Geschwindigkeit $\mathbf{v} = \mathbf{v}_{ob} = \mathbf{v}_{un}$ der Berührungspunkte A und B weist zur Winkelgeschwindigkeit ω der Trommel die Beziehung $\mathbf{v} = \omega R$ auf. Eine Umdrehung der Trommel entspricht einer Drehung von 2π Radianten. Daher ergibt sich die Rotationsfrequenz f aus

$$f = \frac{\omega}{2\pi} = \frac{\mathbf{v}_{ob}}{2\pi R} = \frac{\mathbf{v}_{un}}{2\pi R}$$

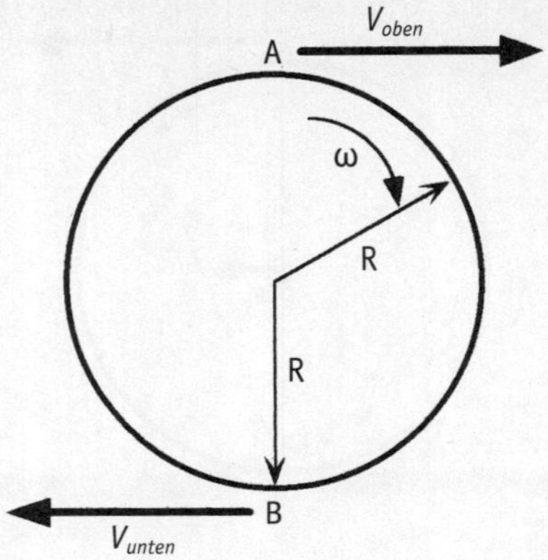

Im dem allgemeinen Fall $|\mathbf{v}_{ob}| \neq |\mathbf{v}_{un}|$ wählen wir das Bezugssystem so, dass es dem ersten Fall entspricht, das heißt, die Geschwindigkeiten der oberen und der unteren Platte weisen in diesem Bezugssystem den gleichen Betrag auf, aber sie verlaufen in entgegengesetzte Richtungen. Die neuen Geschwindigkeiten erhalten wir dann durch eine Galilei-Transformation:

$$\mathbf{v}_{un} = \mathbf{v}_o + \mathbf{v}'_{un}$$
$$\mathbf{v}_{ob} = \mathbf{v}_o + \mathbf{v}'_{ob}$$

Aus der Voraussetzung unseres Bezugssystems (die Geschwindigkeiten der beiden Platten sind gleich groß, aber entgegengesetzt gerichtet) ergibt sich $\mathbf{v}'_{un} = -\mathbf{v}_{ob}$. Durch Einsetzen erhalten wir

$$\mathbf{v}_o = \frac{\mathbf{v}_{ob} + \mathbf{v}_{un}}{2} \text{ und}$$

$$\mathbf{v}'_{ob} = \frac{\mathbf{v}_{ob} - \mathbf{v}_{un}}{2}$$

Die Zahl der Umdrehungen ist von der seitlichen Bewegung des Bezugssystems unabhängig. Mit Hilfe unserer Gleichungen können wir jetzt wieder die Rotationsfrequenz erhalten:

$$\omega = \frac{\mathbf{v}'_{ob}}{R} = \frac{|\mathbf{v}_{ob} - \mathbf{v}_{un}|}{2R} \quad \text{und}$$

$$f = \frac{\omega}{2\pi} = \frac{|\mathbf{v}_{ob} - \mathbf{v}_{un}|}{4R\pi}$$

11. Boris und der nasse Basketball – Bezugssysteme und Flüsse Boris und Tischa haben beide Recht! Betrachten wir zunächst den ruhenden Ball. Wenn wir von oben auf ihn blicken, dann sehen wir den Zielbereich, der vom fallenden Regen getroffen werden kann; der «Kreis der Nässe» in Abbildung 1 auf Seite 122 ist ein Kreis mit einem Radius, der gleich dem Radius R des Balls ist und eine Fläche besitzt, die sich aus πR^2 errechnet. Wenn wir N als die Zahl der Regentropfen pro Volumeneinheit definieren, dann ist die Zahl der Tropfen, die den ruhenden Ball pro Zeiteinheit treffen,

$$I_s = Nu(\pi R^2),$$

wobei u die Geschwindigkeit der Regentropfen ist.

Betrachten wir nun den Ball, der mit der Geschwindigkeit $\mathbf{v}$ durch den Regen rollt. Die Tropfendichte N bleibt unverändert, aber der fallende Regen hat relativ zum Ball nicht mehr die gleiche Geschwindigkeit. Mit Hilfe einer Galilei-Transformation wählen wir den Ball als Bezugssystem. Wie das zweite Bild zeigt, gilt für die Geschwindigkeit des Regens in diesem Bezugssystem $\mathbf{u}' = \mathbf{u} - \mathbf{v}$. Wenn wir beide Darstellungen aus Abbildung 1 vergleichen, dann sehen wir, dass die Regentropfen den Ball zwar aus unterschiedlichen Winkeln treffen, aber die Zielfläche aufgrund der Symmetrie des Balls immer die gleiche bleibt. Der einzige Unterschied zwischen

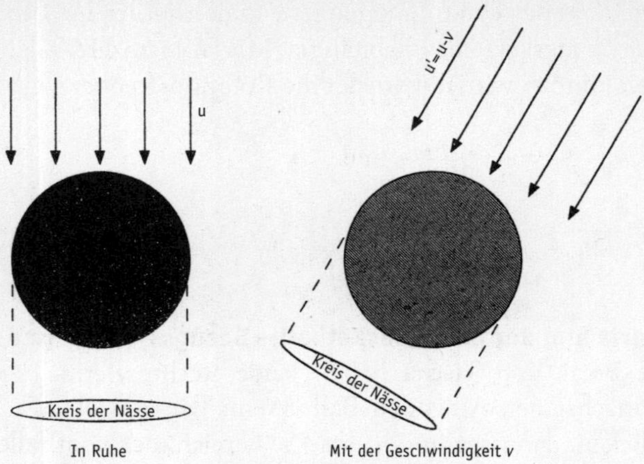

Abbildung 1

dem rollenden und dem ruhenden Ball besteht in der relativen Geschwindigkeit, mit der die Regentropfen den Ball treffen. Wenn wir den Satz des Pythagoras zu Hilfe nehmen, ersehen wir aus Abbildung 2, dass sich für den Geschwindigkeitsbetrag der Regentropfen, die den Ball treffen, folgende Beziehung ergibt:

$$\mathbf{u}' = \sqrt{\mathbf{u}^2 + \mathbf{v}^2}$$

Setzen wir $\mathbf{u}'$ anstelle von $\mathbf{u}$ in die Gleichung für I_s ein, dann wird I_s größer sein: Mehr Regentropfen treffen den Ball *pro Zeiteinheit*. Also hat Boris Recht mit seiner Behauptung, der Basketball werde schneller nass werden, wenn er selbst sich schneller bewege. Andererseits geht es Tischa in ihrer Äußerung nicht darum, wie *schnell* sie nass, sondern wie nass sie *insgesamt* werden. Wenn Boris beispielsweise seine (und des Balls) Geschwindigkeit **v** verdoppelt, halbiert er die Zeit, die er braucht, um nach Hause zu kommen. Da

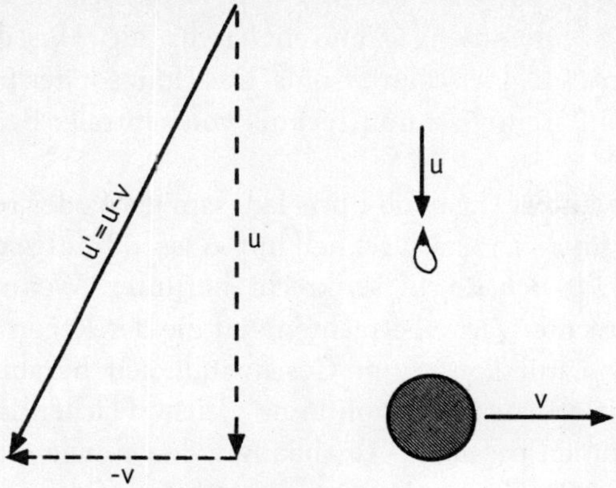

Abbildung 2

$$\mathbf{u}' = \sqrt{\mathbf{u}^2 + \mathbf{v}^2}$$

ist, wird sich die relative Tropfengeschwindigkeit $\mathbf{u}'$ nicht verdoppeln, also auch nicht I_s. Insofern hat auch Tischa Recht: Wenn Boris seine Geschwindigkeit erhöht, wird er beim Nachhausekommen nicht so nass sein.

Die Gleichung für I_s hat große Bedeutung. Wenn Boris anstelle des Balls einen Betonblock vor sich her kickt, kann er die Häufigkeit, mit der Regentropfen den Block treffen, bestimmen, indem er die waagrechte Querschnittsfläche des Blocks ausrechnet und sie mit $N\mathbf{u}'$ multipliziert. Diese Größe – das Produkt aus der durchschnittlichen Dichte und der entsprechenden relativen Geschwindigkeit ($\mathbf{u}'$) – bezeichnet man als Flussdichte. Die Einheit Flussdichte setzt sich aus der Menge (in diesem Fall der Anzahl der Regentropfen) pro Flächeneinheit pro Zeiteinheit zusammen. Die Menge kann die Anzahl der Teilchen bezeichnen oder die Zahl dessen, was die Teilchen tragen – zum Beispiel Energie, Masse, elektrische

Ladung. Wenn wir als Menge beispielsweise eine elektrische Ladung annehmen, dann entspricht die Flussdichte der Dichte des elektrischen Stroms. Das Konzept der Flussdichte ist für Wissenschaft und Technik von zentraler Bedeutung.

12. **Hühnerfutter** Egal, ob Boris langsam geht oder rennt – der Eimer füllt sich gleich schnell mit Wasser. Infolge der Windstille fällt der Regen senkrecht herunter. Wenn wir eine waagerechte Fläche betrachten, auf die der Regen gleichförmig und mit konstanter Geschwindigkeit herabfällt, dann müssen gleiche Regenvolumina gleiche Flächen in gleichen Zeiträumen passieren. Unabhängig davon, wie schnell oder langsam Boris vorankommt, die *Öffnungsfläche* des Eimers wird sich nicht verändern. Daher wird sich der Eimer in beiden Fällen gleich rasch füllen, es sei denn, Boris läuft so schnell, dass es (a) zur Lorentz-Kontraktion kommt (dafür müsste Boris allerdings fast die Lichtgeschwindigkeit erreichen) oder (b) der Eimer vom Karren geschleudert wird. Wenn Boris seine Geschwindigkeit erhöht, wird lediglich mehr Regen an der rückwärtigen Innenseite des Eimers herunterlaufen, statt direkt in den Eimer zu fallen. Das ändert jedoch nichts an der *Gesamtmenge des Regenwassers, das sich pro Zeiteinheit im Eimer sammelt.* Aus der Abhängigkeit der Menge von der Zeit lässt sich jedoch schließen, dass es durchaus sinnvoll ist, zu laufen. Bei einer Tempobeschleunigung legt Boris die gleiche Entfernung in kürzerer Zeit zurück, sodass der Eimer am Ziel erheblich weniger Wasser enthalten wird.

13. **Flussdichten und Erhaltungsgesetze (oder: Im Regen zu laufen hilft immer)** Da liegt kein Widerspruch vor. Betrachten Sie noch einmal die Lösungen der beiden vorangehenden Aufgaben. Da der Ball kugelförmig ist, hat der «Kreis der Nässe» eine konstante Fläche, die nicht von der Ge-

schwindigkeit **v** des Balls abhängt. Wenn sich der Geschwindigkeitsbetrag v erhöht, verändert sich auch die relative Regengeschwindigkeit **u′**, sodass auch der Fluss $I_s = Nu'(\pi R^2)$ zunimmt. Überlegen Sie nun, wie der «Kreis der Nässe» für den Eimer mit Hühnerfutter aus Aufgabe 12 aussehen muss. Wählen Sie den bewegten Eimer als Bezugssystem, aber *vom Standpunkt der Regentropfen, die auf den Eimer zufallen.* Betrachten Sie nun noch einmal Abbildung 2 in der Lösung zu Aufgabe 11. Wenn der Geschwindigkeitsbetrag v zunimmt, nimmt auch der Winkel α zwischen der relativen Geschwindigkeit **u′** und der Senkrechten zu – das heißt, der Regen fällt waagrechter. Aus der Perspektive der fallenden Tropfen sieht die Öffnung des Eimers nicht mehr wie ein Kreis, sondern eher wie eine Ellipse aus (vgl. die Abbildung auf Seite 126).

Wenn der Regen vollkommen waagrecht fällt, schließt sich die Ellipse zur Linie, und der Regen trifft nur noch die Seite des Eimers. Diese Ellipse ist unser «Kreis der Nässe». Da die Fläche A einer Ellipse πab ist (wobei a und b die große und die kleine Halbachse oder die «Radien» der Ellipse sind), lässt sich die Fläche ausrechnen, sobald der Winkel α bekannt ist. Für den Eimer ergibt sich $a = R$, wobei R der Radius der Eimeröffnung und $b = R \cos\alpha$. Aus der Lösung zu Aufgabe 11 folgt:

$$\cos\alpha = \frac{u}{\sqrt{\mathbf{u}^2 + \mathbf{v}^2}}$$

Daher ist die Fläche des «Kreises der Nässe»

$$\frac{\pi R^2 u}{\sqrt{\mathbf{u}^2 + \mathbf{v}^2}}$$

Den Fluss in den Eimer I_s können wir erhalten, indem wir diese Fläche mit dem Betrag der Flussdichte N**u′** multiplizieren.

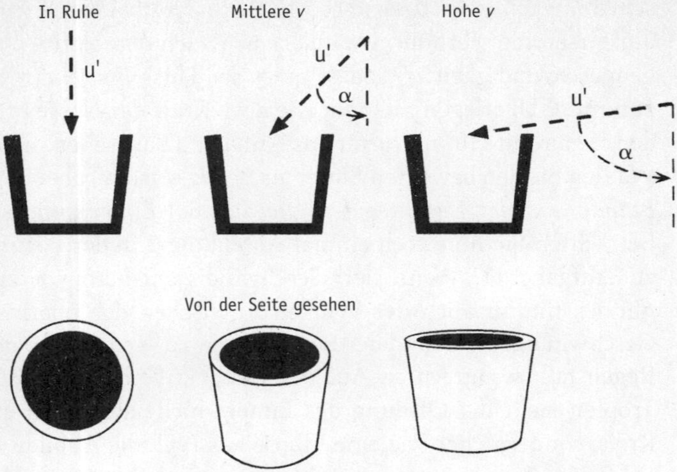

Was die Regentropfen sehen
(von hinten, wenn Boris steht
und wenn er mit der Geschwindigkeit v läuft)

Wegen $\mathbf{u}' = \sqrt{\mathbf{u}^2 + \mathbf{v}^2}$ lautet unsere Antwort:
$I_s = N\mathbf{u}\pi R^2$.

Wie Sie sehen, hängt unsere Antwort nur von der Geschwindigkeit des Regens **u** und nicht von dem Geschwindigkeitsbetrag des Eimers **v** ab! Natürlich wird der relative Geschwindigkeitsbetrag der Regentropfen zunehmen, wenn der Geschwindigkeitsbetrag des Eimers zunimmt. Aber die Zunahme der Flussdichte wird durch das Schrumpfen der Fläche des «Kreises der Nässe» exakt aufgehoben.

Bei der Lösung solcher Aufgaben sollten Sie sich immer ins Gedächtnis rufen, dass die Flussdichte als *Vektorgröße* definiert ist, das heißt als Produkt der Dichte und des Geschwindigkeitsvektors. Sie brauchen dann nur die Komponente der Flussdichte zu betrachten, die parallel zur Flächennormalen liegt, also senkrecht zur Öffnungsfläche des Eimers. Hätten wir das getan, dann wäre die Lösung des Problems sehr viel einfacher: Die Öffnung des Eimers bliebe kreisförmig, und die Normalkomponente der Flussdichte wäre $N|\mathbf{u}'|\cos\alpha$.

Die Verwendung der Normalkomponente der Flussdichte (also der Komponente der Flussdichte, die parallel zur Flächennormalen der betrachteten Fläche liegt) ist von großer Bedeutung, wenn Sie die Übertragung von Materie, Energie oder irgendeiner anderen Erhaltungsgröße berechnen wollen.

Lösungen zu Kapitel fünf

Unterwegs

1. **Der Kosak und die Ziege** Wir zeigen Ihnen zunächst eine zeichnerische Lösung. Wenn die Geschwindigkeitsvektoren $\boldsymbol{v}_1$ und $\boldsymbol{v}_2$ gegeben sind, liegt das Problem darin, dass sich sowohl der Kosak wie auch die Ziege bewegen. Wir nehmen den Kosaken als Bezugssystem (eine typische russische Fehlleistung). In seinem Bezugssystem bleibt der Kosak in Ruhe, während der Ziege dort die relative Geschwindigkeit $\boldsymbol{v}_{21} = \boldsymbol{v}_2 - \boldsymbol{v}_1$ zukommt, wie die Abbildung auf Seite 129 zeigt.

   In dem Bezugssystem des Kosaken bewegt sich die Ziege entlang der Strecke BC in Richtung des Vektors $\boldsymbol{v}_{21}$. Den kleinsten Abstand S_{min} (und damit die gesuchte Mindestlänge des Lassos) kann man erzielen, indem man vom Punkt A das Lot auf BC fällt. Man erhält AC. Dann ist

   $$S_{min} = |AC| = |AB| \sin\angle CBA.$$

   Wie aus der Abbildung zu ersehen, kommt der Kosak der Ziege nicht sehr nahe, was für ihn ohnehin gesünder sein dürfte. Das Problem der relativen Geschwindigkeiten ist Radarexperten sehr vertraut. Der Radarschirm erfasst die relative Bewegung aller Objekte in der Nähe; auf einem Schiff wird er also andere Schiffe, Bojen und nahe gelegene Küsten zeigen. Wer das Gerät bedient, muss die *absoluten* von den *relativen* Bewegungen unterscheiden und die Distanzen zu der größtmöglichen Annäherung an andere bewegte Objekte bestimmen können.

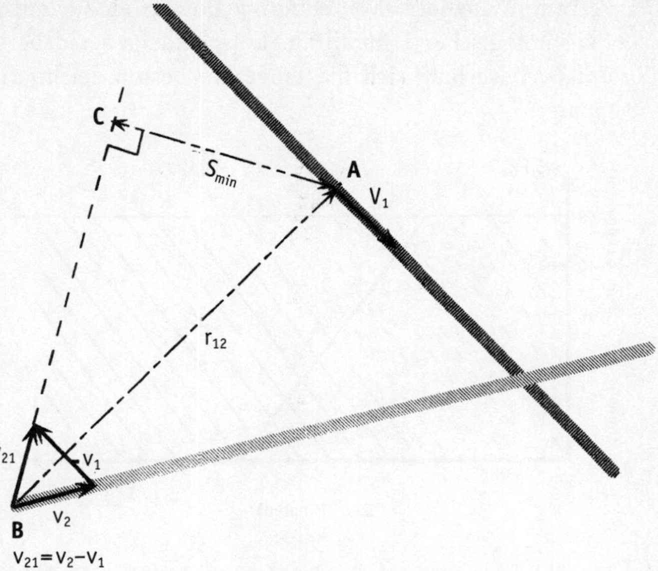

Es gibt auch eine analytische Lösung, die koordinatenfrei ist. Wir skizzieren das Verfahren, ohne auf die Einzelheiten einzugehen. Beginnen Sie mit den Ortsvektoren

$$\boldsymbol{r}_1(t) = \boldsymbol{r}_{10} + \boldsymbol{v}_1 t$$
$$\boldsymbol{r}_2(t) = \boldsymbol{r}_{20} + \boldsymbol{v}_2 t$$

wobei $\boldsymbol{r}_{10}$ und $\boldsymbol{r}_{20}$ die anfänglichen Ortsvektoren des Kosaken und der Ziege sind, und minimieren Sie den Betrag der Vektordifferenz (bequemer ist es, das Quadrat der Differenz zu minimieren) zwischen den beiden Vektoren. Eine sehr reizvolle Aufgabe wäre jetzt der Nachweis, dass die beiden Antworten identisch sind!

2. **Ein Triumph sowjetischer Planung** Dies ist eine Fangfrage von kosmologischer Bedeutung. Entscheidend ist dabei die *Symmetrie,* weshalb sich die Frage am besten zeichnerisch lösen lässt.

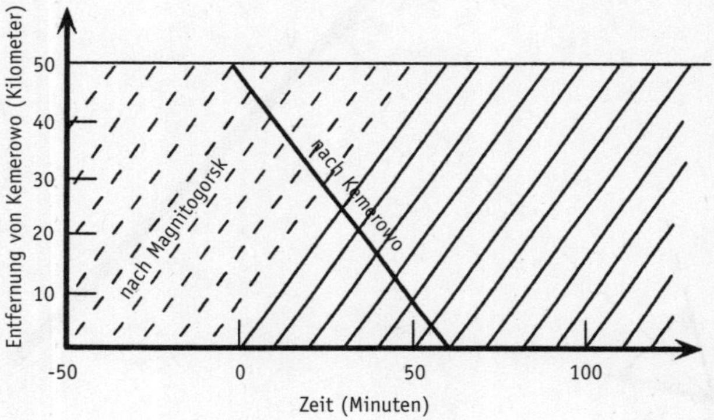

In der Abbildung sehen Sie die richtige Lösung: Der Fahrer nach Kemerowo wird an 13 oder 11 Lastwagen in Richtung Magnitogorsk vorbeikommen. Die Zahl hängt davon ab, ob Sie die Lastwagen, denen er ganz zu Anfang und ganz am Ende seiner Fahrt begegnet, mitrechnen wollen oder nicht. Das können Sie entscheiden, aber Sie sollten in Ihrer Antwort darauf hinweisen.

Der Trick ist folgender: Wir haben gesagt, dass die Lastwagen Kemerowo *alle zehn Minuten* verlassen, und *genau das* haben wir auch gemeint! Wir haben keine Anfangszeit angegeben, sodass der Start des Lastwagens nach Kemerowo auf der Zeitachse um ein beliebiges (ganzes) Vielfaches von zehn Minuten verschoben werden kann. Mit anderen Worten, wir haben es mit einer *Translationssymmetrie* auf der Zeitachse zu tun – die Lastwagen beginnen ihre Fahrten kurz nach dem Urknall und setzen sie bis zum Jüngsten Tag fort. Übrigens, wenn Sie die Häufigkeit der Begegnungen als Funktion der

Lastwagengeschwindigkeiten berechnen, kommen Sie zum *Doppler-Effekt,* der Erklärung der «Rotverschiebung» im Licht ferner Sterne. Auf jeden Fall möchten wir darauf hinweisen, dass die Erwartung, die Lastwagen würden bis in alle Ewigkeit fahren, charakteristisch für die sowjetische Planung war.

3. **Rückwärts zur Wahrheit** Überlegen Sie sich zunächst, wie es aussieht, wenn Sie aus der Parklücke *herausfahren* wollen (und vergleichen Sie hierzu die Abbildung auf Seite 132). Die Vorderräder werden eingeschlagen, während die Hinterräder geradeaus gerichtet bleiben und eine gemeinsame Achse – die Hinterachse – haben. Wir zeichnen nun eine Gerade durch die Hinterachse. Der Drehpunkt 0 muss irgendwo auf dieser Geraden liegen. Wenn die Vorderräder nur wenig eingeschlagen werden, wird er auf dieser Geraden weiter von den Hinterrädern entfernt sein. Bei einer engen Kurve wird der Drehpunkt dagegen näher liegen. Dieses Prinzip gilt sowohl für das Ein- wie für das Ausparken. Da der Drehpunkt sich aber – unabhängig von seiner Position auf der Geraden – näher am Wagenheck befindet, wird der vordere Teil des Autos einen größeren Radius in Anspruch nehmen. Um diesen größeren Radius in der Parklücke unterzubringen, müssen Sie zunächst ein Stück zurückfahren und dann nach vorne ausparken. Überlegen Sie, was passiert, wenn Sie nach vorne fahren und rückwärts ausparken: Die Drehpunkt-Gerade durch die Hinterachse liegt immer noch näher bei dem Auto hinter Ihnen, das Sie mit dem größeren Radius, den die Vorderräder Ihres Autos beschreiben, nun berühren werden. Folglich können Sie den Platz der Parklücke nur optimal ausnutzen, wenn Sie nach vorne ausparken. Drehen Sie diesen Vorgang zeitlich um, und Sie parken rückwärts ein!

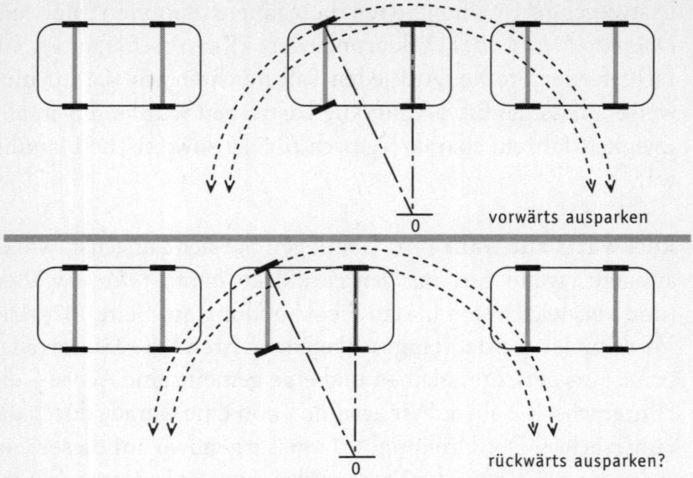

4. **Noch ein Problem mit dem Autofahren** Sehen Sie sich die Lösung der vorigen Aufgabe abermals an, wenden Sie Ihre Aufmerksamkeit aber diesmal den Vorderrädern zu. Der Drehpunkt des Wagens liegt irgendwo auf der Verlängerung der Hinterachse, weit vom Auto entfernt, wenn es eine weite Kurve fährt, näher, wenn die Kurve enger ist. Wenn die Vorderreifen genau parallel zueinander sind, können sie nicht den gleichen Drehpunkt haben! Um den gleichen Drehpunkt zu haben (und um zusätzliche Krafteinwirkung auf das Vorderteil und die Vorderräder zu vermeiden), müssten sie sich mit verschiedenen Winkeln drehen. Aber wenn sie – dem Drehpunkt und der Kurve entsprechend – in verschiedenen Winkeln angeordnet wären, dann käme es bei jeder Geradeausfahrt und bei jeder anderen Kurve zu verstärkter Reibung und Abnutzung. Seit den zwanziger Jahren versucht man diesem Problem durch besondere Radaufhängungen entgegenzuwirken, allerdings mit bedingtem Erfolg. Das ist nur ein Problem,

mit dem sich die Autokonstrukteure herumschlagen. Sie müssen sich auch mit dem dynamischen Verhalten des Vorderteils beschäftigen, auf das wir hier nicht eingehen wollen. Halten wir fest, dass die Vorderräder aus verschiedenen Gründen nicht parallel sind und die perfekte Aufhängung, die die Räder immer in genau die richtigen Winkel stellen würde, erst noch erfunden werden muss.

5. **Wie weit ist dieses Auto gekommen? (Eine Fahrt durch die falsche Dimension)** Der Inspektor hat Recht. Er hat bemerkt, dass die Antworten der Mathematiker sinnlos waren, weil sie nicht die Längendimension auswiesen. Natürlich wird die Antwort durch die Fläche unter der Kurve geliefert, aber sie muss die Längendimension (in Meilen, Kilometern oder welcher Form auch immer) einbeziehen. Um die Schwierigkeit zu umgehen, können wir neue Einheiten für unsere Variablen festlegen: $T = t_0/2$ als neue Einheit der Zeit und v_0 als neue Einheit der Geschwindigkeit. Die Einheit der Länge ist dann $L = Tv_0$. Wenn wir jetzt ein Diagramm mit der dimensionslosen Geschwindigkeit v/v_0 und der dimensionslosen Zeit t/T zeichnen, erhalten wir den Graph, der in der Abbildung auf Seite 134 zu sehen ist. Er ist noch immer ein Halbkreis, aber mit einem Einheitsradius. Daher hat er die Fläche $\pi/2$, die infolge unserer neuen Einheiten dimensionslos ist. Um zu den üblichen Einheiten zurückzukehren, müssen wir das Ergebnis mit dem Wert L der Einheit multiplizieren. Dann erhalten wir die fragliche Entfernung als $s = \pi L/2 = \pi v_0 t_0/4$.

   Dieses kleine Beispiel zeigt sehr schön, wie man sich durch die Verwendung dimensionsloser Variablen aus der Affäre ziehen kann und warum sie in allen Bereichen der Physik so beliebt sind. Die Schwierigkeiten der Hydrodynamik, Aerodynamik und Wärmeübertragung wären ungleich größer, wenn die Physiker nicht auf dimensionslose Variablen zurückgreifen könnten.

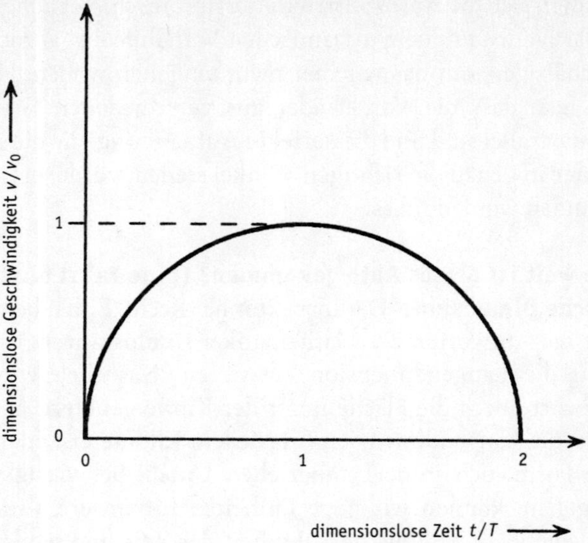

6. **Wohin ist das Auto jetzt gefahren?** Graph B muss falsch sein. Vielleicht erinnern Sie sich, warum der Graph einer Funktion nie zwei Punkte auf einer senkrechten Linie aufweist? Jedenfalls gibt in Diagramm A die senkrechte Achse den Geschwindigkeitsbetrag wieder, das heißt den absoluten Wert der Geschwindigkeit, der positiv sein muss. In Diagramm B repräsentiert die senkrechte Achse nur $\mathbf{v}_x$, das heißt die x-Komponente des Geschwindigkeitsvektors, die *je nach Bewegungsrichtung* positiv oder negativ sein kann. In Graph B ist $\mathbf{v}_x$ durchgehend positiv, und die Bewegungsrichtung des Autos verändert sich nicht. Folglich müsste die Position auf der x-Achse des Graphen stetig zunehmen. Tatsächlich fährt das Auto in Diagramm B aber von x_2 nach x_1 zurück. Das Auto verringert seine x-Koordinaten, obwohl es in diese Richtung lediglich eine positive Geschwindigkeit hat. Das ist nicht mög-

lich. Graph B liefert also widersprüchliche Informationen und kann deshalb nicht korrekt sein.

Da Graph A den *Betrag* der Geschwindigkeit in Abhängigkeit von der x-Komponente der Lage des Autos zeigt, gelten hier andere Bedingungen als bei Graph B. Auch wenn der Betrag der Geschwindigkeit durchgehend positiv ist, kann die x-Komponente der Geschwindigkeit $\mathbf{v}_x$ negativ sein. (Schließlich wird der *Betrag* lediglich als die *Länge* des Vektors definiert. Diese kann nicht negativ werden.) Es ist natürlich richtig, dass das Auto nicht zwei verschiedene Geschwindigkeiten am selben Punkt und zur selben Zeit haben kann, aber Graph A trifft auch keine Aussagen zur Zeit. Er zeigt lediglich, dass das Auto verschiedene Geschwindigkeiten an Punkten mit den gleichen x-Koordinaten hat. Solch eine Äußerung gilt für eine beliebige *Raum*achse (x, y ...) und nicht für die *Zeit*achse. Es gehört zu den wesentlichen Eigenschaften des Raum-Zeit-Kontinuums, dass man nicht verschiedene Geschwindigkeiten an Punkten mit der gleichen Zeitkoordinate haben kann.

Wir möchten es Ihnen überlassen, die tatsächliche Bewegung des Autos, wie sie Graph A beschreibt, in einem Diagramm darzustellen. Vielleicht ist Ihnen auch aufgefallen, dass unsere Rennwagenkonstrukteure noch nicht gelernt haben, dimensionslose Variablen zu verwenden.

Die beiden Graphen besitzen ein interessantes Merkmal: Sie weisen Punkte auf, bei denen zwei oder mehr Werte von x einem Wert von y entsprechen. Umgekehrt können wir auch Punkte erkennen, bei denen zwei oder mehr Werte von y einem Wert von x entsprechen. Mit anderen Worten, die ganze Kurve lässt sich weder durch $y = f(x)$ noch durch $x = F(y)$ ausdrücken. Man muss sie entweder parametrisch oder als geschlossene Gleichung $G(x, y) = 0$ formulieren. Mancher Mathematiker (ver)zweifelt an den mathematischen Fähigkeiten der Physiker, was sich in Aussagen wie der folgenden niederschlägt: «Physiker glauben, dass jede Variable eine Funktion aller anderen Variablen ist.» Die Physiker verteidigen sich im Allgemeinen mit dem Hinweis, dass Ökonomen, Biologen und andere Vertreter der angewandten Wissenschaften überzeugt sind, dass jede Variable eine *lineare* Funktion aller anderen Variablen ist. In dem Versuch, ihre Ehre zu retten, entgegnen Letztere, dass der Rest der Welt diese Vorwürfe noch nicht einmal verstehe.

Inspektoren, die durch ihre Ausbildung und Intelligenz in der Lage waren, solche Probleme zu erkennen, waren in der Sowjetunion nichts Ungewöhnliches. Wissenschaftler mit einer nicht genehmen politischen Einstellung fanden sich häufig auf solchen Posten wieder, wo sie mit Aufgaben konfrontiert wurden, von denen sie sich ursprünglich nicht hätten träumen lassen. Boris Altschuler, ein Weggefährte von Andrej Sacharow und hervorragender theoretischer Physiker, bekleidete mehr als zehn Jahre einen solchen Posten. Einer von uns (Jurij B. Tschernjak) hatte zu dieser Zeit die Ehre, ihn zu kennen und mit ihm befreundet zu sein.

7. Autofahren im Winter Wir wollen hier nur prüfen, ob Petjas Behauptung richtig ist. (Es gibt viele ausgezeichnete Gründe, im Winter vorsichtig zu fahren. Einen weiteren werden wir in der nächsten Aufgabe vorstellen.) Wenn der Reibungskoeffizient der Straße vollkommen gleichförmig und konstant wäre (eine verbreitete Annahme in Physik-Einführungskursen), hätte Petja völlig Recht – vorausgesetzt, er kann wirklich beliebig schnell reagieren. Doch der Reibungskoeffizient ist bei vereisten oder verschneiten Straßen nicht nur niedriger, sondern weist auch viel größere Schwankungen auf. In die Sprache der vorigen Aufgabe übersetzt: Auch wenn die Geschwindigkeiten zweier Wagen identisch sind, müssen ihre Positionen sich doch unterscheiden, weshalb auch die Bremswege nicht gleich sein können.

Es kommt darauf an, die Abweichungen in der Analyse zu

berücksichtigen. Wenn die Straße zum Beispiel gestreut wird, dann erhöht sich auch der Reibungskoeffizient, und die Schwankungen verringern sich. Denken Sie an den statistichen Bogenschützen: Die *Durchschnittsposition* seiner Pfeile liegt genau im Zentrum, und doch kann es sein, dass kein einziger Pfeil tatsächlich ins Schwarze trifft! Unter manchen Bedingungen sind Variabilität und Fluktuation von größter Bedeutung!

8. Autofahren im Winter Teil zwei Natürlich ist es notwendig, bei schlechten Straßenverhältnissen langsamer zu fahren!

Lassen Sie uns das genauer erklären. Der Reibungskoeffizient definiert die maximale Reibungskraft zwischen zwei Körpern. Wenn Sie ins Schleudern geraten oder rutschen, dann ist der absolute Wert der Reibungskraft zwischen Ihren Reifen und der Straße gleich oder nahe dem Maximalwert. Nehmen Sie an, ein Körper (zum Beispiel Ihr Auto) wird auf einer waagerechten Fläche (zum Beispiel der Straße) entlanggezogen oder -geschoben. Wenn die hier wirkende Kraft kleiner als die maximale Reibungskraft F_{max} ist, dann leistet die Reibungskraft der angreifenden Kraft Widerstand. Die Reibungskraft ist größer oder gleich der wirkenden Kraft, und ihre Richtung ist der wirkenden Kraft entgegengesetzt. Nehmen wir nun an, dass Ihr Wagen schlittert und sowohl nach vorne wie auch (aufgrund einer Querkraft, zum Beispiel Seitenwind) zur Seite rutscht. In diesem Fall ist die Reibungskraft nicht mehr der Richtung der wirkenden Querkraft, sondern der Richtung des Geschwindigkeitsvektors entgegengesetzt.

Wenden wir uns nun der Wirkung einer Querkraft F_n zu, die auf ein direkt nach vorne rutschendes Auto einwirkt. Vergleichen Sie hierzu die Abbildung.

Es wird eine seitliche Beschleunigung stattfinden, bis die wirkende Kraft F_n durch die Reibungskraft aufgewogen wird. Bei einer Rutschgeschwindigkeit zur Seite u wird die Rei-

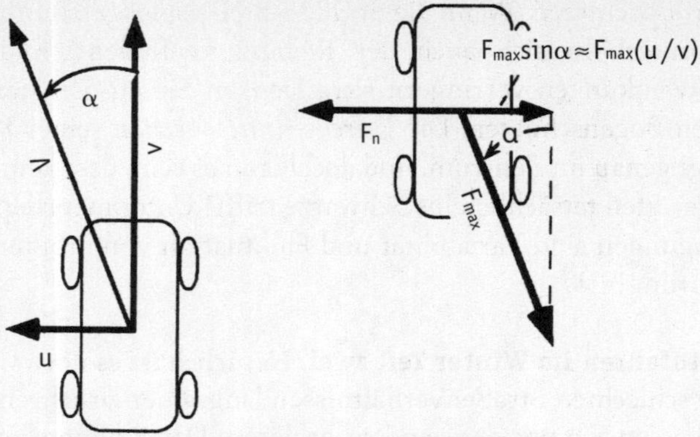

Anmerkung: Da *u* seinen Höchstwert noch nicht erreicht hat, ist F_n größer als die seitliche Komponente der Reibung. Das seitliche Rutschen wird also noch zunehmen.

bungskraft in einem Winkel α zur Wagenachse ausgerichtet sein. Die seitliche Komponente der Reibungskraft ist $F_{max} \sin\alpha$ oder, wenn α klein ist, $F_{max}(u/v)$. Die endgültige Rutschgeschwindigkeit ergibt sich dann aus der Gleichung

$$F_n = \left(\frac{u}{v}\right) F_{max}$$

Diese Gleichung hat Ähnlichkeit mit dem Gesetz für Flüssigkeitsreibung und zeigt uns, dass selbst eine geringe seitliche Kraft, wenn die Vorwärtsgeschwindigkeit nur hoch genug ist, ein seitliches Schleudern von erheblichem Tempo hervorrufen kann.

Bevor ein Gleichgewicht zwischen F_n und F_{max} auftritt, kommt es zu einer seitlichen Beschleunigung, die dem zweiten Newton'schen Gesetz gehorcht:

$$ma = m\dot{u} = F_n - \left(\frac{u}{v}\right) F_{max}$$

Diese Gleichung ist sehr aufschlussreich, weil sie wie die Bewegungsgleichung bei Flüssigkeitsreibung aussieht. Die Vorwärtsbewegung schafft scheinbar eine geringere Reibung für die seitliche Rutschbewegung, da sie den zweiten Term auf der rechten Seite verringert. Wer langsam fährt, erhöht diesen «Reibungsterm» und reduziert damit die seitliche Bewegung. Er fährt also sehr viel sicherer!

9. **Noch ein Triumph der zentralen Planwirtschaft** Lassen Sie sich von unserer komplizierten Geschichte nicht verwirren. Im Prinzip geht es um den schlüssigen Nachweis, dass die beiden Lastwagen (von denen der eine auf der ersten Straße von Serpuchow nach Tschechow unterwegs ist, während der andere auf der zweiten Straße von Tschechow nach Serpuchow fährt) an irgendeiner Stelle Positionen auf beiden Straßen besetzen müssen, an denen sie sich aufgrund ihrer Breite (22 Meter) zu nahe kommen. Einen wirklich strengen Beweis können Sie mit Hilfe einer graphischen Darstellung führen, wenn Sie die beiden Straßen zwischen Serpuchow und Tschechow zu den zwei Achsen Ihres Koordinatensystems machen.

Vergleichen Sie die Abbildung auf Seite 140. *Jeder Punkt in dem Diagramm repräsentiert die Position von zwei Fahrzeugen:* Eine der Trajektorien des Diagramms entspricht den *beiden* Personenwagen, die auf der alten und der neuen Straße in dieselbe Richtung fahren. Die andere Linie gibt die *beiden* Lastwagen wieder, die sich in einander entgegengesetzten Richtungen auf den beiden Straßen entlangbewegen. Im Schnittpunkt der zwei Trajektorien entspricht die Anordnung der Lastwagen auf der alten und der neuen Straße genau der Konfiguration der Personenwagen. An diesem Punkt können zwischen den beiden Lastwagen nicht mehr als 20 Meter liegen, da die Personenwagen durch ein 20 Meter langes Kabel verbunden waren.

Das Diagramm macht deutlich, dass eine Kollision der 22

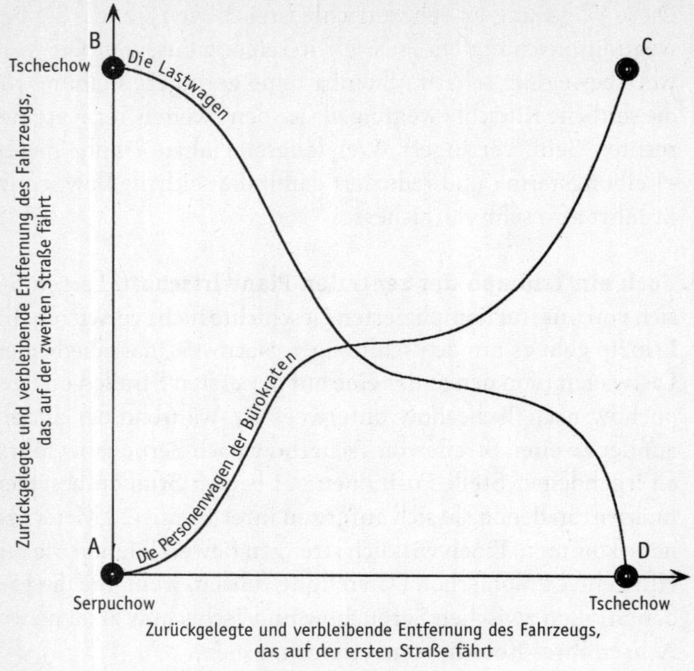

Punkt A: Beide Fahrzeuge sind in Serpuchow.
Punkte B und D: Ein Fahrzeug ist in Serpuchow und das andere in Tschechow.
Punkt C: Beide Fahrzeuge sind in Tschechow.

Meter breiten Lastwagen unvermeidlich ist. Beide Fahrer sollten sich fest anschnallen!

Unsere Abbildung mag Ihnen ungewöhnlich erscheinen, weil jeder Punkt des Diagramms die Position *beider* Fahrzeuge repräsentiert. Doch diese Art der geometrischen Interpretation, die übrigens «Phasenraum» genannt wird, hat sich in der Theorie dynamischer Systeme und in der statistischen Mechanik als ausgesprochen nützlich erwiesen, um Zustände verschiedener komplexer Systeme darzustellen.

Lösungen zu Kapitel sechs

Quellen und Becken

1. **Eine Aufgabe aus der Welt der Klempner** Betrachten Sie den Wasserstrahl in zwei beliebigen Höhen. Legen Sie an diesen Stellen zwei horizontale Schnitte durch den Strahl und messen Sie die Querschnittsfläche. Da sich die Form des Strahls mit der Zeit nicht verändert, muss durch jede der beiden Ebenen pro Zeiteinheit das gleiche Wasservolumen fließen. Wäre das nicht der Fall, dann müsste zwischen den beiden Ebenen entweder eine Zu- oder eine Abnahme der Wassermenge stattfinden, und die Form des Strahls würde sich mit der Zeit wandeln. Wenn die Masse erhalten bleiben soll, dann muss die Zu- oder Abnahme dem Unterschied des Flusses durch die beiden Ebenen entsprechen. Massenerhaltung und Volumenerhalt laufen in diesem Fall auf das Gleiche hinaus, weil die Wasserdichte konstant bleibt. Da wir wissen, dass sich die Form nicht ändert, muss auch der Fluss an jeder Stelle des Strahls konstant sein. Allerdings wird sich infolge der Gravitationsbeschleunigung die Wassergeschwindigkeit erhöhen. Um den Gesamtfluss trotzdem konstant zu halten, muss der Querschnitt des Strahls schrumpfen. Stellen Sie sich vor, das Wasser würde nicht aus dem Hahn fließen, sondern tropfen. Betrachten Sie nun zwei einzelne Tropfen, während sie fallen. Der Abstand zwischen den aufeinander folgenden Tropfen vergrößert sich während des Falls. Wenn wir uns den Strahl als eine Ansammlung von Tropfen vorstellen, dann sehen wir, dass der Strahl dünner wird, je tiefer er fällt.

   Diese Aufgabe erhellt einen Aspekt des Erhaltungssatzes

und der Kontinuitätsgleichung: Im stationären Zustand gilt für den Fluss jeden Stoffes, der erhalten bleibt, dass der Massenfluss (also das Produkt aus Geschwindigkeit, Querschnittsfläche und Dichte) eine Konstante ist. Wenn sich also die Geschwindigkeit aufgrund der Gravitationsbeschleunigung erhöht, muss die Fläche entsprechend schrumpfen. Mit «stationärem Zustand» bezeichnen wir also die Invarianz eines Systems gegenüber der Zeit – zum Beispiel die konstante Form des Wasserstrahls. Wenn der Fluss variiert, dann werden Veränderungen auftreten: In der Umgebung des Systems wird sich Materie ansammeln (oder verschwinden), und die Form der Wassersäule wird sich mit der Zeit wandeln.

Was geschieht, wenn dieses Erhaltungsprinzip ignoriert wird, können Sie anhand des Verkehrsflusses in Boston beobachten. Dort wird die Geschwindigkeit bei jeder Straßenverengung herabgesetzt und ein «stationärer Fluss» so verhindert. Es ist kein Wunder, dass die Straßen von Ostmassachusetts für ihre Verkehrsstaus berüchtigt sind. Vielleicht wäre es sinnvoll, Massachusetts' Schnellstraßen der Wasserversorgungsgesellschaft zu unterstellen?

2. Mehr praktische Ratschläge von Ihrem Klempner (Wie man die Gravitation mit einem Lineal und einem Eimer misst)
Ja, das können Sie! Betrachten Sie das Problem der vorigen Aufgabe. Der Strahl wird dünner, während er fällt, weil das Wasser – wie jedes fallende Objekt – beschleunigt wird. Die Dichte des Wassers bleibt konstant, und infolge der Massenerhaltung bleibt auch der resultierende Fluss gleich. Daher muss der Strahl dicker werden, wenn er sich verlangsamt, und dünner, wenn er sich beschleunigt. Um die Gravitation zu errechnen, müssen Sie nun Folgendes tun: Messen Sie mit dem Lineal den Innendurchmesser D_0 des Rohrs, aus dem das Wasser kommt. Mit dem gleichen Lineal messen Sie jetzt den Durchmesser D des Wasserstrahls in der Entfernung y vom

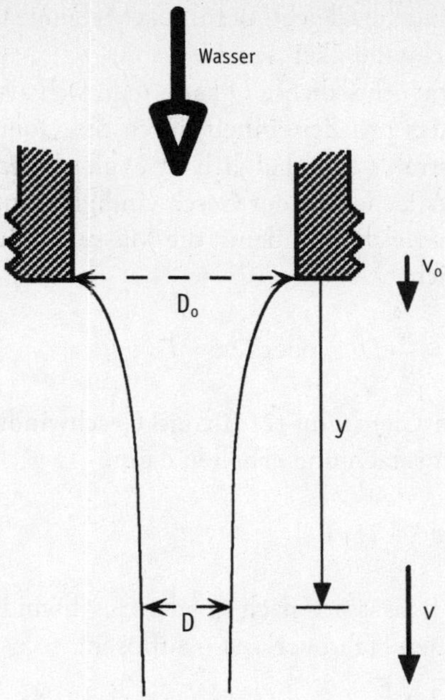

Wasserhahn. Jetzt messen Sie mit dem Lineal noch den Abstand *y*, wie in der Abbildung gezeigt.

Wenn das Wasser den Hahn mit der Geschwindigkeit v_0 verlässt, können wir unter Berücksichtigung des Energieerhaltungssatzes schreiben:

$$\frac{1}{2}mv^2 = \frac{1}{2}mv_0^2 + mgy \qquad (1)$$

Diese Gleichung gilt für jeden Teil des Flusses, der die Masse *m* hat, wobei *v* die Abwärtsgeschwindigkeit an der Stelle *y* ist. Wir können nach *v* auflösen:

$$v = \sqrt{v_0^2 + 2gy} \qquad (2)$$

Das ist die übliche Gleichung für jedes fallende Objekt mit der Anfangsgeschwindigkeit v_0.

Die Volumenflussdichte Q kann man sich als das Volumen vorstellen, das pro Zeiteinheit durch die Querschnittsfläche des Wasserstrahls tritt. Folglich ist Q gleich dem Produkt der Querschnittsfläche und der Geschwindigkeit und muss an allen Punkten gleich sein, damit die Masse erhalten bleibt. Daher ergibt sich:

$$Q = \frac{\pi}{4} D^2 v = \frac{\pi}{4} D_0^{\,2} v_0 \text{ oder } D^2 v = D_0^{\,2} v_0 \qquad (3)$$

Wir können Gleichung (2) für die Geschwindigkeit in Gleichung (3) einsetzen und erhalten dann:

$$D_0^{\,4} v_0^{\,2} = D^4 (v_0^{\,2} + 2gy) \qquad (4)$$

Gleichung (4) lässt sich nach v_0 – der Geschwindigkeit, mit der das Wasser den Hahn verlässt – auflösen:

$$v_0 = D^2 \sqrt{\frac{2gy}{D_0^{\,4} - D^4}} \qquad (5)$$

Die rechte Seite besteht aus Größen, die mit dem Lineal gemessen werden können, und der Gravitationsbeschleunigung g. Die Anfangsgeschwindigkeit v_0 lässt sich schließlich in Gleichung (3) einsetzen, und es ergibt sich mit

$$Q = \frac{\pi}{4} D_0^{\,2} D^2 \sqrt{\frac{2gy}{D_0^{\,4} - D^4}} \qquad (6)$$

die Volumenflussdichte.

Wenn sich die Volumenflüsse messen lassen und wir noch unser Lineal zur Hand haben, dann können wir die Gleichung natürlich nach g auflösen. Ein 20-Liter-Eimer und eine Armbanduhr genügen, um zwei oder drei wichtige Werte des Volumenflusses zu ermitteln. Versuchen Sie es!

3. «Du hast zwanzig Sekunden, um deine Berechnung anzustellen, dann greife ich an!» Wir berücksichtigen bei dieser Aufgabe nur die senkrecht wirkenden Kräfte. Bei der schlichtesten Lösung legen wir das zweite Newton'sche Gesetz in seiner einfachsten Form zugrunde, das heißt, dass die Summe der auf einen Körper einwirkenden Kräfte gleich der Änderung des Impulses pro Zeiteinheit sein muss. Nun setzt sich der Impuls p aber aus zwei Faktoren zusammen: Masse m und Geschwindigkeit v. Normalerweise verändert sich der Impuls durch einen Wechsel der Geschwindigkeit, also durch Beschleunigung. Aus der Definition des Impulses als mv geht jedoch hervor, dass sich auch eine Veränderung der beteiligten Masse auf die Größe des Impulses auswirkt. (Wiederum liefert der Gartenschlauch ein schönes Beispiel dafür, denn auch hier zeigen sich unsymmetrische Kräfte, ohne dass Beschleunigung im Spiel ist.) In unserem Fall erwachsen die Kräfte aus einer Veränderung der beteiligten Massen; die ruhende Masse des Schwanzes nimmt ab, während die mit der Geschwindigkeit v bewegte Körpermasse anwächst. Betrachten wir jetzt das zweite Newton'sche Gesetz:

$$\frac{dp}{dt} = f$$

wobei f für alle am Körper angreifenden Kräfte steht. Es sei festgehalten, dass sich der Kopf der Kobra *nicht* beschleunigt, sondern mit konstanter Geschwindigkeit erhebt. Der Impuls in senkrechter Richtung verändert sich, weil die senkrechte Länge der Kobra (und daher die senkrecht bewegte Masse) mit der Zeit zunimmt! Wenn die senkrechte Länge der Kobra h ist, dann gilt für die Masse der Kobra im senkrechten Segment $h \cdot \frac{m}{l}$, und für die Komponente des Impulses in der Senkrechten gilt:

$$p_y = h\left(\frac{m}{l}\right)v$$

Die Zunahme der senkrechten Komponenten des Impulses erhalten wir durch eine einfache Zeitableitung der obigen Gleichung:

$$\frac{dp_y}{dt} = \left(\frac{m}{l}\right) v \frac{dh}{dt} = \frac{m}{l} v^2$$

Nach dem zweiten Newton'schen Gesetz ist die zeitliche Änderung des Impulses gleich der Summe aller Kräfte. In diesem Fall geht es um die Summe aus der Gravitationskraft mg und der Gegenkraft N des Bodens auf den Schwanz der Kobra. Da mg und N in entgegengesetzte Richtungen wirken, erhalten wir:

$$\frac{mv^2}{l} = N - mg$$

Damit ergibt sich für den absoluten Wert der Reaktion N:

$$N = m\left(\frac{v^2}{l} + g\right)$$

Nach dem dritten Newton'schen Gesetz (actio = reactio) müsste diese Kraft gleich der Kraft sein, die vom Boden *auf die Schlange* ausgeübt wird. Der Term v^2/l ähnelt dem üblichen Ausdruck für die Zentrifugalbeschleunigung, doch das ist reiner Zufall.

Die Aufgabe lässt sich auf diese Weise lösen, weil man das zweite Newton'sche Gesetz als eine Art Bilanzrechnung verstehen kann, in der die beteiligten Kräfte als «Soll und Haben» des Impulses beschrieben werden. Wenn die Summe der äußeren Kräfte null ist, dann läuft diese Bilanzrechnung auf den Impulserhaltungssatz hinaus. Wie Sie sehen, können Massenänderungen bei diesen Rechnungen eine Rolle spielen. Dies kann zu technischen Problemen führen, die man bei Raketenaggregaten und Raumfahrzeugen berücksichtigen muss.

4. Erhaltung des Impulses (und der Energie) in Sankt Petersburg Der Schläfer Oblomowetz kommt viel weiter. Betrachten wir zunächst seine Situation: Die einzige Veränderung besteht in der Masse (in Form fallenden Schnees), die zu der des faulen Schläfers und seiner Draisine hinzukommt. Da es keine Wechselwirkungen mit waagrechten äußeren Kräften gibt, muss, gemäß dem zweiten Newton'schen Gesetz, der Gesamtimpuls in waagrechter Richtung erhalten bleiben. Wenn m_0 die ursprüngliche Masse der Draisine mit Oblomowetz ist, dann beträgt die Masse zur beliebigen Zeit t:

$$m(t) = m_0 + \mu t$$

Wenn der ursprüngliche Impuls $m_0 v_0$ war und der Gesamtimpuls dieses Systems in der Zeit konstant bleiben muss, dann ist $m_0 v_0 = m(t) v(t)$. Jetzt können wir die Geschwindigkeit von Oblomowetz und seiner Draisine als Funktion der Zeit schreiben. Dann ergibt sich:

$$v(t) = \frac{v_0}{1 + \frac{\mu t}{m_0}}$$

Untersuchen wir nun die Situation des Workaholics Stachanowetz. Wenn die Schneeflocke auf seiner Draisine landet, nimmt sie die Geschwindigkeit der Draisine und damit auch den gleichen Impuls an. Da Stachanowetz den Schnee seitwärts von der Draisine fegt, sobald er auf ihr landet, läuft sein Verhalten darauf hinaus, dass er einen Teil vom Impuls seines Systems «wegwirft». Das Draisinesystem des Workaholics ist also nicht mehr von seiner Umgebung isoliert, und der Impulserhaltungssatz lässt sich nicht mehr anwenden. Überlegen wir, wie sich Stachanowetz' Arbeit auf die Geschwindigkeit als Funktion der Zeit $v(t)$ auswirkt.

Da sich kein Schnee auf der Draisine ansammeln kann, bleibt die Masse konstant, sodass die Impulsveränderung von

Stachanowetz und seiner Draisine ausschließlich auf der Geschwindigkeitsveränderung beruht:

$$\frac{dp}{dt} = m_0 \frac{dv}{dt}$$

Die Masse des Schnees, die in dem Zeitintervall dt fällt, ist μdt. Da jede Schneeflocke die Geschwindigkeit v annimmt, ist der Impuls, den der Schnee erwirbt, wenn er auf die Draisine trifft, (μdt)v. Dieser Impuls geht verloren, wenn Stachanowetz den Schnee wieder von der Draisine fegt. Dann gilt:

$$dp = -v\mu dt.$$

Durch Verbindung der beiden Gleichungen erhalten wir:

$$\frac{dv}{dt} = -\left(\frac{\mu}{m_0}\right) v$$

Welche Funktion genügt dieser Gleichung? Immer wenn die Ableitung einer Funktion der Funktion selbst proportional ist, so handelt es sich um eine Exponentialfunktion e^{Ax}:

$$\frac{d}{dx} \cdot e^{Ax} = A \cdot e^{Ax}.$$

Das ist die einzige Funktion mit dieser Eigenschaft. Suchen Sie nach einer Lösung für die Gleichung durch Einsetzen eines Exponentialausdrucks und denken Sie dabei an die Anfangsbedingungen ($v = v_0$ bei $t = 0$). Sie werden feststellen, dass die Geschwindigkeit des arbeitssüchtigen Straßenreinigers als Funktion der Zeit

$$v = v_0 e^{-\left(\frac{\mu}{m_0}\right) t}$$

lautet. Vergleichen wir jetzt die Gleichungen von Stachanowetz und Oblomowetz, so können wir sehen, dass die Ge-

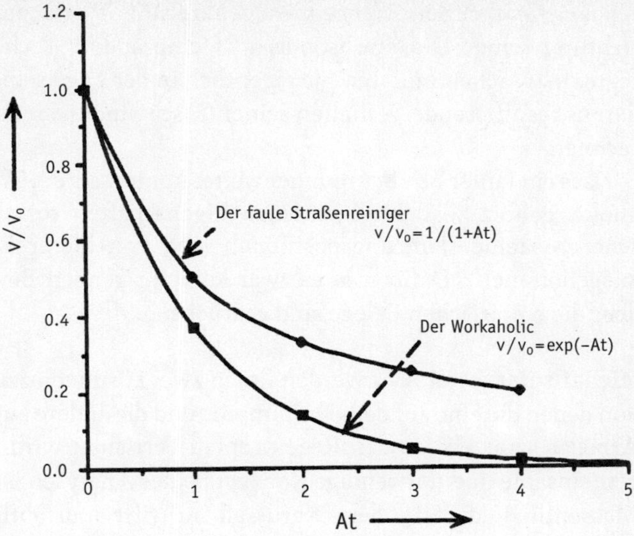

schwindigkeit des faulen Straßenreinigers zu jedem Zeitpunkt größer ist als die des Workaholics. Denken Sie daran, dass die Exponentialfunktion e^{Ax} rascher zunimmt als jede andere Funktion von x, dass hier also die Funktion e^{-Ax} rascher abnimmt als $1/(1+Ax)$. Daher wird die Geschwindigkeit des Workaholics schneller zurückgehen als die des faulen Straßenfegers. Das ist ein wichtiges Prinzip, und es lohnt sich, die Beweise genauer anzusehen. Die Exponentialfunktion hat eine größere Konvexität als alle Polynome. Ein Polynom wird also immer eine Ableitung *höchster* Ordnung ungleich null haben, während der Exponentialfunktion die Ableitungen ungleich null nie ausgehen. Wir haben die beiden Gleichungen abgebildet, um die Aussage für diesen besonderen Fall zu belegen.

Unsere Lösung sähe anders aus, wenn der arbeitssüchtige Straßenfeger nicht so naiv wäre. Überlegen wir, was geschähe, wenn er den Schnee nicht senkrecht zur Bewegungsrichtung seiner Draisine, sondern in eine andere Richtung fegte. Inzwischen müssten Sie eigentlich in der Lage sein, das daraus resultierende Verhalten seiner Geschwindigkeit zu berechnen.

Dass ein fauler Straßenreiniger weiter kommt als ein Workaholic, gehört zu den allgemeinen Eigenschaften sozialistischer Systeme (Führungspositionen sind von dieser Regel ausgenommen). Dafür gibt es zwar keinen strengen Beweis, aber die empirischen Belege sind erdrückend.

5. **Michails Karussell** Wir werden Ihnen zwei Lösungen zeigen, von denen die eine auf dem Drehimpuls und die andere auf der Arbeit beruht, die an den Regentropfen verrichtet wird. Das gemeinsame und notwendige Konzept beider Analysen ist der Massenfluss, der auf dem Karussell auftrifft und abfließt. Wenn n Regentropfen pro Volumeneinheit vorhanden sind und die Masse pro Tropfen m beträgt, dann ist die Dichte des Regens durch $\rho = nm$ gegeben. Der Regenfluss, das heißt die Zahl der Regentropfen, die pro Zeiteinheit auf einer Flächeneinheit landet, entspricht dann $j = n\mathrm{v}$. Die Massenflussdichte, also die Masse des Wassers, das pro Zeiteinheit auf einer Flächeneinheit landet, ist $J = \rho\mathrm{v}$. Betrachtet man das Karussell als Scheibe mit dem Radius R und der Fläche πR^2, dann fallen pro Zeiteinheit $\pi R^2 n\mathrm{v}$ Tropfen auf das Karussell. Die Gesamtmasse des Wassers, das pro Zeiteinheit auf das Karussell fällt, beläuft sich folglich auf $\pi R^2 \rho\mathrm{v}$. In beiden Fällen gehen wir davon aus, dass das Wasser genauso schnell vom Karussell abfließt, wie es sich darauf ansammelt. Das Karussell befindet sich also in einem stationären Zustand und wird weder überflutet, noch trocknet es.

Für den ersten Ansatz müssen wir uns vergegenwärtigen, dass jeder Regentropfen, der auf dem Karussell landet, seine senkrechte Bewegung verliert – und damit auch die kinetische

Energie, die er während des Fallens hatte. Die rotierende Scheibe (unser Karussell) beschleunigt den Tropfen, während er nach außen zum Rand gleitet. Dabei besitzt er die Geschwindigkeit $v = \omega R$, wobei ω die Winkelgeschwindigkeit des rotierenden Karussells ist. Kurz bevor der Tropfen vom Karussell gleitet, hat er die kinetische Energie

$$\frac{1}{2}\, mv^2 = \frac{1}{2}\, m\omega^2 R^2$$

und diese kinetische Energie geht verloren, wenn der Tropfen vom Karussell fällt. Da wir davon ausgegangen sind, dass die Gesamtzahl der abfließenden Tropfen gleich der Zahl der auftreffenden ist, entspricht die Energieverlustrate dem Produkt aus der kinetischen Energie eines Regentropfens und der Rate der auftreffenden Tropfen, $\pi R^2 nv$. Das Ergebnis ist:

$$\text{Energieverlustrate} = \left(\frac{1}{2}\, m\omega^2 R^2\right)\pi R^2 nv = \frac{1}{2}\, \pi\rho v\omega^2 R^4$$

Diesen Energieverbrauch sollte Michails Stromrechnung widerspiegeln.

Der zweite Ansatz orientiert sich am Drehimpuls und ähnelt der Lösung von Aufgabe 4 in diesem Kapitel. Wenn die Tropfen auftreffen, übernehmen sie den Drehimpuls des Karussells, der wieder verloren geht, wenn sie über den äußeren Rand fallen. Diesen Verlust muss der Motorantrieb des Karussells unablässig kompensieren. Stellen Sie sich vor, dass sich auf dem Karussell eine dünne Wasserscheibe befindet, die ständig verloren geht und erneuert wird. Das Trägheitsmoment dI dieser Scheibe mit der Masse dm beträgt:

$$dI = \frac{R^2}{2}\, dm$$

Der Drehimpuls der Scheibe ist $dM = \omega dI$, und die Veränderung des Drehimpulses muss durch das Drehmoment T des

Motors kompensiert werden, wenn sich das Karussell mit konstanter Geschwindigkeit drehen soll:

$$\frac{dM}{dt} = T$$

Da wir bereits im ersten Absatz der Lösung festgelegt haben, dass die Rate der Eingänge (und Abgänge) $\pi R^2 \rho v$ ist, gilt $dm = \pi R^2 \rho v dt$ im Zeitintervall dt und

$$Tdt = dM = \omega dI = \omega \frac{R^2}{2} dm = \pi \omega \rho v R^4 dt$$

Das Drehmoment, das erforderlich ist, um das Karussell im Regen anzutreiben, beträgt

$$T = \frac{1}{2} \pi \omega \rho v R^4$$

Da die erforderliche Leistung $T\omega$ ist, lautet die endgültige Antwort wieder:

$$\text{Energieverlustrate} = \omega T = \frac{1}{2} \pi \omega^2 \rho v R^4$$

Wir sollten Sie auf eine Voraussetzung dieser zweiten Lösung hinweisen, nämlich dass sich die Wasserscheibe als starre, flache und gleichförmige Scheibe dreht. In der ersten Lösung war eine solche Annahme nicht erforderlich.

Ab hier ist es nicht allzu schwer, die Erhöhung von Michails Stromrechnung auszurechnen. Wir möchten das gerne Ihnen überlassen, bitten Sie aber, zu berücksichtigen, dass das Ergebnis von der Winkelgeschwindigkeit und der Größe des Karussells abhängt.

6. **Wie man den Bus nach Jakutsk erwischt (und dabei den Mach'schen Kegel entdeckt)** Betrachten wir den Bus zu einer beliebigen Zeit $t = t_1$. Zu diesem Zeitpunkt befindet er sich auf

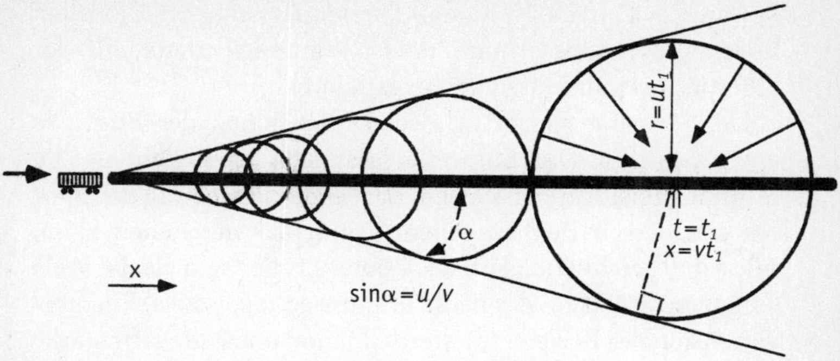

der Straße am Ort $x_1 = \mathrm{v}t_1$. Wie die Abbildung oben zeigt, müssen Sie sich, um den Bus *an diesem Ort* zu bekommen, innerhalb eines Kreises mit dem Radius ut_1 und dem Mittelpunkt x_1 befinden. Sind Sie außerhalb des Kreises, können Sie x_1 auf keinen Fall in der Zeit t_1 erreichen. Der Kreis vergrößert sich mit der Zeit (oder der Ortsveränderung des Busses), und die Einhüllung aller Kreise ergibt einen Keil (in drei Dimensionen wäre er ein Kegel, der eine Reihe expandierender Kugeln umhüllt) mit dem Halbwinkel $\alpha = \arcsin\,(u/\mathrm{v})$, wie abgebildet. Wenn Sie sich außerhalb des Keils (oder Kegels) befinden, können Sie den Bus auf keinen Fall erwischen. So etwas sollten Sie in Sibirien nicht auf die leichte Schulter nehmen.

Was nun unseren «Film» anbelangt, so zeigt er Menschen, die von den Grenzen des Kegels mit der maximalen Geschwindigkeit u nach innen laufen und im Bus verschwinden. Der Öffnungswinkel des Kegels hält mit der Geschwindigkeit des Busses Schritt, das heißt, er wird umso enger ausfallen, je schneller der Bus ist. Wenn Sie sich den Film rückwärts ansehen, erblicken Sie einen expandierenden Kegel, der sich durch eine Reihe expandierender Kugeln oder (in zwei Dimensionen) Kreise darstellen lässt. Ein Beispiel hierfür waren kontinuierliche Explosionen, die kugelförmige Stoßwellen bilden, oder kreisförmige Wellen, die fortlaufend auf der Oberfläche einer Flüssigkeit expandieren.

Der Vorgang gleicht in zwei Dimensionen der Bugwelle eines Schiffes. Die Bugwelle lässt sich darstellen als die Summe kreisförmiger Wellen, die bei der Bewegung des Bootes von dessen Bug ausgehen. Damit das geschehen kann, muss die Geschwindigkeit des Bootes größer sein als die Wellengeschwindigkeit, das heißt, es muss gelten: $v \gg u$. Ein dreidimensionales Beispiel für dieses Phänomen ist die sehr starke Druckwelle, die durch Überschallflüge verursacht wird. Man bezeichnet sie als *Mach'schen Kegel*. Dieser Kegel ist für ungeschützte Beobachter, die sich in der Nähe (hundert oder zweihundert Meter entfernt) befinden, tödlich. Die elektromagnetische Strahlung, die durch schnelle Elektronen in Festkörpern erzeugt wird (das heißt, die Elektronen bewegen sich in diesen Medien mit Geschwindigkeiten, die über der Geschwindigkeit des Lichts in diesen Medien liegt), wird ebenfalls in Form eines Mach'schen Kegels emittiert. Man bezeichnet sie als *Tscherenkow-Strahlung*.

Vielleicht ist Ihnen aufgefallen, dass wir nichts über die optimale Laufrichtung gesagt haben. Angenommen, Sie stehen an der Grenze des Mach'schen Kegels. Ist es besser, in senkrechter Richtung zur Straße zu laufen, oder sollte man besser senkrecht zur Oberfläche des Mach'schen Kegels auf den Bus zurennen? Die Lösung dieses Problems möchten wir Ihnen überlassen.

7. Ein explosives Thema: Die Eistüte (oder: Der Mach'sche Kegel) Fragen Sie sich zunächst, was geschieht, wenn ein einzelnes, winziges Teilchen explodiert. Es wird gleichmäßig in alle Richtungen zerfallen und eine kugelförmige Explosion hervorrufen. Dabei vergrößert sich der Radius der Kugel mit der Geschwindigkeit u. Die mit der Zeit expandierende Kugel

Einzelnes Teilchen, augenblicklich

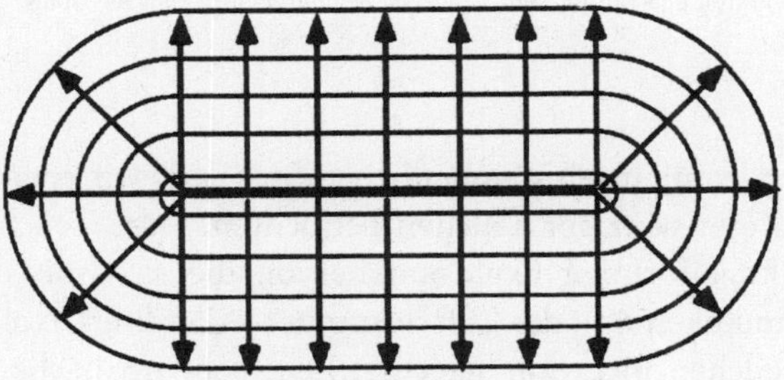

Dünnes Stäbchen, augenblicklich

wird sich letztlich ins Unendliche erstrecken. Stellen Sie sich nun einen kurzen Stab vor, der in ganzer Länge auf einmal explodiert. Die Fragmente würden in alle Richtungen davonstreben: Am Ende würden sie wie eine riesige längliche Medikamentenkapsel das Universum füllen – ein Zylinder, dessen Durchmesser und dessen Länge mit der Geschwindigkeit $2u$ anwachsen, dessen Enden aber Halbkugeln sind. Sie können sich dieses Ergebnis vergegenwärtigen, indem Sie den Stab in winzige «Teilchen» aufteilen, von denen jedes explodiert und seinen eigenen Kreis erzeugt (vgl. Abbildung oben).

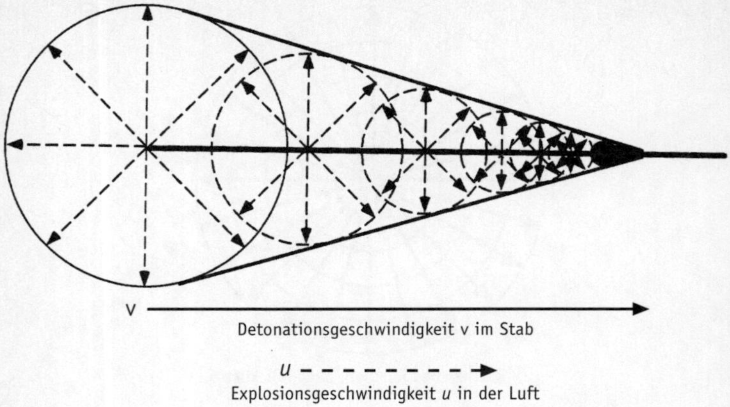

Einseitig unendlicher Stab, Explosion beginnt an dem Ende des Stabs

Nun zum einseitig unendlichen Stab, den wir ebenfalls als eine Kette winziger Teilchen betrachten. Jedes Teilchen ruft eine kugelförmige Explosion hervor, die sich mit der Geschwindigkeit u in der Luft ausbreitet. Allerdings explodieren die Teilchen nicht zur gleichen Zeit, sondern nacheinander. Die Explosion kommt auf dem Stab mit der Geschwindigkeit v voran – wenn also das Ende des Stabs zur Zeit $t = 0$ explodiert, wird ein Teilchen, das x Meter vom Ende entfernt ist, zur Zeit $t = x/\mathrm{v}$ explodieren. Das ergibt eine Reihe von Kugeln, wobei die größte am Ende des Stabs expandiert, während die anderen sukzessive noch kleiner sind, bis wir an den Punkt gelangen, an dem gerade eine Explosion stattfindet. Die Kugeln addieren sich, wie in der obigen Abbildung zu erkennen, zu einem Kegel mit der Höhe vt und einer Halbkugel mit dem Radius ut, die genau auf die Basis des Kegels passt: eine riesige (gefüllte) Eistüte, die ins Unendliche wächst.

Das ist ein weiteres Beispiel für den Mach'schen Kegel.

8. Weitere Informationen über hochexplosive Stoffe (und Eistüten) Im Fall $v > u$ wird der Kegel, wie in der vorigen Aufgabe, wachsen, bis er das Ende des Stabs erreicht – zum Zeitpunkt $t = L/v$ nach der Zündung, wobei L die Länge des Stabs ist. Solange $vt < L$ gilt, ist die Situation mit dem einseitig unendlichen Stab identisch. Nachdem das Ende des Stabs erreicht ist, wächst der Kegel auch weiterhin nach außen. Aber die Spitze des Kegels wird zunehmend zu einer Halbkugel, die zwar kleiner als diejenige am anderen Stabende bleibt, aber genauso schnell, nämlich mit dem Tempo u, anwächst. Präzise gesagt, sehen wir einen Kegelstumpf mit einer Halbkugel an jedem Ende, die sich mit dem Tempo u ausdehnt. Der Radius der Halbkugel an der Basis des Kegels ergibt sich aus ut, während der Radius der Halbkugel an der abgestumpften Spitze $u(t - L/v)$ entspricht, wie in der Abbildung zu sehen. Die Eistüte hat sich aufgebläht – was meist geschieht, wenn man zu viel Eiskrem will.

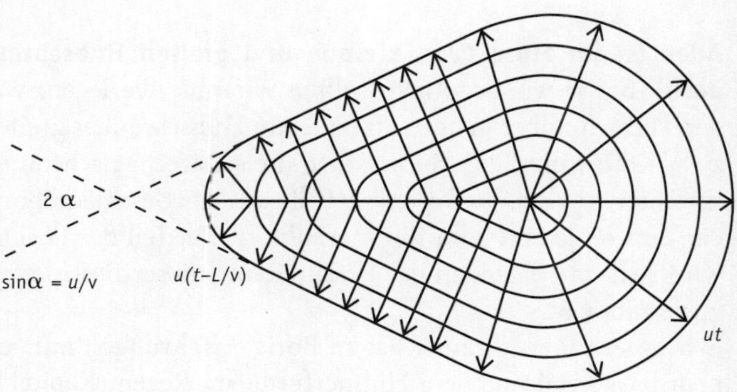

Nehmen wir nun an, dass v kleiner ist als u, das heißt, die Geschwindigkeit der Explosion entlang des Stabs ist im Vergleich zum Tempo der nach außen geschleuderten Explosionstrümmer gering. In diesem Fall wird der Explosionsweg keinen Kegel, sondern eine Kugel ergeben, mit dem Stabende, an dem die Explosion begonnen hat, als Mittelpunkt. Verwenden wir wiederum die Methode, die wir in der vorigen Aufgabe vorgestellt haben. Die Raumgrenzen der ersten Explosionskugel können von den folgenden Kugeln, die an allen übrigen Explosionspunkten entlang des Stabs auftreten, nicht überschritten werden. Diese Aussage trifft für jeden Fall von $v < u$ zu und ist von der Form des Sprengstoffs unabhängig. Sie gilt auch für den einseitig unendlichen Stab: Da bei $v < u$ die Größe der Kugel nur von dem ersten explodierenden «Teilchen» bestimmt wird, verteilt sich die Intensität der Explosion *im Inneren der Kugel,* und die Explosionsenergie wird sich dort verlieren. Im Gegensatz dazu zeichnen sich hochwirksame Sprengstoffe durch eine hohe Detonationsgeschwindigkeit v aus. In solchen Fällen wird auch die Ausgangsform des Sprengstoffs wichtig. Aber das haben Sie sicher aus dieser Aufgabe gelernt. Für erfahrene Sprengmeister ist das natürlich ein alter Hut.

9. **Alles ist im Fluss (Von kleinen und großen Hubschraubern)** Bevor wir beginnen, sollten wir uns überlegen, was den Hubschrauber in der Luft hält. Am Hubschrauber greifen zwei Kräfte an: die *Gewichtskraft,* die senkrecht nach unten gerichtet ist, und die *Gegenkraft,* die aus der Beschleunigung der Luft senkrecht zum Rotor resultiert. Ein Teil der Lösung wird sich im Folgenden der Beschreibung dieser Beschleunigung widmen.

Erinnern Sie sich zunächst an Boris' Erfahrungen mit seinem Basketball und dem Hühnerfutter im Regen (Kapitel 4, Aufgabe 11 bis 13) und denken Sie dabei vor allem an das *Flusskonzept,* das heißt an das Produkt aus Dichte und Geschwindigkeit. In unserem Fall sind wir an der Flussdichte der Luft durch den Rotor interessiert, also an ρv (mit Masse / Volumen als der Dimension von ρ). Die Flussdichte ρv hat die Einheit Masse / Fläche und Zeit und ist ein Maß für die Luftmenge, die pro Zeiteinheit eine Flächeneinheit des Rotors passiert.

Nun dürfen wir nicht beim Massenfluss Halt machen. Den Impuls erhalten wir, indem wir die Masse mit der Geschwindigkeit multiplizieren, und die Impulsflussdichte können wir errechnen, indem wir einfach die Flussdichte ρv mit der Luftgeschwindigkeit v multiplizieren. Folglich ist die Impulsflussdichte ρv^2. Der gesamte Impulsfluss, der am Hubschrauber angreift, muss dann die Impulsflussdichte mal der Oberfläche *S* des Rotors sein. Aus dem zweiten Newton'schen Gesetz wissen wir, dass diese Größe, die zeitliche Änderung des Impulses, die Kraft ist, die den Hubschrauber in der Luft hält, indem sie dem Gewicht Mg der Maschine entgegenwirkt. Daher gilt:

$$Mg = S\rho v^2 \qquad (1)$$

Wenn wir (wie im Tipp erwähnt) davon ausgehen, dass die Fläche *S* dem Wert von L^2 (mit *L* als einer Länge am Hubschrauber) und die Masse *M* dem Wert von L^3 proportional ist, können wir unter Berücksichtigung der Proportionalitätsfaktoren k_1 (zwischen L^3 und *M*) und k_2 (zwischen L^2 und *S*) schreiben:

$$Mg = k_1 L^3 g \text{ und } S\rho v^2 = k_2 L^2 v^2$$

Nach Umformung gilt dann für Gleichung (1):

$$k_1 L\, g = k_2 v^2$$

Wir können diese Gleichung nun für den großen und für den kleinen Hubschrauber formulieren. Wenn wir die eine Gleichung durch die andere teilen, erhalten wir für das Verhältnis der beiden Hubschrauber:

$$\frac{v'^2}{v^2} = \frac{L'}{L} \tag{2}$$

Wir wissen nun, in welchem Verhältnis die Geschwindigkeit der Luft durch den Rotor v zur Länge L steht. Jetzt ist zu klären, welche Leistung N der Motor aufbringen muss, um auf einer Fläche S, die Luft auf die Geschwindigkeit v zu beschleunigen. Diese Leistung N entspricht dem Energiefluss durch den Rotor. Den Energiefluss erhalten wir, wenn wir die Energiedichte

$$\frac{1}{2}\rho v^2$$

mit der Geschwindigkeit der beschleunigten Luft v an der Oberfläche S des Rotors multiplizieren. Für die Leistung N gilt dann:

$$N = \frac{1}{2} S\rho v^3 \tag{3}$$

Wir haben oben bereits erwähnt, dass die Fläche S dem Wert von L^2 proportional ist, wobei L irgendeiner charakteristischen Länge auf dem Hubschrauber entspricht. Wir können die Gleichung (3) nun entsprechend umformulieren:

$$N = k_2 L^2 \rho v^3 \tag{4}$$

Diese Gleichung lässt sich wieder für den echten Hubschrauber und für das Modell aufstellen, sodass wir sofort zu der Gleichung

$$\frac{N'}{N} = \left(\frac{L'}{L}\right)^2 \left(\frac{v'}{v}\right)^3 \tag{5}$$

gelangen, wobei N' die Leistung ist, die für den großen Hubschrauber erforderlich ist, und N die Leistung, die für das Modell aufgewendet wird, L' die Länge des großen Hubschraubers und so fort. Wenn wir Gleichung (2) in Gleichung (5) einsetzen, erhalten wir:

$$\frac{N'}{N} = \left(\frac{L'}{L}\right)^{\frac{7}{2}}$$

Da wir wissen, dass $N = 50$ Watt und $L'/L = 10$ ist, beträgt die erforderliche Leistung N' etwas Geringeres als 160 Kilowatt. Solche vereinfachenden Überschlagsrechnungen, die sich an Maßstabsverhältnissen orientieren, bringen im Allgemeinen recht befriedigende Ergebnisse. In unserem Fall mussten wir drei Größen berücksichtigen: Masse, Impuls und Energie.

Die Ursprünge des Hubschraubers liegen vorwiegend in Russland. 1909 baute der damals zwanzigjährige Igor Sikorskij in Kiew seine erste Flugmaschine. Es handelte sich um einen Hubschrauber, der nicht besonders gut flog. Nach einer dreißigjährigen erfolgreichen Tätigkeit in der Flugzeugkonstruktion – unter anderem bei der Entwicklung von Verkehrsflugzeugen, Wasserlandflugzeugen und strategischen Bombern – unternahm Sikorskij, der mittlerweile US-Bürger geworden war, einen neuen Versuch. Mit Erfolg. 1939 konstruierte er in den Vereinigten Staaten den ersten funktionsfähigen Hubschrauber.

10. Körperwärme Marina hat völlig Recht. Das Problem wurde in dem Artikel «Why Do We Have Winter Heating?» von Robert Emden aufgeworfen (in der Zeitschrift *Nature* Nr. 141 vom Mai 1938) und anschließend von Arnold Sommerfeld diskutiert (*Lectures on Theoretical Physics*, Band 5, Academic Press, New York 1956). Was befindet sich in Boris' Wohnung? Laut Boris' Aussage gibt es dort wenig mehr als ihn selbst. Die Wohnung enthält also viel Luft, die wir im Folgenden als *ideales Gas* betrachten wollen. Für Luft (oder jedes andere Gas bei Zimmertemperatur) können wir die Energie pro Masseneinheit bestimmen als

$$C_vT + E_0$$

wobei C_v der spezifischen Wärme, T der Temperatur und E_0 der Energie der Luft bei $T = 0$ Kelvin entspricht. Wenn die durchschnittliche Dichte in der Wohnung ρ ist, dann ergibt sich für die Energie pro Volumeneinheit:

$$U_v = \rho C_v T + \rho E_0$$

Außerdem kennen wir die ideale Gasgleichung $\rho = p / RT$ (mit p als Druck), sodass für die Energie pro Volumeneinheit gilt:

$$U = p\left(\frac{C_v}{R}\right) + \left(\frac{p}{RT}\right)E_0$$

Wenn der zweite Term zu vernachlässigen ist (die Nullpunktsenergie E_0 ist bei Zimmertemperatur sehr klein gegen C_vT), dann hängt die Energie der Wohnung nur vom atmosphärischen Druck ab. Ist der zweite Term nicht zu vernachlässigen (in der Tat ist er positiv), dann nimmt die Energie der Wohnung sogar *ab*, wenn geheizt wird! In beiden Fällen hat Marina Recht: Wo bleibt die Energie? Sie geht buchstäblich zum Fenster hinaus! Da der Druck in der Wohnung bei einer Atmosphäre bleibt und die Wohnung nicht gegen Gasfluss isoliert ist, führt jede Erwärmung zu einer Materialabgabe (von erwärmten Gasen) und einem *Energierückgang*. Würde Marina andererseits eine kalte Flasche Wodka mitbringen und sie zur Erwärmung auf den Tisch stellen, dann käme die erhöhte Energie des Wodkas nicht von den Inhalten des Zimmers, sondern entspräche einer Verringerung des Energieflusses nach draußen.

Vernachlässigt bei der Beantwortung dieser Frage haben wir den Energiefluss innerhalb und außerhalb von Boris und alle Inhalte, die sich abgesehen von der Luft möglicherweise noch im Zimmer befinden. Das ist keine schlechte Annäherung. Boris ist im Wesentlichen ein isothermes System mit einer unabhängigen Energiequelle, und es gibt *viel* Luft in der Wohnung. Wie Sommerfeld ausführt, zahlt Boris im Grunde genommen nicht für die Energie in seiner Wohnung, sondern für die Steuerung der Entropie. Die Stromrechnungen sind eine Konsequenz der Entropiesteuerung. (Dieses Konzept hat einer von uns [Robert M. Rose] erst in seinem dritten Thermodynamikkurs begriffen.) Walther Hermann Nernst, der Entdecker des dritten Hauptsatzes der Thermodynamik, hielt sich ausschließlich Fische als Haustiere und erklärte, wer sich Warmblüter ins Haus hole, der heize mit seinem Geld das Universum.

Lösungen zu Kapitel sieben

Expandierende und kontrahierende Universen

1. **Linientreue auf dem Rubel** Die Linie wird gerade bleiben (wenn die Notenbank ein ehrliches Spiel spielt!). Die Linie lässt sich in kartesischen Koordinaten als Gleichung schreiben:

$$Ay + Bx + C = 0$$

Nach der Definition des Wärmeausdehnungskoeffizienten für eine beliebige Temperaturveränderung ΔT müssten sich die Koordinaten verändern zu

$$x \to (1 + \alpha\Delta T)\, x$$

und

$$y \to (1 + \alpha\Delta T)\, y$$

sodass die lineare Gleichung ebenfalls umgeformt wird:

$$Ay + Bx + \frac{C}{1 + \alpha\Delta T} = 0$$

Das ist noch immer die Gleichung einer Geraden, und auch die Steigung ist gleich geblieben. Lediglich der Schnittpunkt mit den Achsen hat sich verändert. Dieses Verhalten gilt bei gleichmäßiger Erwärmung und homogenem Material. Wir können noch eine weitere Bedingung berücksichtigen: die Frage, ob das Material *isotrop* ist, das heißt, ob die Expansion richtungsabhängig ist. Die meisten Stoffe, die in der Natur vorkommen, sind einigermaßen isotrop, aber es gibt auch Stoffe, die sich nicht gleichmäßig in alle Richtungen ausdehnen. Nehmen Sie beispielsweise an, α sei für die x- und die y-Richtung verschieden. In diesem Fall bleibt die Kurve zwar eine Gerade, aber ihre Steigung ändert sich. Probieren Sie verschiedene Möglichkeiten durch, aber warten Sie mit den komplizierteren Fällen, bis Sie die nächste Aufgabe gelöst haben. Ferner sollten Sie überlegen, wie wahrscheinlich es ist, dass die Notenbank die Wahrheit gesagt hat. Die Möglichkeit einer gekrümmten Linie ist wohl doch nicht auszuschließen!

2. **Münz-Inflation** Das Loch wird größer. Nehmen wir an, das Loch wäre nicht wirklich gebohrt worden und jemand hätte stattdessen nur seinen Umriss auf der Münze eingezeichnet. Aus der Definition der thermischen Ausdehnung in der vorigen Aufgabe geht hervor, dass dieser Umriss mit der Erwärmung der Münze expandiert und der Radius des Kreises zunimmt, das heißt:

$$r \rightarrow (1 + \alpha \Delta T)\, r$$

Folglich muss sich das Loch in demselben Maß ausdehnen, wie sich das von dem Kreis eingeschlossene Material ausdehnen würde.

Warum hat Marina Boris' Behauptung angezweifelt? Jeder, der schon einmal Bagel oder Doughnuts gebacken hat, weiß um diesen Effekt. Im Fall des Gebäcks liegt es allerdings nicht an der Wärmeausdehnung, sondern am aufgehenden Teig.

3. **Expandierende Bürokratie** Die auf dem Tisch liegende Kugel braucht mehr Energie. Folgendes wird geschehen, wenn die Kugeln sich erwärmen: Die Temperatur nimmt zu, und die Kugeln dehnen sich aus. Diese Expansion hat in den beiden

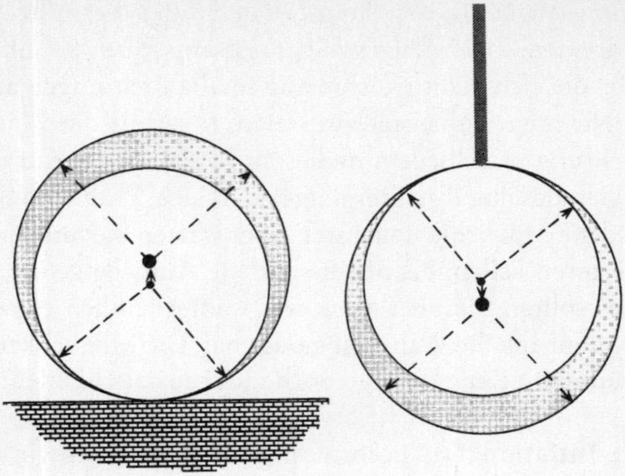

Fällen unterschiedliche Auswirkungen. Bei der hängenden Kugel wird sich infolge der Radiuszunahme der Schwerpunkt absenken, während er sich bei der liegenden Kugel um den gleichen Betrag heben wird. Im Wesentlichen expandiert die hängende Kugel also nach unten und die liegende Kugel nach oben, wie aus der Abbildung zu ersehen. Die potenzielle Energie der hängenden Kugel nimmt ab, während die der liegenden Kugel sich erhöht. Diese Energieveränderungen müssen zu jener Energie hinzugerechnet werden, die erforderlich ist, um die Kugeln zu erwärmen. Folglich braucht die liegende Kugel mehr Energie.

Wir können den Energieunterschied berechnen. Wie in den Lösungen zu den Aufgaben 1 und 6 in diesem Kapitel erwähnt, ist der Koeffizient der linearen Wärmeausdehnung α definiert durch die Beziehung

$$l = l_0 (1 + \alpha \Delta T)$$

mit T für die Temperatur und l für die Länge eines Objekts oder den Abstand zwischen zwei beliebigen Punkten auf dem Objekt. Folglich können wir davon ausgehen, dass bei einer Temperaturerhöhung der Kugel um ΔT der Radius R der Kugel anwächst, und zwar um den Betrag $\alpha R\Delta T$. Die Veränderung der potenziellen Energie beträgt dann:

$$E_{pot} = mg\Delta h = mg\alpha R\Delta T$$

Der Energieunterschied *zwischen den beiden Kugeln* entspricht dem Doppelten dieses Betrags (da die Energie bei einer Kugel zu- und bei der anderen abnimmt). Wie Sie sehen können, hängt der Energieunterschied sowohl von der Masse wie auch vom Radius der Kugel ab. Der Effekt wird also bei Hohlkugeln größer sein, da diese bei gleicher Masse einen größeren Radius haben. Eine hohle Tischlampe wäre folglich der größte Energieverschwender. Wir vermuten, dass die Vorliebe sowjetischer Behörden für Hängeleuchten (vgl. Aufgabe 10 in Kapitel 9) mit diesen Überlegungen zu erklären ist. Allerdings hat das Akademiemitglied Sacharowetz darauf hingewiesen, dass die obige Schlussfolgerung zur Energieersparnis für einige Stoffe schlichtweg falsch ist – beispielsweise für bestrahlten Kunststoff, der bei Erwärmung schrumpft.

Wir möchten es Ihnen überlassen, auszurechnen, wie groß oder wie klein dieser so sensationell anmutende Effekt tatsächlich für eine massive oder hohle Kugel von der Größe Ihrer eigenen Tischlampe (oder irgendeiner anderen Leuchte) ist.

4. **Opa Masaij heißt Sie im Friedmann-DeSitter-Universum willkommen! (Ist die Hubble-Konstante tatsächlich konstant?)** Beginnen Sie damit, dass Sie einen der Hasen zum «intelligentesten» ernennen. Dieser «Hase Nr. 1» dient uns als Bezugssystem, das heißt, das Universum nebst allem,

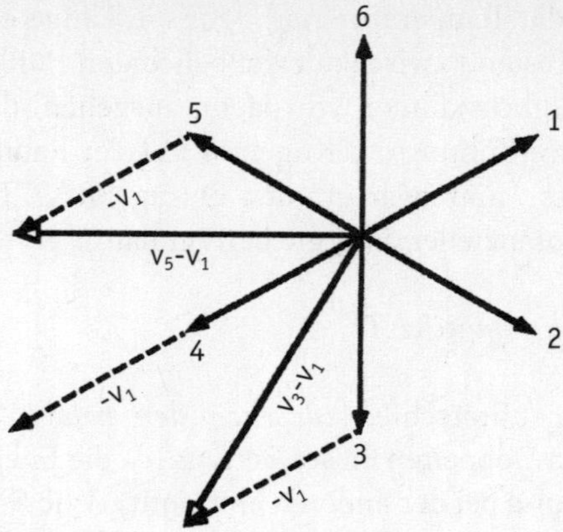

was sich darin befindet, bewegt sich mit der Geschwindigkeit $-\mathbf{v}_1$ relativ zu diesem Hasen. Gemäß der Galilei-Transformation fügen wir nun die Geschwindigkeit $-\mathbf{v}_1$ zu allen Geschwindigkeitsvektoren im ursprünglichen Bezugssystem hinzu, wie es die Abbildung für den dritten, vierten und fünften Hasen zeigt.

Im neuen Bezugssystem erhalten wir (erwartungsgemäß) die Geschwindigkeit null für Hasen Nr. 1 und neue Vektoren für die anderen fünf. Sie können das Ergebnis in der zweiten Abbildung auf Seite 169 sehen: Hase Nr. 1 sitzt inmitten seines Bezugssystems und sieht die Hasen Nr. 2 bis 6 von sich fortrennen!

Die *Ortsvektoren* für alle anderen Hasen ergeben sich aus den *Geschwindigkeitsvektoren* durch die übliche Gleichung *Entfernung = Zeit × Geschwindigkeit*. Die Positionen im Bezugssystem des intelligenten Hasen ähneln der zweiten Abbildung, da jeder Vektor einfach mit der Zeit multipliziert wird. Für Hasen Nr. 1 (beziehungsweise für jeden Hasen) gilt $(\mathbf{r}_i - \mathbf{r}_j) = T\,(\mathbf{v}_i - \mathbf{v}_j)$ mit $\mathbf{r}_i$ und $\mathbf{r}_j$ für die Positionsvektoren und T

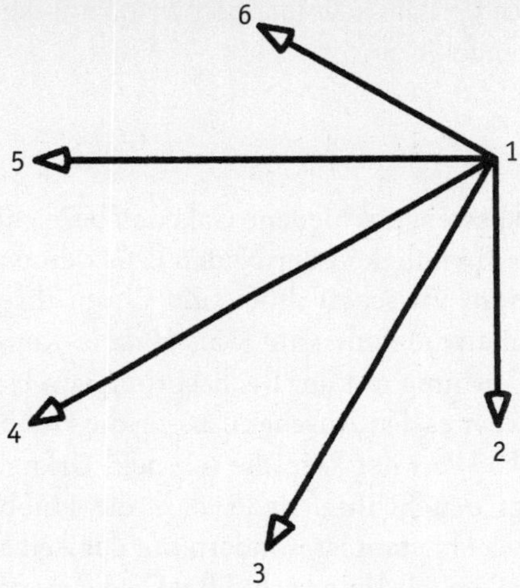

für die Zeit. Das Erstaunen von Hase Nr. 1 beruht auf einem Widerspruch zwischen Wissen und Wahrnehmung: Er weiß, dass alle sechs Hasen mit gleicher Geschwindigkeit laufen, aber aus seinem Blickwinkel sieht es so aus, als hätten alle Hasen unterschiedliche Geschwindigkeiten und Positionen. Außerdem meint er zu sehen, dass ihre Geschwindigkeiten exakt proportional zu ihren Positionen sind, das heißt, die Hasen entfernen sich umso schneller, je weiter sie entfernt sind. Genau diese Situation offenbart sich dem Beobachter von stellaren Objekten, zum Beispiel Galaxien. Ein derart expandierendes Universum bezeichnet man als *Friedmann-DeSitter-Universum*. Im Friedmann-DeSitter-Modell sind die relativen Geschwindigkeitsvektoren zweier beliebiger Punkte (zum Beispiel Galaxien) proportional zur Entfernung zwischen den beiden Punkten. Folglich lässt sich Masaijs Hasenproblem als formale Analogie zur Expansion des Universums beziehungsweise zu jedem symmetrischen Expansionsproblem betrachten. Die kosmologische Version dieses Problems besitzt folgende Form:

$$\mathbf{v}_{ij} = \mathbf{H}\mathbf{r}_{ij}$$

wobei i und j zwei verschiedene Galaxien bezeichnen; $\mathbf{v}_{ij}$ ist die relative Geschwindigkeit der beiden Galaxien und $\mathbf{r}_{ij}$ der Entfernungsvektor zwischen ihnen. Zu Ehren ihres Entdeckers bezeichnet man die Konstante H als *Hubble-Konstante*. Wenn wir diese Gleichung mit der Beobachtung von Hase Nr. 1 vergleichen, so hat es den Anschein, als sei die Hubble-Konstante der reziproke Wert der Zeit, die seit dem Urknall verstrichen ist. Das legt den Schluss nahe, dass die Hubble-Konstante nicht wirklich konstant ist, sondern mit der Zeit abnimmt. Die Antwort bleiben wir Ihnen schuldig. Da die menschliche Existenz im Vergleich zur Lebensdauer des Universums so kurz ist, dürfen wir keine großen Veränderungen erwarten.

5. **Bezugssysteme und interstellare Bewegung (Flüchtende Hasen)** Auch vor diesem Stern scheinen alle anderen Sterne des Haufens zu «flüchten», und wiederum sind ihre relativen Geschwindigkeiten proportional zu ihrer Entfernung von dem Stern. Denken Sie noch einmal an Opa Masaijs flüchtende Hasen: Zur Lösung der Aufgabe 4 hätten wir jeden der sechs Hasen als Bezugssystem wählen können, und die Antwort wäre immer die gleiche gewesen! Die Sterne müssen noch nicht einmal die gleiche Geschwindigkeit haben. Wenn wir den Stern unserer Astronauten (oder irgendeinen anderen Stern des Haufens) als Bezugssystem festlegen und die relativen Geschwindigkeiten durch Vektoraddition bestimmen, wie wir es für Opa Masaijs Hasen getan haben, werden die Astronauten beobachten, dass sich die Sterne um sie herum mit einer Geschwindigkeit fortbewegen, die ihrer Entfernung von den Astronauten proportional ist. (Wir möchten Sie dringend

bitten, das mit verschiedenen Geschwindigkeiten zeichnerisch auszuprobieren.) Mit anderen Worten, jeder Punkt, den wir auswählen, um von ihm aus den Haufen zu beobachten, wird uns als «Mittelpunkt des Universums» erscheinen. Wir vernachlässigen hier Effekte, die auf die Kreisbewegung des Raumschiffs um den «Zentralstern» zurückzuführen sind, da Bahngeschwindigkeiten und Entfernungen im Vergleich zu interstellaren Geschwindigkeiten und Abständen winzig sind.

6. **Wärmeausdehnung und kosmologische Katzen** Wie schon in früheren Aufgaben dargelegt, ist der Koeffizient der linearen Wärmeausdehnung α zwischen zwei Punkten durch die Gleichung $l = l_0 (1 + \alpha\Delta T)$ definiert. Nehmen Sie zwei *beliebige* Punkte i und j auf dem Dach und stellen Sie sich die Länge des Vektors $\mathbf{r}_{ij}$ vor, der die beiden Punkte verbindet. Erhöhen Sie nun die Temperatur um den geringen Betrag dT. Nach der Definition von α muss der Abstand $|\mathbf{r}_{ij}|$ zwischen den beiden Punkten um den Betrag $d\mathbf{r} = \alpha|\mathbf{r}_{ij}|dT$ anwachsen. Wenn die Temperatur mit dem Tempo dT/dt (in Grad pro Sekunde) anwächst, dann gilt für die relative Geschwindigkeit – oder das Tempo, mit dem die Entfernung $|\mathbf{r}_{ij}|$ zunimmt:

$$\mathrm{v} = \frac{d|\mathbf{r}_{ij}|}{dt} = \frac{d|\mathbf{r}_{ij}|}{dT}\left(\frac{dT}{dt}\right) = \alpha\mathbf{r}_{ij}\left(\frac{dT}{dt}\right)$$

Mithin wird die *Geschwindigkeit* zwischen zwei beliebigen Punkten auf dem Blech proportional sein zu ihrem Abstand voneinander. Wenn das Erwärmungstempo dT/dt konstant ist, dann ist auch der Proportionalitätsfaktor konstant, und die Konstellation auf dem Dach erinnert an ein Friedmann-DeSitter-Universum. Das Blechdach ist tatsächlich ein weiteres Beispiel für ein Friedmann-DeSitter-Universum. Die gleichförmige Expansion des Daches hat zur Folge, dass alle Objekte sich mit relativen Geschwindigkeiten voneinander entfernen, die der Entfernung zwischen ihnen proportional sind. Übrigens haben auch der Ausdehnungskoeffizient und das Erwärmungstempo kosmologische Bedeutung, doch das sollen Sie selbst herausfinden. Den Katzen ist das vermutlich egal.

7. **Maschas mathematische Schildkröten** Wenn Sie dem Tipp folgen, kommen Sie zu folgender Situation:

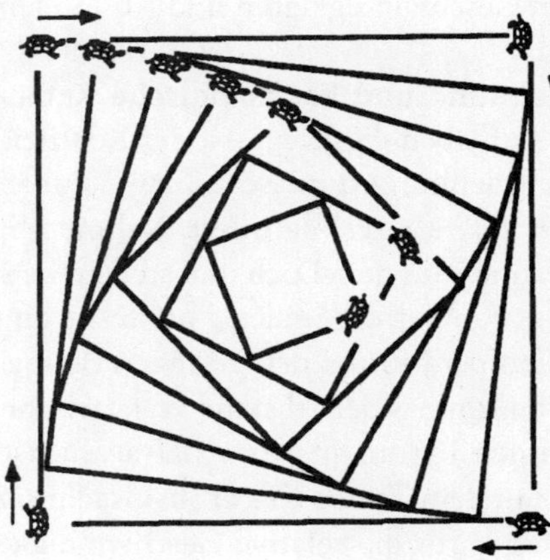

Das Quadrat dreht sich und schrumpft, während die Schildkröten sich spiralförmig auf den Mittelpunkt des ursprünglichen Quadrats zubewegen. Wie Sie der Abbildung direkt entnehmen können, verkürzen sich die Seiten mit der konstanten Geschwindigkeit **v** der Schildkröten. Die Seitenlänge ist also eine Funktion der Zeit, sodass wir $s = s_0 - \mathbf{v}t$ schreiben können, wobei s_0 die ursprüngliche Seitenlänge ist. Die Form des Quadrats verändert sich nicht, aber seine Seiten nehmen in der Zeit linear ab. Folglich treffen sich die Schildkröten im Mittelpunkt zum Zeitpunkt $t = s_0 / \mathbf{v}$. Wenn Sie eine formalere Lösung mit mehr quantitativen Einzelheiten haben möchten, dann betrachten Sie die zweite Abbildung:

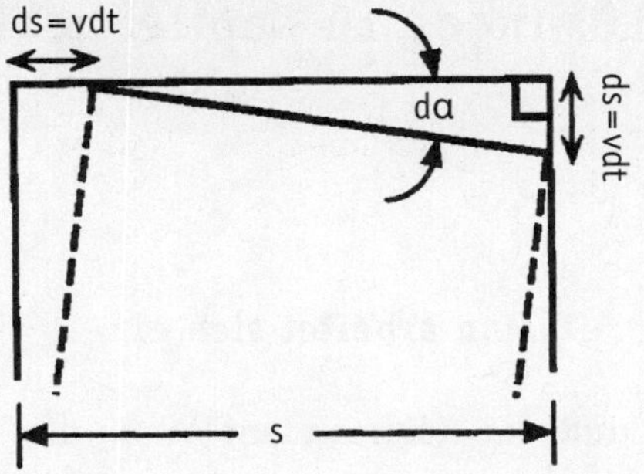

Wenn s die Seite des Quadrats ist, dann gilt: $ds \cong -\mathbf{v}dt_0$, da der Winkel $d\alpha$ der momentanen Bewegungsrichtung sehr klein ist (denken Sie daran, dass der Grenzwert von $\sin\alpha$ für kleine α einfach α ist). Sie können den Satz des Pythagoras anwenden, um diese Beziehung zu erhalten. In jedem Falle lässt sich das Ergebnis integrieren, sodass Sie s als Funktion der Zeit bekommen: $s = s_0 - \mathbf{v}t$. Jetzt lässt sich die Drehung des Quadrats durch den Winkel α beschreiben (vgl. Abbildung):

$$d\alpha = \frac{-\mathbf{v}dt}{s}$$

Da bekannt ist, wie s von der Zeit abhängt, ergibt sich nun:

$$\alpha = -\int_0^t \left(\frac{\mathbf{v}}{s_0 - \mathbf{v}t'} \right) dt' \text{ oder } \alpha = +\, ln \left(1 - \frac{\mathbf{v}}{s_0}\, t \right)$$

Der Winkel α «explodiert» förmlich, wenn t sich $s_0/\mathbf{v}$ annähert, und wird bei diesem Wert unendlich. Auch wenn die Schildkröten nur langsam vorankommen, verändert sich der Winkel *sehr* schnell, wenn die Seite s gegen null geht. Wir möchten es Ihnen überlassen, die Trajektorien der Schildkröten zu bestimmen. Sie werden feststellen, dass deren Beschreibung sich als die der *logarithmischen Spirale* erweist.

Lösungen zu Kapitel acht

Man arbeitet sich ein

1. **Alexander und der Kommandant** Wenn der Wasserwiderstand zu vernachlässigen ist und es nur auf die Trägheit ankommt, lässt sich das zweite Newton'sche Gesetz anwenden. Mit der Fischwaage wird das Schiff unter Anwendung einer konstanten Kraft durch das Wasser gezogen. Mit $F = ma$ beginnend, können wir das zweite Gesetz zweimal integrieren und erhalten $x = (F/2m)t^2$ für die zurückgelegte Entfernung. Diese Entfernung misst Alexander mit einem Bandmaß, die Zeit mit einer Stoppuhr und die wirkende Kraft mit seiner Fischwaage. Die Masse des Schiffes (in Kilogramm) ergibt sich dann durch $m = (F/2x)t^2$. Allerdings sollte Alexander das ganze Unternehmen bei ruhigem Wetter – ohne Wind und Wellen – und mit einer guten Stoppuhr durchführen. Ein Boot, das 200 000 Kilogramm wiegt (200 Tonnen), ließe sich mit Alexanders Fischwaage in rund 20 Sekunden einen Meter weit bewegen. (Denken Sie daran: Eine Kraft von einem Kilogramm entspricht ungefähr zehn Newton. Um eine Kraft von 100 Kilogramm zu entfalten, müssten einige Seeleute an der Fischwaage ziehen!)

   Doch Alexanders Maschinist weiß, dass die Masse des Schiffes in diesem Zusammenhang nicht die einzige Trägheitskraft ist. Wenn das Schiff vorwärts gezogen wird, dann wird Wasser verdrängt. Dieses Wasser muss – zusätzlich zur Masse des Schiffes – beschleunigt werden. (Versuchen Sie einmal, einen Gegenstand unter Wasser zu bewegen oder gar zu werfen. Selbst das Gehen unter Wasser ist beschwerlich. Der Widerstand, den Sie spüren, ist real und Hydrodynamikern wohl vertraut.) Diese «virtuelle Masse» kommt zur Masse des Bootes hinzu und kann sich (je nach der Form des Rumpfes) auf bis zu ein Drittel der Bootsmasse belaufen. Wir können also davon ausgehen, dass Alexander einen größeren Fang gutgeschrieben bekam, als tatsächlich an Bord war. Diese Art von Improvisationstalent angesichts fehlender Ausrüstung und sturer Bürokraten gehörte zum sowjetischen Alltag. Es ist uns aber zu Ohren gekommen, dass solche Talente auch in den Vereinigten Staaten zu finden sind. (Vgl. den Brief von Bob Gillespie und Tom McCollough auf Seite 34 der Zeitschrift *Ocean Navigator*, November / Dezember 1994, und die Anmerkung auf Seite 41 der Januar / Februar-Ausgabe 1995.)

2. **Wie Alexander seine Ladung löscht** Kretinow hat abermals Unrecht. Das wird deutlich, wenn man seine Antwort im Licht von Situationen prüft, in denen der Winkel α gegen null geht und die Taue also senkrecht herabhängen. In diesem Fall ziehen die Taue die Fischkiste senkrecht herauf, und die Geschwindigkeiten u und $\mathbf{v}$ sind fast identisch. Dagegen führt Kretinows Lösung zu der Gleichung $u = 2\mathbf{v}$, die offenkundig falsch ist. Kretinow hat dieses Problem mit der Berechnung der *Kräfte* verwechselt, die an der Kiste und den Seilen angreifen, denn diese Rechnung erfolgt tatsächlich durch Addition der Vektorkomponenten. Nach sorgfältiger Betrachtung der in der Aufgabenstellung wiedergegebenen Abbildung sollten Sie aber auch gegenüber diesem Ansatz sehr misstrauisch werden, denn es wird dort allzu freizügig mit dem «Vektor» $\mathbf{v}$ verfahren. Um die Frage zu beantworten, müssen wir Geschwindigkeitsbeträge oder zumindest Translationen berechnen. Die Berechnung der Kräfte durch Vektorzerlegung und -addition bringt uns der Antwort nicht näher. Da sich alle Seile und Rollen (wie angegeben) identisch verhalten müssen, lässt sich das Problem mit nur einer Seite des Seilsystems lösen, wie in der Abbildung auf Seite 176 dargestellt.

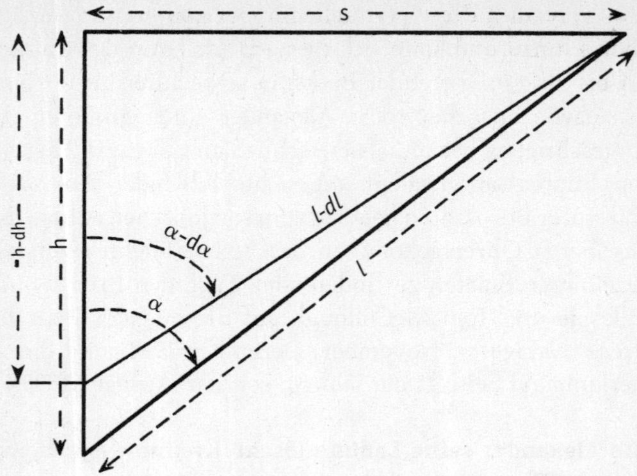

Die waagrechte Entfernung s zwischen der Rolle und der Fischkiste bleibt konstant, während sich die Seillänge l zwischen Rolle und Fischkiste mit der konstanten Geschwindigkeit **v** verkürzt. Das heißt, die senkrechte Entfernung h, die diagonale Entfernung l und der Winkel α müssen sich verändern. Wir haben also einen rechten Winkel mit zwei Seiten (h und s) und einer Basis l, für die nach Pythagoras gilt:

$$s^2 + h^2 = l^2$$

Wenn wir diese Gleichung nach l ableiten, erhalten wir:

$$2h\,\frac{dh}{dl} = 2l$$

$$\frac{dh}{dl} = \frac{l}{h} = \frac{1}{\cos\alpha}$$

Um die Geschwindigkeit *u* zu erhalten, mit der sich die Kiste nach oben bewegt, können wir schließlich formulieren:

$$u = \frac{dh}{dt} = \frac{dh}{dl}\frac{dl}{dt} = \left(\frac{1}{\cos\alpha}\right)\frac{dl}{dt} = \frac{\mathbf{v}}{\cos\alpha}$$

3. **Alexanders Fische auf Überschallkurs** Nein, Alexanders Fische werden keine Lichtgeschwindigkeit erreichen! Wir würden diese Frage vielleicht etwas optimistischer beurteilen, wenn die Seile aus *einem ganz besonderen Material* bestehen würden und es möglich wäre, dass α gegen 90 Grad geht. Aber: Wenn α gegen 90 Grad ginge, würden die auf das Seil wirkenden Kräfte gegen unendlich gehen. Mit Kretinows Ansatz lassen sich diese Kräfte berechnen, und zwar mit der Formel $Mg = 2T\cos\alpha$, wobei M die Masse der Fischkiste, g die Fallbeschleunigung und T die Spannung in den Seilen ist. Wenn wir diese Gleichung nach T auflösen, stellen wir natürlich fest, dass T gegen unendlich geht, wenn α sich 90 Grad nähert. Doch um α dazu zu bringen, gegen 90 Grad zu gehen, bräuchten wir schon *sehr starke* Seile und *sehr starke* Seeleute!

Noch schwieriger wird die Angelegenheit für Alexanders Mannschaft durch die spezielle Relativitätstheorie, die vorhersagt, dass die träge Masse M in dieser Formel ebenfalls gegen unendlich geht, wenn sich die Geschwindigkeit der des Lichts annähert. Auch der Versuch, rascher an den Seilen zu ziehen, wird nichts nützen, weil die Grenzgeschwindigkeit für die Ausbreitung jeglicher Kraft im Seil die Schallgeschwindigkeit im Seil ist. Nur wenn die Seeleute und die Seile stark genug wären, könnten Alexanders Fische durch die Kombination eines geringen Werts für $\cos\alpha$ mit raschem Ziehen an den Seilen Überschallgeschwindigkeit erreichen – eine kaum vorstellbare Möglichkeit und damit nur ein kleiner Triumph des Sozialismus.

4. Im Schlamm festgefahren (Das politisch korrekte Seil) Um rechten Gebrauch von dem Seil zu machen, müssen Sie zunächst das eine Ende am Baum und das andere an Ihrem Fahrzeug befestigen. Vergleichen Sie hierzu die Abbildung unten. Das Seil muss sehr straff zwischen den beiden Objekten gespannt werden. Es wird sogar *unendlich straff* und *unendlich stark* sein müssen, wenn *unendliche Kräfte* angreifen sollen. (Das Seil wurde in einer staatlichen Direktive entsprechend beschrieben. Wir wollen also davon ausgehen, dass es diese bemerkenswerten Eigenschaften besitzt.)

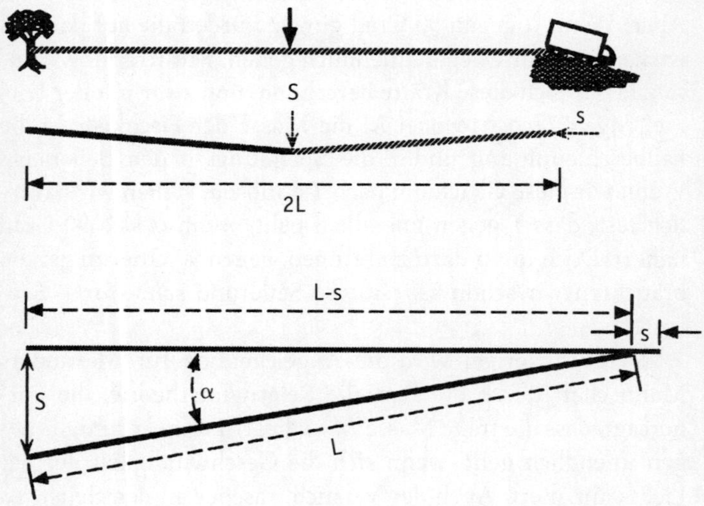

Wie die Abbildung zeigt, müssen Sie auf das gespannte Seil *drücken* – und zwar in der Mitte oder nahe der Mitte seiner Spannweite. Dann wird das Seil den Lastwagen auf Sie zuziehen. Das ist eine «einfache Maschine», und wir können mit dem Prinzip der virtuellen Arbeit die beteiligten Kräfte bestimmen. Die «Eingangsarbeit», die Sie leisten, wenn Sie auf das Seil drücken, ist fS, wobei f die Kraft ist, die Sie ausgeübt haben, und S die Verlagerung des Seilmittelpunktes. Die von der Maschine geleistete «Ausgangsarbeit» ist Fs, wobei F die am Lastwagen angreifende Kraft und s die Verlagerung des Lastwagens ist. Das Prinzip der virtuellen Arbeit verlangt, dass im statischen Gleichgewicht die virtuelle Arbeit insgesamt null ergibt, was in diesem Fall zu $fS = Fs$ führt. Der mechanische Vorteil der Maschine F/f lässt sich jetzt durch die Gleichung $F/f = S/s$ beschreiben, wobei der Quotient S/s zu ermitteln ist. Wenn das Seil tatsächlich unendlich straff ist und sich nicht dehnt, dann ersehen wir aus der unteren Abbildung, dass sich der Satz des Pythagoras wie folgt anwenden lässt:

$$L^2 = S^2 + (L - s)^2 = S^2 + L^2 - 2Ls + s^2$$

Wir können davon ausgehen, dass die Verlagerung s des Lastwagens ebenso wie der Winkel α zwischen den beiden Positionen des Seils im Allgemeinen sehr klein sein wird. Wäre das nicht der Fall, dann könnte auch der mechanische Vorteil $F/f = S/s$ nicht groß werden. Deshalb vernachlässigen wir s^2, den letzten Term auf der rechten Seite. Jetzt lässt sich die Gleichung leicht lösen, um den mechanischen Vorteil S/s zu erhalten:

$$\frac{S}{s} = \frac{2L}{S}$$

Wenn das Seil sehr lang ist (L ist sehr groß) und wir den Seilmittelpunkt um einen kleinen Betrag verschieben (S ist klein im Vergleich zu L), kann der mechanische Vorteil sehr groß sein. Und wenn S sich null nähert, geht der mechanische Vorteil tatsächlich gegen unendlich, wie vonseiten der Behörden verlautete. Mit einem politisch korrekten Seil lässt sich also eine unendliche Kraft erreichen. Natürlich wird die Ortsverlagerung s des Lastwagens noch geringer sein als S. Sie müssen den Lastwagen um diesen winzigen Betrag ziehen, die Räder wieder blockieren, damit er nicht zurückrutschen kann, das Seil wieder befestigen und abermals gegen den Seilmittelpunkt drücken – Sie werden also sehr lange an diesem Ort verweilen. Eine andere Möglichkeit wäre, zu warten, bis der Schlamm gefriert. Aber dann würde es wahrscheinlich auch schneien, und Sie würden sich vor einem ähnlichen Problem wieder finden. Vielleicht rufen Sie doch den ADAC?

Natürlich ist das alles nur denkbar, weil das Seil, das von der Partei geliefert wird, unendlich stark und unendlich straff ist. Wenn sich das Seil auch nur im Geringsten dehnt, verschwindet die Ortsverlagerung s des Lastwagens. Für den Triumph der Theorie sind eben außergewöhnliche Materialien erforderlich – zum Beispiel ein Seil, das sich nicht dehnt und selbst dann nicht reißt, wenn unendliche Kräfte angreifen.

Lösungen zu Kapitel neun

Gravitation und der harmonische Oszillator

1. **Gleichgewicht der Macht** Sie werden das Gleichgewicht stören. Wenn Sie den Finger ins Wasser stecken, greift eine nach oben gerichtete Kraft an Ihrem Finger an. Nach dem archimedischen Prinzip wirkt auf jeden eingetauchten oder schwimmenden Gegenstand eine solche Kraft, die gleich dem Gewicht des durch diesen Gegenstand verdrängten Wassers ist. Nach dem dritten Newton'schen Gesetz muss Ihr Finger eine gleich große, aber entgegengesetzte Kraft ausüben. Die Kraft in Richtung des Wassers wird zunächst auf das Glas und dann auf die Waage übertragen: Durch den Finger steigt der Wasserspiegel, was wiederum zu einem Anstieg des Wasserdrucks am Boden des Glases führt.

Das archimedische Prinzip ist ein bemerkenswertes Beispiel für ein physikalisches Gesetz, das ein hohes Maß an Genauigkeit aufweist und sich leicht aus den Grundkonzepten der Mechanik ableiten lässt. Der wunderbare Beweis, den Blaise Pascal im 17. Jahrhundert für dieses Gesetz gefunden hat, gehört zu den elegantesten Gedankenketten in der Geschichte der Naturwissenschaft. Dieser Beweis geht wie folgt:

Bekanntlich befindet sich ein Körper im Gleichgewicht (das heißt, er beschleunigt nicht), wenn die Summe der auf ihn einwirkenden Kräfte null ist. Betrachten wir einen vollständig eingetauchten Körper, wie in der Abbildung auf Seite 182 dargestellt.

Natürlich kann das umgebende Wasser nur auf die Oberfläche dieses Körpers einwirken. Die archimedische Kraft ist die

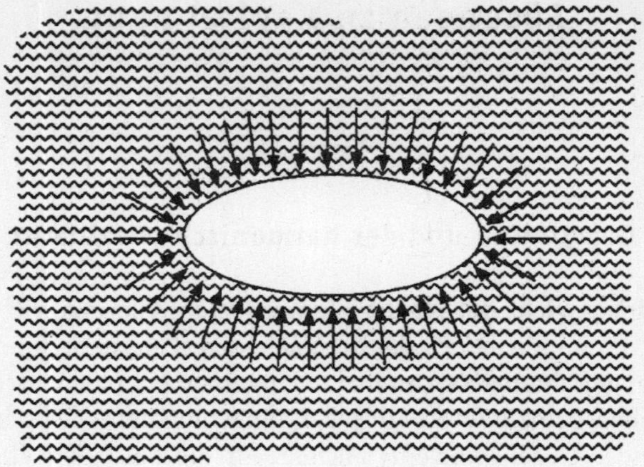

Summe aller Kräfte, die an allen *Oberflächenelementen* des Körpers angreifen, und diese Elementarkräfte können nicht wissen, was im Inneren des Körpers vorgeht. Würde man den ganzen Körper entfernen und ihn durch ein entsprechendes Wasservolumen ersetzen (oder etwas anderes von gleichem Volumen), dann würde sich die archimedische Kraft nicht verändern. Wir wissen außerdem, dass eine in Form und Größe äquivalente Wassermasse, durch die der Körper ersetzt würde, sich in einem vollkommenen mechanischen Gleichgewicht mit dem Wasser in ihrer Umgebung befände. Das Gewicht des Wasserkörpers wird also durch die Kräfte des umgebenden Wassers genau aufgehoben. Die archimedische Kraft, die Gesamtkraft, die an dem eingetauchten Körper angreift, muss dem Gewicht eines äquivalenten Wasservolumens («verdrängtes Volumen» genannt) gleich sein. Die Kraft hängt daher nur von dem verdrängten Volumen und nicht von der Form oder Beschaffenheit des Körpers ab. Der Beweis lässt sich mit den gleichen Argumenten auch auf schwimmende Gegenstände übertragen.

Die archimedische Kraft gehörte zum sowjetischen Alltag, der noch keine abgepackten Lebensmittel und Strichcodes kannte. Meist wurden die Waren erst beim Kauf abgewogen, was dem Verkäufer vielerlei Betrugsmöglichkeiten eröffnete. Ein selbstverständlicher Bestandteil russischer Verkaufskunst ist der Finger, der beim Wiegen unauffällig in den Sauerrahm gesteckt wird. Der dadurch erschlichene Vorteil – er mag vielleicht 15 Gramm betragen – gilt als Beweis für die Überlegenheit des Verkäufers. In Speisewirtschaften wird Sauerrahm grundsätzlich verlängert, nicht durch den Finger, Milch oder Joghurt, sondern durch Papierservietten. Wenn man sie abends unter den Sauerrahm rührt, sind sie am Morgen aufgelöst, mit dem Ergebnis, dass der Sauerrahm dicker und schwerer ist. Als Jurij Tschernjak dieses Verfahren entdeckte, erledigte sich für ihn auch eine andere Frage, die ihn seit Jahren beschäftigt hatte: Warum es in Schnellrestaurants nie Papierservietten gab.

2. **Wanja und der Wassereimer (Eine Standortfrage)** Wanja kann das Eis im Eimer lassen. Denken Sie an das archimedische Prinzip: Das Gesamtgewicht des im Eimer schwimmenden Eises muss gleich dem Gewicht des verdrängten Wassers sein. Der Schmelzvorgang wird die Masse (oder das Gewicht) des gefrorenen Wassers nicht verändern, daher wird das Volumen des geschmolzenen Eises dem Volumen des durch das Eis verdrängten Wassers genau entsprechen! Folglich kann der Schmelzvorgang an sich nicht dazu führen, dass der Eimer überläuft. Trotzdem hat Wanjas Mutter gar nicht so Unrecht, denn das Schmelzen ist nicht die einzige denkbare Ursache für eine Volumenveränderung. Wasser hat die bemerkenswerte Eigenschaft, dass seine größte Dichte bei 4 Grad Celsius liegt. Zwischen 0 und 4 Grad Celsius schrumpft das Wasser, wenn die Temperatur ansteigt. Bei Temperaturen über 4 Grad Celsius dagegen dehnt sich das Wasser wie fast alle anderen Stoffe

aus. Bei Erwärmung wird der Wasserspiegel also zunächst sinken und sich dann erst heben. Wenn die Eingangsdiele warm genug ist, wird die Wärmeausdehnung zum Überlaufen führen. In Russland bleibt die (*Seni* genannte) Diele jedoch meist unbeheizt und wird deshalb während des gesamten Winters nicht viel wärmer als 0 Grad Celsius. In diesen Dielen ist die Wärmeausdehnung das geringste aller Probleme!

3. **Den Kahn schleppen** Nein, das dürfen Sie nicht. Die Gravitationsarbeit und die Gravitationskraft können hier außer Acht gelassen werden. Bei jedem schwimmenden Objekt wird die Gravitationskraft stets durch den Auftrieb (die archimedische Kraft) aufgehoben. Daraus ergibt sich die verblüffende (und der Intuition zuwiderlaufende) Konsequenz, dass *stromauf* wie *stromab* die gleiche Kraft erforderlich ist, um den Kahn zu schleppen – vorausgesetzt, die Geschwindigkeit des Kahns im Wasser bleibt gleich (was in der Realität niemals der Fall sein kann).

4. **Beam me up, Scotty!** Nein, das wird nicht funktionieren! Stattdessen werden die Astronauten noch größere Probleme bekommen.

   Die Beschleunigungen des Raumschiffs wirken auf *jedes Masseelement* im Körper der Astronauten ein und resultieren unabhängig von dem sie umgebenden Medium in der Kraft $m\ (a + g)$. Dagegen wirken die Auftriebskräfte im Wasser nur auf die *Oberflächen* ihrer Körper ein und können die Beschleunigungseffekte nicht verhindern. Die Astronauten werden sich im Wasser sogar noch unwohler fühlen, da ihr Körper dort nicht angemessen gestützt wird. Nehmen wir an, der Astronaut läge 60 Zentimeter unter Wasser und die allgemeine Beschleunigung würde 20 Gramm betragen, dann wird der Druck so stark sein, als befände er sich bei 1 Gramm Beschleunigung dreieinhalb Meter unter Wasser.

5. Die Uhr stellen (Ein «gravierendes» Problem) Die Periode T des schwingenden Pendels liefert die Gleichung

$$T = 2\pi\sqrt{\frac{l}{g}}$$

wobei l die Länge des Pendels und g die Gravitationsbeschleunigung ist. Die Gravitationsbeschleunigung hängt aufgrund von Dichtefluktuationen der Erde und, wichtiger noch, aufgrund von Unterschieden in der Zentrifugalbeschleunigung von der Position auf der Erdoberfläche ab. Tatsächlich ist die Konstante g die *Summe* der gravitativen und der zentrifugalen Beschleunigung. Die zentrifugale Komponente macht etwa 1/1000 der Gravitationskomponente aus und muss von der wahren Gravitationsbeschleunigung abgezogen werden. Da Orte in der Nähe des Äquators weiter von der Rotationsachse der Erde entfernt sind, ist dort die Zentrifugalbeschleunigung größer. Folglich muss dort die scheinbare Gravitationsbeschleunigung g geringer sein als in Frankreich. Die Periodendauer T des Pendels wird also in Nordafrika zu lang sein, während sie für Frankreich richtig eingestellt ist. Der Unterschied von T macht sich durchaus bemerkbar: Wenn T eine Sekunde beträgt, geht die Uhr (je nach Breitengrad) pro Tag etwa eine Minute nach. Um die Abnahme von g auszugleichen, muss die effektive Länge l des Pendels gekürzt werden – genau das hat Huygens seinem Freund geraten. Huygens hat verschiedene Neuerungen entwickelt, um die Genauigkeit von Uhren zu verbessern (zum Beispiel die Hemmung und das Zykloidenpendel), aber die Schwankungen von g hat er noch nicht berücksichtigt. Der gleiche Effekt kann übrigens auch infolge lokaler Massekonzentrationen auftreten. So vermag ein kleines Eisenerzvorkommen (zum Beispiel Hämatit, Magnetit oder Limonit in einer Größenordnung von mindestens 10 Kubikkilometern) ähnliche Schwankungen der Gravitationsbeschleunigung hervorrufen.

6. Die Uhr im Fahrstuhl Die Periode T des Pendels ist der Quadratwurzel der Gravitationsbeschleunigung umgekehrt proportional: $T \propto g^{-1/2}$. Wenn der Fahrstuhl nach oben beschleunigt, nimmt die effektive Gravitationsbeschleunigung zu, und sie nimmt ab, wenn der Fahrstuhl nach unten beschleunigt. Die Periode des Pendels wird also bei jeder Aufwärtsbewegung des Fahrstuhls abnehmen und die Uhr deshalb schneller gehen. Umgekehrt wird die Uhr langsamer, wenn der Fahrstuhl abwärts fährt. Um das endgültige Verhalten der Uhr zu bestimmen, müssen wir die Zu- und Abnahmen der Gravitationsbeschleunigung untersuchen. Für die Aufwärtsbeschleunigung können wir $T_{ob} \propto (g + a)^{-1/2}$ schreiben, und für die Abwärtsbeschleunigung ergibt sich $T_{un} \propto (g - a)^{-1/2}$. Egal, ob der Fahrstuhl nach oben oder nach unten fährt: Er hat in jede Richtung eine Aufwärtsbeschleunigung (wenn er losfährt) *und* eine Abwärtsbeschleunigung (wenn er bremst). Die Dauer der Einzelbeschleunigungen beläuft sich also auf eine Gesamtzeit von $2t_0$. Die Zeit t', die die Fahrstuhluhr während der Aufwärtsbeschleunigung misst, entspricht $t' = t_0\,(T_0/T_{ob})$, wobei T_0 die Periode der Uhr ist, wenn sie sich in Ruhe oder gleichförmiger Bewegung befindet, und T_{ob} die Periode der Uhr während der Aufwärtsbeschleunigung. Entsprechend können wir für die Abwärtsbeschleunigung $t'' = t_0\,(T_0/T_{un})$ schreiben. Damit ergibt sich die Gesamtzeit, die die Uhr im Fahrstuhl gemessen hat:

$$t' + t'' = t_0[(1 + a/g)^{1/2} + (1 - a/g)^{1/2}]$$

wobei $2t_0$ die Zeit ist, die die Uhr im Büro misst. Es erweist sich, dass der Ausdruck in der eckigen Klammer immer kleiner als 2 ist, wenn die Beschleunigung kleiner ist als die Gravitationsbeschleunigung. (Am Ende dieser Lösung liefern wir den Beweis für diese Aussage.) Wenn der Klammerwert kleiner als 2 ist, dann gilt: $t' + t'' \leq 2t_0$, und die Stechuhr im Fahrstuhl wird weniger Zeit anzeigen als die Uhr im Büro. Folglich bekommt die Fahrstuhlführerin zu wenig Lohn.

Es folgt der versprochene Beweis, wobei wir in jedem Fall

$$x = \frac{a}{g}$$

setzen. Für reelles x mit $x^2 > 0$ gilt:

$$1 - x^2 < 1,\ 2(1-x^2)^{1/2} < 2 \text{ und } (1-x) + (1+x) + 2\,(1-x^2)^{1/2} < 4.$$

Nun ergibt sich für die linke Seite der letzten Ungleichung:

$$[(1+x)^{1/2} + (1-x)^{1/2}]^2$$

wovon Sie sich überzeugen können, indem Sie quadrieren. Ziehen Sie jetzt auf beiden Seiten die Quadratwurzel, und Sie werden sehen, dass der Betrag in den Klammern stets kleiner als 2 ist.

Die Beschleunigung im Fahrstuhl muss kleiner als g bleiben (sonst würden die Fahrgäste an die Decke geschleudert), weshalb auch x stets kleiner als 1 bleiben wird – unsere Gleichung stimmt. Sie können die Ungleichheiten der Zeitmessung aber auch mit der *Taylor'schen Reihe* beweisen.

7. **Die Kerze auf dem Karussell** Die Kerzenflamme neigt sich nach innen, zur Mitte des Karussells hin. Um die Aufgabe so sauber wie das vorige Problem zu lösen, müssen Sie sich mit den Trägheitskräften beschäftigen. Bei den elementaren Anwendungen der Newton'schen Dynamik haben Sie wahrscheinlich gelernt, die Kräfte, die an einem Körper innerhalb eines Inertialsystems angreifen, aufzusummieren. Wenn die Summe der Kräfte null ergibt, dann verändert sich der Impuls nicht. Solche Inertialsysteme sind sehr übersichtlich, aber nur bedingt verwendbar. Zum Beispiel lässt sich das vorige Pro-

blem der unterschiedlichen Pendelperioden nur schwer innerhalb eines Inertialsystems analysieren, da das Bezugssystem des Fahrstuhls beschleunigt. Bezugssysteme, die relativ zur Erde beschleunigen, sind in der Regel *trägheitslose* Bezugssysteme. Betrachten wir zwei Bezugssysteme, von denen sich das eine relativ zum anderen mit der Beschleunigung $\mathbf{a}_0(t)$ verlagert. Im Inertialsystem des Labors gemessen, entspricht jede Beschleunigung $\mathbf{a}$ der Summe der im beschleunigten System gemessenen Beschleunigung $\mathbf{a}'$ plus der Beschleunigung $\mathbf{a}_0(t)$ zwischen den beiden Systemen, also:

$$\mathbf{a} = \mathbf{a}' + \mathbf{a}_0(t)$$

Diese Gleichung folgt aus der Identität $r = r' + r_0$ für die beiden Bezugssysteme. Leiten Sie die Gleichung einfach zweimal nach der Zeit ab. Wenn wir nun im Laborsystem das zweite Newton'sche Gesetz $\Sigma F_i = ma$ heranziehen, so erhalten wir:

$$ma' = -ma_0 + \Sigma F_i$$

Wie wir wissen, ist a' die Beschleunigung im neuen, trägheitslosen Bezugssystem, und es ist klar, dass das Newton'sche Gesetz nicht mehr für a' gilt. Wir müssen deshalb zur Summe der Kräfte die neue «künstliche» Kraft $-ma_0$ hinzufügen. Diese Kraft, die «Trägheitskraft», gewinnt nur in beschleunigten Systemen Bedeutung und muss in solchen trägheitslosen Bezugssystemen stets zu den realen, greifbaren Kräften hinzugefügt werden.

Unsere Kerzenflamme dreht sich auf dem Karussell mit deren Winkelgeschwindigkeit ω und erfährt die Beschleunigung $a_c = \omega^2 R$, wobei R den Abstand vom Mittelpunkt des Karussells bezeichnet. Relativ zum Karussell ist die Kerze in Ruhe, aber die Drehung des Karussells und die daraus resultierende Beschleunigung a_c rufen eine zentrifugale Trägheitskraft hervor. Der absolute Wert dieser Kraft beträgt $ma_c = m\omega^2R$. Bei einer beliebigen Masse ist diese Beschleunigung nach außen gerichtet. Da die Flamme aber leichter als die kältere Luft um sie herum ist, treten an ihr außerdem noch Auftriebskräfte auf. Die Kräfte sind der effektiven Gravitationskraft (die sich aus Zentrifugalkraft und Gravitationskraft zusammensetzt) entgegengesetzt. Deshalb wird die Kerzenflamme sich nach innen, dem Drehpunkt zu, neigen.

Die wichtigste Eigenschaft von Trägheitskräften ist der Umstand, dass sie auf alle Elemente des Körpers einwirken und stets der schweren Masse des Körpers proportional sind. Aus diesem Grund hat Einstein die Äquivalenz von Trägheitskräften und Gravitationskräften behauptet. Diese Aussage, das «Äquivalenzprinzip», wurde zum Grundpfeiler der allgemeinen Relativitätstheorie (der Einstein'schen Gravitationstheorie).

8. **Warum verursacht der Mond Gezeiten?** Da Mond und Erde um einen gemeinsamen Schwerpunkt kreisen, treten an beiden Planeten sowohl Gravitations- wie auch Zentrifugalkräfte auf. Diese beiden Kräfte heben sich nur in den Mittelpunkten der zwei beteiligten Gestirne auf. An allen anderen Punkten unterscheiden sie sich und verursachen Gezeiten. Dabei ist auf der mondabgewandten Seite der Erde die größere Zentrifugalkraft und auf der mondzugewandten Seite die größere Gravitationskraft für die Gezeiten verantwortlich. Die Kräftedifferenz hängt sehr stark von den Größen der Gestirne und dem Abstand zwischen ihnen ab. Je größer die beteiligten Gestirne im Vergleich zu ihrem Abstand sind, desto stärker werden sich die Kräfte an den einander zugewandten und abgewandten Seiten unterscheiden. Im Falle von Sonne und Erde kommt es wegen der zu großen Entfernung zu wesentlich schwächeren Gezeiten als bei Mond und Erde.

Eine andere Betrachtungsweise basiert auf dem Gradienten

des Betrages der Gravitationskraft, der umgekehrt proportional zur dritten Potenz des Abstands ist. Bei kleinem Abstand ist er sehr steil, das heißt, kleine Änderungen des Abstands zwischen den Gestirnen führen zu großen Änderungen der Anziehungskraft. So bedeutet die Abstandsdifferenz zwischen mondzugewandter und mondabgewandter Erdseite (die mondzugewandte Seite ist dem Mond ungefähr 12 000 Kilometer näher als die mondabgewandte Seite!) einen unterschiedlich steilen Gradienten und deutlich unterschiedliche Gravitationskräfte an diesen Stellen. Für das Verhältnis von Sonne und Erde ist der Gradient dagegen wesentlich flacher, und auch die Gezeiten sind weniger ausgeprägt.

9. **Gravitative Anziehung am Frühstückstisch** Nach dem Newton'schen Gravitationsgesetz gilt für zwei beliebige *Punktmassen*, dass die Anziehungskraft zwischen ihnen dem Quadrat ihres Abstands proportional ist:

$$F(R) = G\frac{Mm}{R^2}$$

wobei G die Gravitationskonstante ist, R der Abstand zwischen den Massen M und m und $F(R)$ die Anziehungskraft. Folglich muss bei zwei punktartigen Objekten (oder zumindest Objekten von einfacher Geometrie) die Anziehungskraft anwachsen, wenn sie zusammengeführt werden. Betrachten wir nun eine etwas komplexere Situation: die Gravitationskräfte zwischen einer Punktmasse m (sagen wir, einer kleinen Kugel) und einem Ring. Vergleichen Sie hierfür die Abbildung auf Seite 191.

Wenn die Kugel sich im Mittelpunkt des Rings befindet, ist die Gravitationskraft zwischen Ring und Kugel aus Symmetriegründen null: Die Anziehungskraft auf die Masse m von jedem beliebigen Kreissegment aus wird durch eine gleiche und entgegengesetzte Kraft eines identischen Teilstücks auf

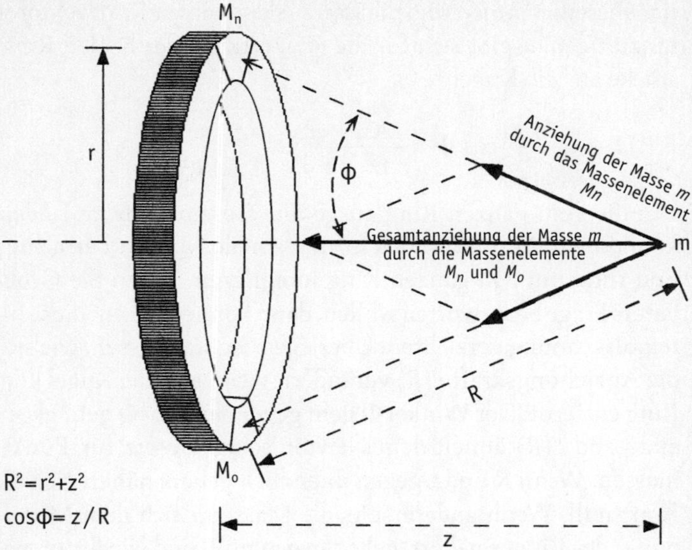

der anderen Seite des Rings aufgehoben. Wenn andererseits die Entfernung zwischen Ring und Kugel nahezu unendlich ist, dann wird auch die Kraft aus Gründen der Entfernung annähernd null sein.

Verfahren Sie nun, wie folgt: Konstruieren Sie im Geist (am besten, Sie betrachten dabei die Abbildung) eine Gerade senkrecht zum Ring, die durch den Mittelpunkt des Rings ins Unendliche verläuft. Bewegen Sie die kleine Masse *m* entlang dieser Geraden. Diese Situation lässt sich genau analysieren. Aus Symmetriegründen muss die vektorielle Ausrichtung der Anziehung, die der gesamte Ring auf die Kugelmasse *m* ausübt, auf den Mittelpunkt des Rings gerichtet sein. Überlegen Sie sich nun die Gravitationskräfte, die von zwei kleinen Teilstücken mit gleicher Masse ($M_n = M_0$) an entgegengesetzten Seiten des Rings ausgeübt werden. Wenn wir das Gravitationsgesetz nehmen und die Beträge der beiden Kraftvektoren hinzufügen, ergibt sich für die Gesamtkraft der beiden Ringstücke auf die Kugel:

$$F(R) = 2\,G\frac{M_n M}{R^2}\cos\Phi = \frac{2GM_n mz}{(r^2+z^2)^{\frac{3}{2}}}$$

Um die vom ganzen Ring ausgeübte Gesamtkraft zu finden, können wir M_n und M_0 als infinitesimale Massen betrachten und rund um den ganzen Ring integrieren. Wenn Sie Großvaters Frage beantworten wollen, dann können Sie auf diese Integralrechnung verzichten. Überlegen Sie stattdessen, wie sich die Anziehungskraft $F(R)$ verändert, wenn sich die Kugel vom Ring entfernt: Der Winkel Φ geht gegen null, $\cos\Phi$ geht gegen eins, und $F(R)$ ähnelt dem Newton'schen Gesetz für Punktmassen. Wenn R und z gegen unendlich gehen, nähert sich die Kraft null. Wenn andererseits die Masse m sich dem Mittelpunkt des Ringes nähert, geht z gegen null, und wiederum nähert sich die Kraft $F(R)$ null – in diesem Fall verschwindet sie bei $z = 0$. Damit haben wir eine Situation, in der die Anziehungskraft zwischen zwei Massen abnimmt, wenn man sie zusammenbringt! Bei diesen beiden Körpern verschwindet die Anziehungskraft bei unendlichem Abstand und beim Abstand null, während ihr Maximalwert irgendwo zwischen diesen beiden Extremen liegt. Aus der Infinitesimalrechnung wissen wir, dass jede stetige positive Funktion zwischen zwei Nullstellen ein Maximum haben muss. Der verstorbene Professor Lew Landau, einer der bedeutendsten Wissenschaftler des 20. Jahrhunderts, war für seine Neigung berüchtigt, alles quantifizieren zu wollen – sogar seine Liebe zum anderen Geschlecht: «Für jede Frau gibt es eine Entfernung, bei der ihre Attraktivität ein Maximum hat. Bei unendlicher Entfernung wird ihre Attraktivität ebenso null sein wie bei $E = 0$. Dazwischen wird es ein Maximum geben.» Das gleiche Theorem lässt sich zusätzlich auch für die Attraktivität von Männern aufstellen!

Wonach hat Boris' Großvater auf dem Frühstückstisch gesucht? Natürlich nach einem Bagel. Die Gravitationsanziehung eines Bagels ist jedem bekannt, der sie schon einmal gegessen hat. Das heißt nicht, dass diese absonderliche Anziehung nicht auch bei anderen Objekten, wie zum Beispiel Hanteln, auftreten kann. Aber Bagels schmecken in der Regel besser.

10. Wenn in Malachowka die Lichter ausgehen (Der harmonische Oszillator) Der Effekt ist durchaus real und nicht auf den Wodka zurückzuführen. Eine Lampe (oder ein beliebiger anderer Gegenstand), der im Gravitationsfeld der Erde an einer Feder aufgehängt wird, verfällt in eine einfache harmonische Bewegung. Offensichtlich ist die Reibung in diesem Fall ziemlich gering, da die Schwingung leicht hervorzurufen und fortzusetzen ist. Bei jedem harmonischen Oszillator verändern sich die kinetische und die potenzielle Energie während des Zyklus. In der Mitte erreicht die kinetische Energie (und daher die Geschwindigkeit) einen Maximalwert. An den Enden des Zyklus hat die potenzielle Energie ein Maximum, während die kinetische Energie null ist. Die Lampe wird also in der Mitte ihres Weges am schnellsten sein, während sie bei der Annäherung an die Endpunkte ihre Geschwindigkeit verlangsamt. An jedem Endpunkt verändert die Lampe ihre Richtung, sodass sie kurzfristig keine Geschwindigkeit hat, bevor sie wieder zum Mittelpunkt hin beschleunigt. Da die Geschwindigkeit an den Enden ihres Weges am geringsten ist, verbringt die Lampe einen größeren Zeitabschnitt in der Nähe der Endpunkte als an irgendwelchen anderen Punkten ihrer Bewegung.

Was meinen wir nun mit *Helligkeit*? Wir bezeichnen damit die Rate mit der eine bestimmte Oberfläche Energie abstrahlt. Unterteilen Sie den Weg einer oszillierenden Glühlampe in Abschnitte von gleicher Größe. Die Breite der

Lampe verwandelt diese Längsabschnitte in Flächen von gleicher Größe. Den größten Teil ihrer Zeit verbringt die Glühlampe in den Segmenten an den Endpunkten, weil ihre Geschwindigkeit dort am niedrigsten ist. Da die Glühbirne ihre Energie mit konstanter Intensität abgibt (zum Beispiel mit 100 Watt), wird der größte Teil der Energie von den Segmenten an den Endpunkten abgestrahlt, und die Glühbirne erscheint dort am hellsten.

Um die wechselnden Lichtintensitäten zu bemerken, müssen Sie der oszillierenden Lampe einigermaßen nahe sein. Bei der Berechnung des günstigsten Zeitpunkts für einen Treffer der Lampe können wir deshalb den Zeitraum vernachlässigen, der zwischen einem Ereignis und seiner Wahrnehmung durch das Auge liegt. Da die Geschwindigkeit der Lampe an den Endpunkten ihres Weges auf null zurückgeht, wäre das der ideale Zeitpunkt, um die Lampe zu treffen. Sie sollten also Ihr Gewehr auf einen der Endpunkte halten und feuern, wenn Sie sehen, dass die Lampe heller wird.

Im 19. Jahrhundert hat der deutsche Physiker Hermann Ludwig Ferdinand von Helmholtz, der wesentliche Beiträge zum Elektromagnetismus, zur Thermodynamik und zur Optik geleistet hat, auch die Ophthalmologie begründet. Bei seiner Beobachtung einer hin- und herpendelnden Lampe hat er festgestellt, dass die Lampe an den Enden der Pendelbewegung nicht nur heller erscheint, sondern dass auch ein Farbeffekt auftritt: Das Licht der Lampe wirkt nur an den Enden des Pendelschwunges weiß, während in der Mitte farbige Streifen zu beobachten sind. Ursache für die Farberscheinungen ist der Umstand, dass die Geschwindigkeit in der Mitte des Schwungs am größten ist und dass die farbempfindlichen Sensoren in unserem Auge je nach Farbe unterschiedliche Reaktionszeiten haben. Wenn die Lampe also schnell genug schwingt, werden die «langsamsten» Farben nicht mehr wahrgenommen.

11. Der Platinplanet Bei niedriger Kreisbahn entspricht der Abstand des Raumschiffes vom Mittelpunkt des Planeten bis auf wenige Prozent dem Planetenradius R. Die Zentrifugalbeschleunigung $\omega^2 R$ (mit ω für die Winkelgeschwindigkeit) wird durch die Gravitationskraft aufgehoben, die sich aus dem Newton'schen Gravitationsgesetz GM/R^2 ergibt (G ist die Gravitationskonstante und M die Planetenmasse). Wenn wir diese beiden Kräfte gleichsetzen, erhalten wir:

$$\omega^2 R = \frac{GM}{R^2} \text{ oder } \omega^2 = \frac{GM}{R^3}$$

Nun ist das Volumen des Planeten R^3 und der Term M/R^3 der Dichte des Planeten proportional. Mithin ist das Quadrat der Winkelgeschwindigkeit der Dichte des Planeten proportional – mit einer universellen Proportionalitätskonstante (für Planeten von annähernd gleicher Form!). Wenn die Winkelgeschwindigkeit eines Low-Orbit-Satelliten der Erde Ω und die Dichte der Erde ρ_e ist, dann ergibt sich:

$$\frac{\omega}{\Omega} = \sqrt{\frac{\rho}{\rho_e}}$$

Die Kreisbahnperiode T ist mit der Winkelgeschwindigkeit durch die Beziehung $\omega = 2\pi/T$ verknüpft, sodass die Gleichung wie folgt umgeschrieben werden kann:

$$\rho = \rho_e \,(T_e/T)^2$$

Ist nun die Umlaufzeit bei niedriger Umlaufbahn nur halb so lang wie für die Erde, dann muss die Dichte viermal so groß sein: 22 g/cm³. Wie Sie sehen, lässt sich die Dichte des Planeten mit nichts als einer Eieruhr messen! (Tatsächlich liegt der Dichtewert etwas über dem des Platins, aber die Mannschaft kennt ihren Koch: Er lässt alles zu lange im Backofen.)

12. Alle Tunnel führen nach Moskau Niemand gewinnt! Die Tunnel wären isochron und hätten *exakt* die gleiche Durchlaufzeit. Betrachten Sie die Situation im Punkt A der Abbildung auf Seite 197. Wie im Tipp erwähnt, übt eine Hohlkugel mit einem Radius größer als r keinerlei Gravitation auf unseren Behälter im Tunnel aus. Folglich geht die Gravitation auf die Kugelmasse mit dem Radius r zurück. Die Kraft wirkt so, als wäre die gesamte Masse im Mittelpunkt konzentriert. Wenn wir die Dichte der Erde mit ρ bezeichnen (und als überall gleich voraussetzen), finden wir für die Masse der Kugel mit dem Radius r folgende Beziehung: $M(r) = 4\pi\rho r^3 / 3$. Nach dem Newton'schen Gravitationsgesetz zieht diese Masse jede Einheitsmasse, die sich auf ihrer Oberfläche befindet, mit der Kraft $g(r) = GM(r) / r^2 = 4\pi G\rho r / 3$ an. Wir haben die Kraft, die auf eine Masseneinheit wirkt, mit $g(r)$ bezeichnet, weil es sich tatsächlich um die Gravitationsbeschleunigung auf der Oberfläche einer solchen Kugel handelt. (Insbesondere, wenn $r = R$ und folglich $g(R) = g$ ist.) Das erlaubt uns, $g(r)$ in einer einfachen Form zu schreiben:

$$g(r) = \frac{gr}{R}$$

Betrachten wir nun, wie sich ein Metallbehälter unter der Einwirkung einer solchen Kraft im Tunnel entlangbewegt. Wie in der Abbildung gezeigt, führen wir die y-Achse und den Winkel Φ ein. Die Beschleunigung entlang des Tunnels beträgt $g_y = -g(r)\sin\Phi$. Andererseits gilt $y = r\sin\Phi$. Zusammen mit der obigen Gleichung für $g(r)$ ergibt sich schließlich:

$$g_y = \frac{-gy}{R}$$

Das ist die Gleichung für einen *linearen Oszillator* mit der Rückstellkraft g / R. Diese Kraft ist der Abweichung vom Gleichgewichtspunkt $y = 0$ (der Mitte des Tunnels) propor-

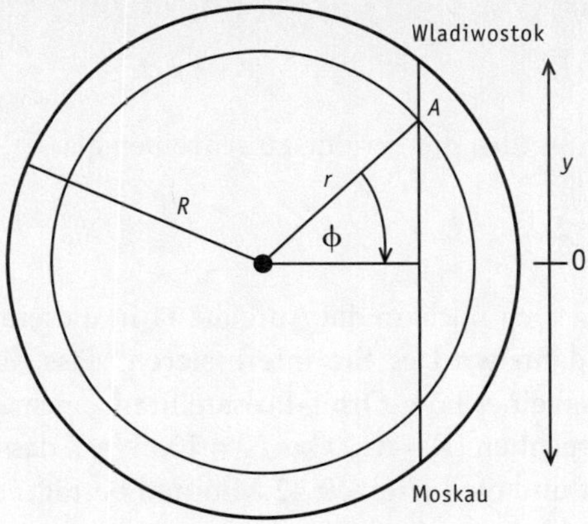

tional. Wenn der Behälter nicht herausgenommen wird, schwingt er also zwischen dem Ausgangs- und Bestimmungspunkt hin und her! Am Ausgangspunkt besitzt die Oberfläche des Behälters nur potenzielle Energie. Wenn er im Tunnel beschleunigt, wird die potenzielle Energie in kinetische Energie umgewandelt, die ihren Maximalwert in der Mitte des Tunnels erreicht. Gelangt der Körper ans andere Ende des Tunnels, so muss die potenzielle Energie den gleichen Wert erreichen wie am Anfangspunkt, während die kinetische Energie wieder auf null zurückgeht. Folglich beträgt die Geschwindigkeit an beiden Tunnelenden null. Wird der Behälter nicht sofort herausgeholt, bewegt er sich wieder zum Absender zurück und beendet damit seine erste Periode. Für einen Weg braucht der Behälter eine halbe Periode des Oszillators. Die Periode T eines solchen Oszillators ist unabhängig von der Amplitude, woraus folgt, dass die Lieferzeit für alle sowjetischen Städte gleich wäre. Die zyklische Frequenz $\omega = 2\pi / T$ lässt sich leicht durch die Rückstellkraft g / R ausdrücken:

$$\omega = 2\pi\sqrt{\frac{g}{R}}$$

Das erlaubt uns, die Periode zu schreiben als:

$$T = 2\pi\sqrt{\frac{R}{g}}$$

Wenn Sie sich noch an die Aufgabe 11 in diesem Kapitel erinnern, dann wird es Sie interessieren, dass diese Periode derjenigen eines Low-Orbit-Erdsatelliten gleicht. Sie können leicht errechnen ($R = 6400$ km, $g = 10$ m / s^2), dass $T = 84$ Minuten ist und die Lieferzeit 42 Minuten beträgt.

Lösungen zu Kapitel zehn

Mechanik und Relativitätstheorie

1. Die Schwerter kreuzen Wählen Sie einen äußeren Beobachter als Bezugssystem. In diesem Bezugssystem bewegen sich die beiden Stangen symmetrisch, wie die Abbildung unten zeigt.

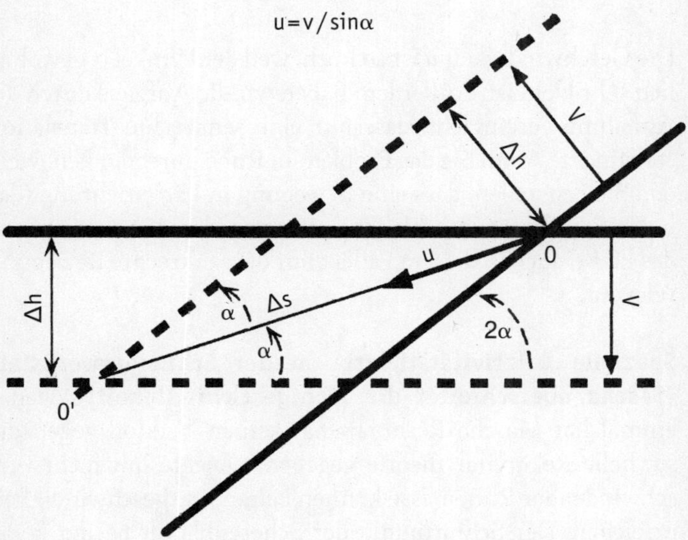

In der Abbildung ist **u** die Geschwindigkeit des Schnittpunkts, O der ursprüngliche Schnittpunkt und O' der Schnittpunkt nach dem Zeitraum Δt. Da sich jede Stange rechtwinklig zu sich selbst mit gleichem Tempo bewegt, erzeugt die Symmetrie der Bewegung einen Rhombus, wobei die Diagonale OO' die Winkelhalbierende ist. Infolge der Symmetrie ist OO' auch der Weg des Schnittpunkts. Die Höhe des Rhombus ist $\Delta h = \mathrm{v}\Delta t$, während der Winkel 2α in den Scheitelpunkten O und O' beträgt. So ergibt sich für die Höhe des Rhombus:

$$\Delta h = \Delta s \sin\alpha,$$

wobei die Beziehung von $\Delta s = |OO'|$ zur Geschwindigkeit $\mathbf{u}$ durch die Gleichung $\Delta s = \mathbf{u}\Delta t$ gegeben ist. Wenn wir diese Gleichungen verbinden, so erhalten wir:

$$\mathbf{u} = \mathrm{v} / \sin\alpha$$

Die Geschwindigkeit u ist so hoch, weil der Winkel α gewöhnlich sehr klein ist. Außerdem haben wir die Aufgabe durch die Annahme vereinfacht, dass nur eine senkrechte Translation stattfindet. Wenn Sie das Problem in Ruhe durchdenken, werden Sie feststellen, dass eine Bewegung in Längsrichtung (das heißt Stechen statt Schlagen) nichts an der Antwort ändert, das heißt, auch in diesem Fall ist nur die senkrechte Bewegung relevant.

2. **Spezielle Relativitätstheorie in der Schneiderwerkstatt (Sascha überschreitet die Lichtgeschwindigkeit)** Wieder einmal hat Mascha Recht. Es hat keinen Verstoß gegen die spezielle Relativitätstheorie gegeben. Objekte mit nicht verschwindender Ruhemasse können keine Lichtgeschwindigkeit erreichen. Der Schnittpunkt der Scherenblätter besitzt keine Ruhemasse und kann sich daher mit beliebiger Geschwindigkeit bewegen.

   Der zweite Aspekt der Aufgabe zielt auf die Frage, ob Sascha materielle Objekte (das heißt Objekte mit nicht verschwindender Ruhemasse) mit Überlichtgeschwindigkeit *durchschnei-*

den kann? Um diese Frage zu beantworten, müssen Sie die erste Gleichung für s betrachten, und Sie werden feststellen, dass s nur dann eine sinnvolle physikalische Größe ergibt, wenn es kleiner als die Länge der Scherenblätter ist. Daher wird Sascha nur dann wesentliche Fortschritte in der Bekleidungsindustrie machen, wenn er eine *sehr lange* Schere hat! Andererseits ist es klar, dass sich hohe Schneidegeschwindigkeiten erreichen lassen.

3. **Bowlingbahnen** Die untere Kugel erreicht ihren Bestimmungsort zuerst. Nehmen wir zunächst an, dass die Kugeln rutschen und nicht rollen. Aufgrund der Energieerhaltung gilt für jede Kugel:

$$\frac{1}{2}mv^2 + mgh = \frac{1}{2}mv_0^2$$

wobei m die Masse einer Kugel, v die Geschwindigkeit, h die Höhe (gemessen, sagen wir, vom flachen Teil am Anfang der Bahn) und v_0 die Anfangsgeschwindigkeit ist. Da die untere Kugel auf ihrem Weg offensichtlich gleich viele oder weniger potenzielle Energie als die obere Kugel aufweist, kommt ihr an allen Punkten eine gleich große oder größere kinetische Energie zu. Wenn die Kugel rollt und nicht rutscht, müssen wir zusätzlich die *kinetische Rotationsenergie* zur kinetischen Energie dazurechnen. Zwischen der Drehgeschwindigkeit ω und der Translationsgeschwindigkeit besteht die Beziehung $v = \omega r$, wobei r der Kugelradius ist. Auch für die rollende Kugel bedeutet eine größere kinetische Gesamtenergie an allen Punkten eine größere Geschwindigkeit, was wiederum heißt, dass die untere Kugel schneller zum Ziel kommt. Selbst wenn Reibung vorhanden ist und die Kugeln teils rollen und teils rutschen, behält die untere Kugel die Nase vorn.

4. Boris und die Lokomotive Die Analyse ist richtig, aber bedarf noch der Ergänzung. Die Kraft der Kuppelstange würde die Lokomotive tatsächlich in eine Rückwärtsbewegung versetzen, wenn sie die einzige Kraft wäre, die an dem Rad angreift. Am Punkt *A* tritt jedoch noch ein weiteres Moment (in entgegengesetzter Richtung) auf. Es ergibt sich aus der Kraft, die durch die Achse auf das Rad ausgeübt wird und es vorwärts stößt. Diese Kraft erzeugt im Punkt *A* ein größeres Moment im Uhrzeigersinn, sodass die Lokomotive sich vorwärts bewegt. Woher kommt diese Kraft? Der Dampfdruck auf den Kolben und die Vorderwand des Zylinders ist gleich, und auch die Kräfte sind von gleicher Größe, aber entgegengesetzt gerichtet. Da der Zylinder fest mit der Lokomotive verbunden ist, wird diese Kraft auf die Achse(n) und die Mittelpunkte der Räder übertragen. Die Achsen-Kraft hat einen größeren Hebelarm zum Punkt *A* als die Kraft der Kuppelstange, weshalb das Gesamtmoment *im* Uhrzeigersinn wirkt. Boris hat mit seinem Konzept Recht, aber im Falle der Lokomotive muss er es durch eine Überlegung zu den Kräfteverhältnissen ergänzen.

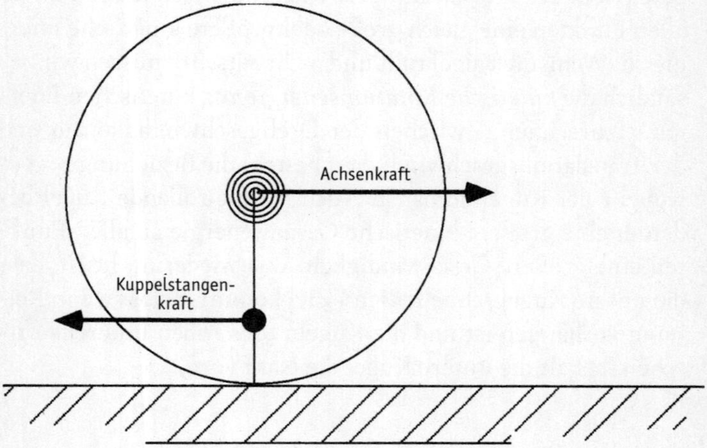

5. Das Kugelspiel Legen Sie beide Kugeln auf eine Rampe oder schräge Ebene. Wenn Sie loslassen, wird die Kupferkugel langsamer hinunterrollen, und zwar so viel langsamer, dass Sie den Unterschied leicht beobachten können. Überrascht? Wenn Sie die beiden Kugeln auf Galilei'sche Art von einem Turm fallen ließen, wären sie absolut *gleich schnell*, aber auf einer schrägen Ebene haben sie *unterschiedliche Geschwindigkeiten*!

Das Verhalten der beiden Kugeln lässt sich über ihre unterschiedlichen *Trägheitsmomente* erklären. Vielleicht erinnern Sie sich: Wenn das zweite Newton'sche Gesetz ($F = ma$) auf die Rotation angewendet wird, dann misst das Massenträgheitsmoment den Trägheitswiderstand gegen die Rotation auf ganz ähnliche Weise wie die Masse den Widerstand bei der Translation. So ergibt sich das Gesamtdrehmoment M aus dem Produkt des Massenträgheitsmoments J und der Winkelbeschleunigung α: $M = J\alpha$. Die gesamte kinetische Energie eines in *Translation* und *Rotation* befindlichen Körpers ist

$$\tfrac{1}{2} mv^2 + \tfrac{1}{2} J\omega^2$$

wobei ω die Drehgeschwindigkeit ist. Für das Trägheitsmoment ist nicht nur die Masse, sondern vor allem die *Massenverteilung* wichtig, und diese ist in den beiden Kugeln höchst unterschiedlich.

Kupfer ist mehr als dreimal so dicht wie Aluminium. Wenn die Kugeln die gleiche Masse haben sollen, dann muss die Kupferhülle, die das hohle Innere umgibt, viel dünner sein als die Aluminiumhülle. Die Abbildung auf Seite 204 zeigt, wie unsere beiden Kugeln, die eine aus Kupfer, die andere aus Aluminium, aussehen müssten.

Da das Kupfer im Durchschnitt weiter von der Drehachse entfernt ist, ist das *Trägheitsmoment J* der Kupferkugel größer. Betrachten wir jetzt, wie sich das im Verhalten der Kugel äußert, wenn sie die schiefe Ebene hinunterrollt. An jedem Punkt

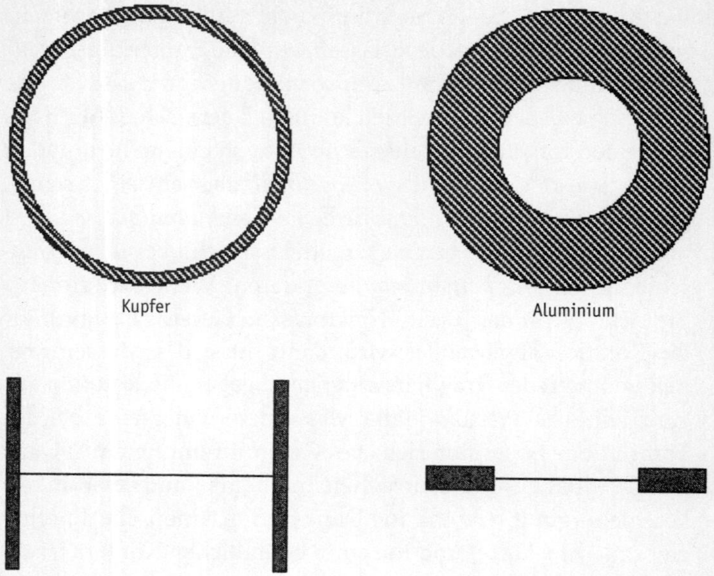

der Ebene wird eine gewisse Menge an potenzieller (gravitativer) Energie in kinetische Energie umgewandelt, und beide Kugeln müssen aufgrund ihrer Massengleichheit die gleiche kinetische Energie besitzen, wenn sie an diesem Punkt vorbeirollen. Die kinetische Energie setzt sich jedoch bei rollenden Kugeln aus dem Term für die Translation *und* dem Term für die Rotation zusammen. Da das Trägheitsmoment J für die Kupferkugel größer ist, wird ihre Rotationsgeschwindigkeit kleiner sein (und folglich auch die Translationsgeschwindigkeit, denn die Kugel *rollt* die schräge Ebene hinab). Infolgedessen wird die Aluminiumkugel unten zuerst ankommen.

Die Massenverteilung entscheidet also über das Trägheitsmoment. Der Beitrag jedes Massenelements entspricht dem Produkt aus der Masse und dem Quadrat der Entfernung vom

Rotationszentrum. Einen intuitiven Eindruck davon sollen Ihnen die «Hantel-Skizzen» der beiden Kugeln vermitteln, die den unteren Teil der Abbildung einnehmen. Die Masse der Kupferhantel ist größtenteils an den Enden der Stange konzentriert, während die Aluminiummasse über einen größeren Teil der Stange verteilt ist. Welche lässt sich leichter herumwirbeln? Wenn Sie keine Lust haben (oder nicht über die Geschicklichkeit verfügen), einen Stab wie ein gelernter Tambourmajor herumzuwirbeln, dann stellen Sie sich vor, dass Sie schaufeln und dafür eine Schaufel mit langem und eine andere mit kurzem Stiel zur Verfügung haben. Welche wird Ihnen mehr Anstrengung abverlangen und warum? Wenn Sie auch keine Lust zum Schaufeln haben, dann versuchen Sie es mit zwei Vorschlaghämmern, einem kurzstieligen und einem langstieligen. Bei welchem ist ein größeres Drehmoment erforderlich, um ihn zu schwingen?

6. Ein Billardspiel (Bekanntschaft mit der Ergodentheorie)
Zerlegen Sie die Bewegung des Balls in zwei *unabhängige* Probleme: eine Bewegung in x-Richtung (entlang der langen Seite) und eine Bewegung in y-Richtung (entlang der kurzen Seite). Das ist möglich, weil sich die Geschwindigkeitskomponente, die parallel zur Bande verläuft, durch den Zusammenstoß nicht verändert. Betrachten Sie die Bewegung in y-Richtung. Wie festgelegt, bleibt die y-Komponente der Geschwindigkeit durch den Zusammenstoß mit der Bande, die parallel zu y-Achse verläuft, unverändert und wird durch die Kollision mit der Bande, die parallel zur x-Achse verläuft, ohne Beeinträchtigung ihres Betrags umgekehrt. Da auf der y-Achse die Gesamtentfernung für die Rückkehr in einem Zyklus $2a$ beträgt, ergibt sich also für die Rückkehrzeit zum unteren Ende des Tisches:

$$T_a = \frac{2a}{v_y}$$

wobei v_y die y-Komponente der konstant bleibenden Geschwindigkeit ist. Hier können wir erkennen, dass die Bewegung in y-Richtung periodisch sein wird.

Was die x-Komponente angeht, so müssen wir uns daran erinnern, dass der Ball von der Mitte der Bande aus in Bewegung gesetzt wurde. Die x-Komponente der Geschwindigkeit v_x bleibt von der Kollision mit der oberen und unteren Bande (parallel zur x-Achse) unverändert und wird durch Kollisionen mit der linken und der rechten Bande umgekehrt. Die Zeit, die die Kugel braucht, um zur ursprünglichen x-Koordinate zurückzukehren, ergibt sich damit aus:

$$T_b = \frac{2a}{v_x}$$

Wenn der Ball in seine Ausgangsposition zurückkehrt, müssen die Bewegung entlang der x-Achse und die Bewegung entlang der y-Achse zum gleichen Zeitpunkt wieder mit der Startposition zusammentreffen. Das wird nach einigen Kollisionen mit den Banden der Fall sein, wenn

$$mT_a = nT_b$$

wobei m und n ganzzahlig sind. Diese drei Gleichungen lassen sich nun zusammenfassen:

$$\frac{v_y}{v_x} = \tan\Phi = \frac{m}{n}$$

wobei Φ der Winkel ist, den wir auf der Abbildung in der Fragestellung erkennen. Jeder Ausgangswinkel, der dieser Gleichung gerecht wird, garantiert, dass die Kugel schließlich wieder dort hingelangt, wo sie in Bewegung gesetzt wurde. Das Ergebnis ist erstaunlich: *Jede rationale Zahl* wird dafür sorgen, dass die Kugel an ihren Ausgangspunkt zurückkehrt – das ergibt eine unendliche Zahl von Lösungen!

Wenn m und n größer werden, wächst auch die Zahl der Kollisionen an. Stellen Sie sich eine Kugel vor, die Spuren auf dem Tisch hinterlässt. Bei großem m und n würden die Spuren die Oberfläche des Tisches buchstäblich bedecken. Und was geschieht, wenn der Richtungsfaktor m/n eine irrationale Zahl ist? Jede irrationale Zahl kann durch Dezimalbrüche angenähert werden, wobei die Brüche umso länger werden, je genauer die Annäherungen sind. Der Weg mit einem irrationalen anfänglichen Richtungsfaktor ist der Grenzfall von dicht gepackten Bahnen, das heißt von großem m/n. Eine derartig angenäherte Bahn wird sehr nahe an einer exakten Bahn verlaufen und den Anfangspunkt nur knapp verfehlen. Mit anderen Worten: Die Rückkehr (oder «Fast-Rückkehr») zum Anfangspunkt ist die Regel und nicht die Ausnahme!

Sehr dicht gepackte Bahnen, die jedem Punkt auf dem Tisch beliebig nahe kommen – das heißt «Überall-Bahnen» –, spielen eine wichtige Rolle in Mathematik und statistischer Mechanik. Man bezeichnet sie als *Ergodenbahnen*. Die Billardtisch-Aufgabe ist ein einfaches Beispiel für den berühmten Lehrsatz von Jules-Henri Poincaré, dass jedes dynamische System irgendwann unvermeidlich in einen Zustand zurückkehren wird, der seinem Anfangszustand sehr nahe kommt. Poincarés Lehrsatz läuft dem intuitiven Verständnis ebenso zuwider wie unsere Lösung des Billardproblems.

7. Winterfreuden Eine detaillierte Analyse kann sehr komplex werden, aber wir können dieses Problem lösen, indem wir einen «globalen» Ansatz wählen.

Wovon hängt die Dauer T von Wanjas Abfahrt ab? Von der Gravitationsbeschleunigung g, dem Reibungskoeffizienten k und der Geometrie des Hügels. Da die Hügel ähnliche Geometrien haben, liegt der einzige Unterschied in der Höhe H, weshalb sie unser geometrischer Parameter sein wird. Die Abfahrtszeit muss eine Funktion all dieser Variablen sein, also:

$$T = f(g, k, H),$$

wobei die Funktion f noch gefunden werden muss.

Betrachten wir jetzt den Effekt, den eine Umwandlung der Längeneinheiten (von T zu T') und der Zeiteinheiten (von H zu H') hat. Der Längenumwandlungsfaktor soll a und der Zeitumwandlungsfaktor b sein, sodass $H' = aH$ und $T' = bT$ ist. Da die Beschleunigungseinheit für g in Meter / Sekunde^2 angegeben ist, hat die Gravitationsbeschleunigung g' in den neuen Einheiten den Wert $g' = (a / b^2)\, g$. Der Reibungskoeffizient k ist dimensionslos und braucht daher keinen Umwandlungsfaktor; er hängt nicht von den verwendeten Einheiten ab. In den neuen Einheiten wird aus der ursprünglichen Gleichung:

$$bT = f\left(\frac{a}{b^2}\, g, k, aH\right)$$

Offenkundig ist die linke Seite der Gleichung unabhängig vom Längenumwandlungsfaktor a. Daher müssten die Variablen im Argument der Funktion f dergestalt vorhanden sein, dass die Abhängigkeit von a verschwindet. Mit anderen Worten, f hängt vom Quotienten H / g, aber nicht von den einzelnen Variablen a und b ab. In den «alten» Variablen ergibt das:

$$T = f\left(\frac{H}{g}, k\right)$$

und in den neuen Variablen, mit umgewandelten Einheiten:

$$T = \frac{1}{b} f\left(\frac{b^2 H}{g}, k\right)$$

Da die linke Seite dieser Gleichung nicht von b abhängt, kann es auch die rechte nicht. Folglich muss der Faktor $(1 / b)$ durch die Funktion f kompensiert werden. Wäre das nicht der Fall, dann wäre die Zeit, die wir brauchen, um den Hügel hinabzufahren, von der Wahl der Einheiten abhängig. Das ist wohl kaum möglich, und wir erhalten daher für die Funktion f eine Abhängigkeit von der Quadratwurzel der Variablen H/g:

$$T = \sqrt{\frac{H}{g} K(k)}$$

wobei $K(k)$ eine Funktion des Reibungskoeffizienten k ist. Da der Schnee auf beiden Hügeln gleich ist, bleibt K in diesem Fall konstant.

Wanjas Hoffnungen werden sich also nicht ganz erfüllen: Wenn der Hügel viermal höher ist, dauert die Fahrt hinunter zweimal (und nicht viermal) so lange!

Die Methode, mit der wir Wanjas Frage beantwortet haben, bezeichnet man als *Dimensionsanalyse*. Wie Sie sehen können, ist es eine wirksame Methode, um Antworten auf komplizierte Fragen zu bekommen. Wenn Sie auch das Gewicht von Fahrer und Schlitten berücksichtigen möchten, so können Sie das gleichfalls mit dieser Methode – indem Sie die Masse als Variable einbeziehen. Wie Sie feststellen werden, ist die Dauer der Abfahrt nicht von der Masse abhängig.

8. Pfeil und Bogen Denken Sie daran, dass die elastische Energie, die in dem gespannten Bogen gespeichert ist, auf den Pfeil übertragen und in die kinetische Energie des Pfeils umgewandelt wird. Im Bogen ist nur eine begrenzte Energie gespeichert, die von der kinetischen Energie des Pfeils nicht überschritten werden kann. Folglich ist die Anfangsgeschwindigkeit des Pfeils ebenfalls begrenzt.

Betrachten Sie nun die beiden verwandten Fälle der oberen und der unteren Grenze für die Pfeillänge. Ein unendlich langer Pfeil hätte eine unendliche Masse und damit eine Anfangsgeschwindigkeit von null, egal, wie viel Energie vom Bogen auf ihn übertragen würde. Andererseits kann der Pfeil auch zu kurz sein.

Der untere Grenzwert der Pfeillänge entspricht dem Abstand zwischen der Bogensaite und dem Mittelpunkt des ungespannten Bogens. Ist ein Pfeil kürzer als dieser Abstand, so lässt er sich nicht zielgerichtet abschießen. Hat ein Pfeil *genau* diese Länge, dann lässt er sich zwar auf ein Ziel ausrichten, aber nur wenn der Bogen nicht gespannt wird. Bei ungespanntem Bogen ist die Energie, die vom Bogen auf den Pfeil übertragen wird, zusätzlich null, und der Pfeil hat keine Anfangsgeschwindigkeit.

Die Entfernung, die ein Pfeil aufgrund seiner Länge zurücklegen kann, wird also positiv sein, mit Nullstellen an den beiden Extremen. Zwischen dem zu kurzen und dem zu langen Pfeil muss es (nach dem im Tipp erwähnten Theorem) mindestens ein Maximum geben, das heißt einen Pfeil von optimaler Länge. Wir können uns ein Bild davon machen, wie es zu diesem Maximum kommt. Bestünde der Bogen aus einem idealen Material, könnten wir ihn so weit biegen, dass er praktisch einmal zusammengeklappt würde. Auf diese Weise hätte der Bogen die maximale elastische Energie gespeichert, die er nun an den Pfeil weitergeben könnte. Damit entspräche die optimale Pfeillänge der halben Länge des Bogens (in gestrecktem Zustand) plus der halben Saitenlänge.

Bei unserer Lösung sind wir von einem einfach gekrümm-

ten Bogen ausgegangen. Die Kunst des Bogenschießens ist aber im Laufe der Jahrhunderte weiterentwickelt und verfeinert worden. An den Enden gegenläufig gekrümmte und aus verschiedenen Materialien zusammengesetzte Bögen erhöhen die mögliche elastische Energie und verringern die optimale Pfeillänge. Bei solchen Waffen wird die Wahl der Materialien zu einem komplizierten Geschäft. Doch das Grundprinzip unserer Lösung lässt sich auf alle diese Waffen anwenden.

9. **High Tech in Russland** Ja, es ist ganz gewiss möglich. Ein Kreis ist nicht die einzige Figur, die in alle Richtungen gleich dick ist. Tatsächlich gibt es eine unendliche Zahl von Formen mit dieser Eigenschaft. Betrachten Sie die Figur.

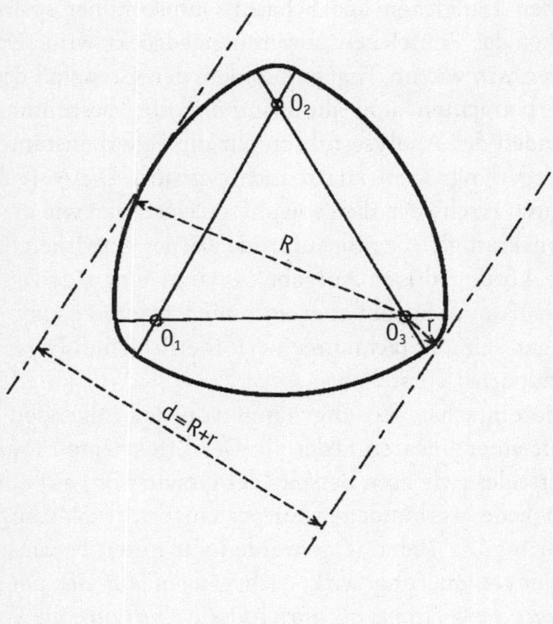

Bei der dargestellten Form werden drei Bögen eines Kreises mit dem Radius R und drei Bögen eines Kreises mit dem Radius r miteinander verbunden. Die Mittelpunkte der – großen und kleinen – Kreise sind O_1, O_2 und O_3 und bilden ein gleichseitiges Dreieck. Der Durchmesser ist bei dieser Figur in *alle* Richtungen $R + r$. Wenn Sie eine Platte auf geraden Zylindern mit diesem Querschnitt rollen, wird der Abstand der Platte vom Boden stets $R + r$ betragen. Das widerspricht zwar unserem intuitiven Verständnis, ist aber trotzdem richtig. Andererseits hat Iwanow Glück, dass sein Chef keine konstante Transportgeschwindigkeit verlangt hat, denn die Bewegung dieser «Rollen» könnte höchst ungleichmäßig ausfallen!

10. Der Springteufel (Eine Renormierungsübung) Natürlich werden Teufelchen und Schachtel umso höher springen, je stärker das Teufelchen zusammengedrückt wird. Zunächst wollen wir, wie im Tipp empfohlen, den Grenzfall der Höhe null betrachten und die *Minimalkraft* bestimmen. Aus Gründen der Analyse führen wir die Federkonstante k und die Federlänge x ein, zu der auch x_0 gehört. Die Aufgabe wird dadurch erschwert, dass sowohl die elastische wie die Gravitationskraft gleichzeitig auf beide Körper einwirken. Die formale Lösung dieser Aufgabe verlangt einen gewissen Rechenaufwand. Es gibt aber noch eine zweite Lösung, für die fast gar keine Berechnungen erforderlich sind. Diese wollen wir zunächst vorstellen.

Die einfachste Lösung hängt von der folgenden Eigenschaft einer linearen Feder ab: Der Effekt eines konstanten Kraftfeldes (wie zum Beispiel der Gravitation) auf einen mit einer Feder verbundenen Körper entspricht der Längenveränderung der Feder. (Das werden wir unten beweisen.) Die Längenveränderung wirkt sich *sowohl auf die potenzielle Energie des Systems als auch auf die Kraft aus,* die zwischen

Springteufelchen und Schachtel herrscht. Wenn wir das Problem gemäß dieser Methode behandeln, können wir die Gravitationskräfte außer Acht lassen, da sie in der Federspannung bereits enthalten sind. Die Federkraft wird auf diese Weise symmetrisch bezüglich ihrer Verformung, das heißt, zur *Dehnung* und zur *Kompression* der Feder ist der gleiche Kraftbetrag $k|\Delta x|$ erforderlich. Infolge dieser Symmetrie wird die in der Feder gespeicherte Energie jetzt lediglich von der Größe der Verformung und nicht vom Vorzeichen abhängen. Sie drücken das Teufelchen hinunter und speichern elastische Energie in der Feder; Sie lassen es los, es schießt nach oben, bis die Geschwindigkeit auf null zurückgeht, und abermals ist alle Energie elastisch: Die Energie bleibt erhalten, sodass in diesem Augenblick die elastische Energie dem Ausgangswert entspricht und die Dehnung der Feder beitragsgleich ist mit der Kompression zu Anfang. Wir können also festhalten, dass *die an der Feder angreifende Kraft ihrem Betrag nach identisch mit derjenigen zu Anfang ist.*

Wie viel Kraft ist mindestens erforderlich, um das Springteufelchen und die Schachtel in die Luft zu befördern? Die Kraft, die wir benötigen, wenn wir das gesamte System nach oben ziehen wollen, ist gleich dem Gewicht des Gesamtsystems, das heißt:

$$F = (m + M)\, g \qquad (1)$$

wobei g wie gewöhnlich die Gravitationsbeschleunigung bezeichnet. Da die Dehnung der Feder mit ihrer Kompression identisch ist, ist der gleiche Kraftbetrag erforderlich, um das Teufelchen niederzudrücken.

Um unsere Eingangsbehauptung zu beweisen, der zufolge der Effekt der Gravitationskraft mg in jeder Hinsicht einer Veränderung der Federlänge entspricht, wollen wir uns überlegen, was geschieht, wenn eine äußere Kraft F am Teufelchen angreift, sodass die Gleichgewichtslänge x der Feder durch die Gleichung

$$mg + k\,(x - x_0) = F \tag{2}$$

gegeben ist. Nun setzen wir $x_1 = x_0 - \frac{mg}{k}$ ein:

$$F = k(x - x_1) \tag{3}$$

womit wir eine Gleichung erhalten, die genauso aussieht, als läge kein Gravitationsfeld vor. Die potenzielle Energie des Springteufels

$$\frac{k(x - x_0)^2}{2} + mgx$$

wird zu

$$\frac{k(x - x_1)^2}{2} + \text{einer Konstanten.}$$

Da die potenzielle Energie stets als eine Konstante definiert wird, macht uns der letzte Term keine Schwierigkeiten bei unserer Analyse. Diese «Renormierung» der Länge garantiert uns korrekte Werte für die Kraft und eine korrekte Form für die potenzielle Energie, ohne dass wir die Gravitationskraft explizit berücksichtigen müssen. Tatsächlich verschwindet die Gravitation aus der Gleichung! Eine entscheidende Rolle spielt die Renormierung bei der Supraleitung und in der Quantenfeldtheorie.

Um einen intuitiven physikalischen Zugang zu diesem Verfahren zu gewinnen, betrachten Sie die Abbildung. Wir können es mit einer alternativen Lösung versuchen. Stellen Sie sich vor, das gesamte Springteufel-Arrangement wäre von Wänden umgeben. Es handelt sich um eine *Black Box*,

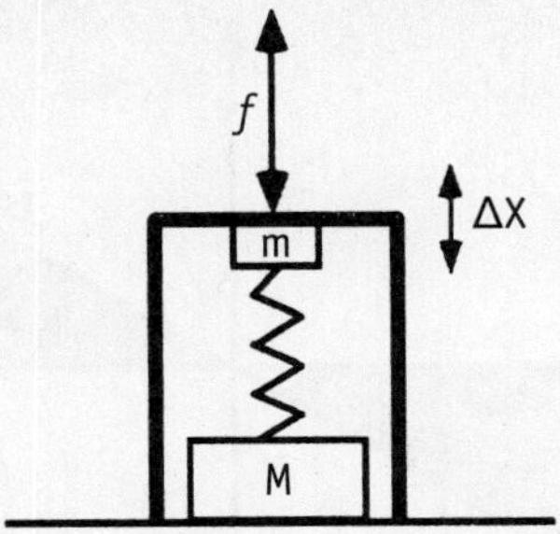

ein Lieblingsobjekt der Thermodynamik. Wir werden nun die Eigenschaften der Kiste untersuchen und dabei vorgeben, nichts über die Einzelheiten dessen zu wissen, was im Inneren der Kiste vor sich geht. Die Kiste hat die Masse $M + m$ und lässt sich mit der aufwärts gerichteten Kraft $f = (M + m) g$ vollständig vom Tisch heben. Wenn wir sie in senkrechter Richtung zusammendrücken oder dehnen möchten, so benötigen wir dazu die Kraft $f = k\Delta x$, wobei Δx die Höhenveränderung der «Kiste» und f bei Kompression negativ ist (f ist in diesem Fall eine abwärts gerichtete Kraft). Zum Beispiel wächst die Höhe bis zu dem Moment, in dem die Kiste abhebt, um den Betrag $\Delta x = (M + m)\ g/k$ an, während die erforderliche Hebekraft $f = (M + m)g$ ist. Von den Eigenschaften der «Kiste» kennen wir bisher nur ihre Masse und ihren Widerstand. Wir wollen wissen, wie weit die Kiste zusammengepresst werden muss, um so viel Energie zu speichern, dass sie sich vom Tisch hebt. Die Antwort ist in der Abbildung auf Seite 216 dargestellt.

Tatsächlich ist der Graph die «Zustandsgleichung» der Kiste, und die Fläche unter der Geraden $f = k\Delta x$ ist die Arbeit, die an (oder durch) die Kiste verrichtet wird. Wenn wir genügend Energie entfalten wollen, um die Schachtel bis zur Länge $\Delta x = (M + m)\ g/k$ zu dehnen, dann muss die Fläche

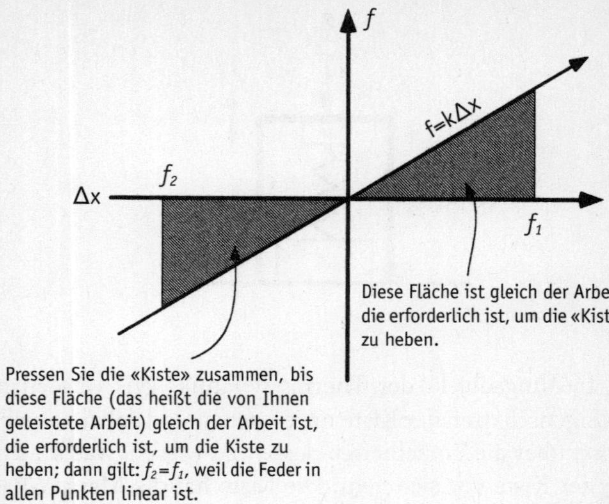

über der linken Seite gleich der Fläche unter der rechten sein. Die Arbeit wird also der Energie entsprechen, die wir brauchen, um zur Länge $\Delta x = -(M + m)\, g / k$ zu gelangen. Für die Kraft gilt demzufolge: $f = -(M + m)\, g$. Nehmen Sie bitte zur Kenntnis, dass wir alle Geschehnisse in der Kiste außer Acht lassen können! Das ist der Fall, weil unsere Feder vollkommen linear ist. Überlegen Sie, wie die Abbildung aussähe, wenn es anders wäre. Stellen Sie sich zum Beispiel eine Feder vor, deren Kraft vom Quadrat der Ausdehnung und nicht von ihrer ersten Potenz abhängt.

Und nun folgt für alle, die mit diesem kleinen Trick nichts anzufangen wissen, eine recht lehrreiche formale Lösung. Dabei werden wir uns dreier wichtiger Naturgesetze bedienen. Zunächst des ersten Newton'schen Gesetzes, das das mechanische Gleichgewicht beschreibt: Wenn ein Körper sich in Ruhe befindet oder eine konstante Geschwindigkeit hat, muss die Vektorsumme der an dem Körper angreifenden

Kräfte null ergeben. Ferner haben wir das Hooke'sche Gesetz: Die Kraft, die wir benötigen, um die Länge der Feder zu verändern, ist der Veränderung der Länge proportional. Für den kurzen Moment, in dem die Kiste beinahe vom Tisch gehoben wird, können wir die Federkraft mit der auf die Kiste einwirkenden Gravitation gleichsetzen – dank dem ersten Newton'schen und dem Hooke'schen Gesetz:

$$k(X - x_0) = Mg \qquad (4)$$

Diese einfache Gleichung lässt sich niederschreiben, weil für diesen Moment *alles* bewegungslos ist, das heißt, es gibt keine Geschwindigkeit. Die maximale Länge der Feder, die in diesem Augenblick vorliegt, bezeichnen wir mit X. Das Teufelchen befindet sich am höchsten Punkt seiner Bahn, die Feder ist vollkommen ausgezogen und im Begriff, sich wieder zusammenzuziehen, und die Geschwindigkeit der Schachtel beträgt null. Da die Schachtel sich beinahe vom Tisch angehoben hat, gibt es keine Gegenkraft des Tisches. Wenn das nicht der Fall ist, haben wir das Teufelchen zu sehr zusammengepresst (dann wird es seine Aufwärtsbewegung weiter fortsetzen, und die Schachtel wird deutlich vom Tisch abgehoben werden). Auch am Anfang des Experiments ist alles bewegungslos. Die Feder ist durch die angreifende Kraft f und das Gewicht des Teufelchens zur Länge x zusammengepresst:

$$mg + f = k(x_0 - x) \qquad (5)$$

Jetzt haben wir zu viele unbekannte Variablen (k, x_0, x, X und das zu berechnende f), sodass wir weitere Gleichungen benötigen, wenn wir zu einer einfachen Lösung kommen wollen. Zu diesen Gleichungen gelangen wir, indem wir ein drittes Naturgesetz heranziehen: die Erhaltung der Energie. Da am

Anfang und Ende unseres Experiments alle Geschwindigkeiten null sind, ergeben sich die Gleichungen für die Energie auf einfache Weise. Zu Beginn, wenn die Feder zusammengepresst wird, ist die Gesamtenergie:

$$E = mgx + (k/2)\,(x_0 - x)^2 \qquad (6)$$

Und am Ende, wenn die Feder vollständig gedehnt ist und die Schachtel sich gerade vom Tisch gelöst hat:

$$E = mgX + (k/2)\,(X - x_0)^2 \qquad (7)$$

Wir brauchen uns nicht um das Gravitationspotenzial der Schachtel zu kümmern, da sie auf dem Tisch bleibt oder sich nur um eine zu vernachlässigende Distanz von ihm entfernt. Die potenzielle Energie der Schachtel ändert sich also nicht. Da die Energie in diesem System erhalten bleibt, können wir die Energien der Gleichungen (6) und (7) gleichsetzen. Nach einigen Minuten Algebra gelangen wir zu

$$2mg = k(2x_0 - X - x) \qquad (8)$$

und damit zu einem Ausdruck, den wir mit ein bisschen Arbeit wiederum mit den Gleichungen (4) und (5) vereinigen können:

$$f = (M + m)g$$

Wir erhalten eine bemerkenswert einfache Antwort, die nicht von der Federkonstanten k abhängt!

Lösungen zu Kapitel elf

Geometrie und Zahlen

1. **Die Hühnchen von Minsk und die Datenautobahn (oder: Warum haben die Hühnchen die Autobahn überquert?). Eine Geschichte aus dem neuen Russland** Der Hühnerfarmer zahlt 6,28 Euro. Sie haben richtig gelesen: 6,28 Euro! Der Umfang der Erde (oder jedes anderen Kreises) berechnet sich nach der Formel $2\pi R$, wobei R der Radius ist. Egal, wie groß der Radius ist, wenn Sie ihn um einen Meter verlängern, wird die Zunahme des Umfangs 2π mal 1 Meter sein. So verhält es sich nun einmal mit linearen Beziehungen! Ganz gleich, ob wir mit einem winzigen Radius (sagen wir, null), mit einem galaktischen Radius, den wir in Parsec messen, oder einem *beliebigen anderen* Radius anfangen – wenn wir ihn um einen Meter erweitern, dann erhalten wir für den Umfang eine Zunahme von 2π mal 1 Meter. (Die zusätzlichen Trägereinrichtungen kosten übrigens 270 000 000 Euro. Bürokraten brauchen offenkundig Nachhilfe in Geometrie.)

2. **Familienspaß unter Mathematikern** Die Aufgabe ist nur dann sinnvoll, wenn alle Altersangaben ganzzahlig sind. Davon *müssen* Sie ausgehen! Nehmen Sie sich jetzt die erste Bedingung vor (das Produkt aus dem Alter der Söhne ist 36). Daraus ergeben sich acht Möglichkeiten (siehe Seite 220 oben).

   Eine dieser acht Varianten ist die richtige Lösung. Wir müssen nur noch eine Auswahl treffen. Die Berechnungen der Summe (die vierte Spalte) zeigen die einzigen möglichen

Alter 1	Alter 2	Alter 3	Summe
1	1	36	38
1	2	18	21
1	3	12	16
1	4	9	14
1	6	6	13
2	2	9	13
2	3	6	11
3	3	4	10

Fensterzahlen des Hauses. Wäre die richtige Summe 38, 21, 16, 14, 11 oder 10 richtig, hätte Igor die Aufgabe sofort lösen können. Daran hinderte ihn lediglich der Umstand, dass sich die Zahl der Fenster in diesem Haus (und die Alterssumme) auf 13 belief! Die richtige Lösung konnte Igor erst finden, nachdem ihn Pawel über die Haarfarbe seines «älteren Sohns» informiert hatte. Wenn das Alter der Kinder 1, 6 und 6 Jahre wäre, hätte Pawel ältere *Söhne* und keinen älteren *Sohn*. Damit ist die Situation eindeutig: Pawels Söhne sind 2, 2 und 9 Jahre alt.

Bedeutsam ist diese Aufgabe, weil sie zeigt, welche Schritte bei der Lösung von Problemen zu beachten sind:

(A) Seien Sie aufmerksam! Jede Äußerung, jedes Detail kann von Bedeutung sein. Wir könnten zum Beispiel fragen: «Warum sind Igor und Pawel Mathematiker?» Die Berufe der beiden sind ein wichtiger Anhaltspunkt, um ihre Aussagen zu interpretieren. Wenn der Mathematiker Igor sagt, es sei keine Lösung möglich, dann gibt es die Antwort entweder nicht, *oder* sie ist nicht eindeutig! In unserem Fall ist die zweite Interpretation der Schlüssel zur Lösung.

(B) Sie können über bestimmte Annahmen zu einer Lösung gelangen. Bei dieser Aufgabe besteht die entscheidende Annahme darin, dass die Altersangaben *ganzzahlig* sind (oder abgerundet werden, wie das häufig geschieht). Der

Umstand, dass Mathematiker beteiligt sind, ist auch in diesem Zusammenhang ein wichtiger Hinweis.

(C) Lassen Sie sich nicht entmutigen, wenn Sie zunächst keine Ahnung haben, wie Sie die Aufgabe lösen sollen. Das ist bei nichttrivialen Aufgaben normal.

(D) Den Teil der Aufgabe, den Sie verstanden haben, sollten Sie sofort lösen, auch wenn es nur ein kleiner Schritt ist, zum Beispiel eine Formalisierung oder eine Umformulierung einzelner Bedingungen der Aufgabe. Selbst wenn Sie noch nicht das Ganze in den Griff bekommen, *beginnen Sie mit der Lösung des Problems*!

(E) Wenn Sie mit der Lösung ein Stück weitergekommen sind, sollten Sie nach dem Sinn der vorhandenen Aussagen suchen, zum Beispiel des Sohns mit rotem Haar. Die alltäglichen Wörter und Wendungen müssen zergliedert und ihre verborgenen Lesarten entschlüsselt werden. Bei realen Problemen wie bei Lehraufgaben ist das die Regel und nicht die Ausnahme.

(F) Wir haben die Aufgabe von den beiden Enden aus gelöst statt «von Anfang an». Das ist eine sehr nützliche Technik für die Problemlösung. Dabei haben wir eine Erfahrung gemacht, die vielen Wissenschaftlern vertraut ist; das heißt, wir haben etwas Neues und Unerwartetes gelernt: Es gibt 13 Fenster in dem Gebäude.

3. Ein paar Zahlen! Die Primfaktoren in 24 sind 3 und 2, das heißt, es ist $24 = 3 \times 2^3$. Folglich müssen wir beweisen, dass $(n^2 - 1)$ durch 3 und 8 teilbar ist. Wenn wir berücksichtigen, dass $(n^2 - 1) = (n - 1)(n + 1)$ ist, können wir uns dem wichtigsten Schritt der Lösung zuwenden. Die Zahlen $(n - 1)$, n und $(n + 1)$ sind aufeinander folgende natürliche Zahlen[1], wie

1 Eine natürliche Zahl ist eine positive ganze Zahl (null nicht eingeschlossen).

zum Beispiel 5, 6 und 7. Für drei aufeinander folgende natürliche Zahlen gilt in jedem Falle, dass eine von ihnen durch 3 teilbar sein muss. Da es sich bei n um eine Primzahl handelt, kann nur eine der anderen beiden Zahlen ($n - 1$ oder $n + 1$) durch 3 teilbar sein.

Nun gilt es zu beweisen, dass ($n^2 - 1$) auch durch 8 teilbar ist. Vergegenwärtigen Sie sich zunächst, dass ($n + 1$) und ($n - 1$) gerade Zahlen sind, denn bei n haben wir es mit einer Primzahl zu tun, die größer als drei und ungerade ist. Jetzt lässt sich beweisen, dass eine der beiden Zahlen durch 4 teilbar ist. Die beiden Zahlen ($n + 1$) und ($n - 1$) sind aufeinander folgend, gerade und natürlich, und von zwei aufeinander folgenden, geraden und natürlichen Zahlen muss eine durch 4 teilbar sein. Daher wird das Produkt $(n + 1)(n - 1)$ durch 8 teilbar sein. Da $(n + 1)(n - 1)$ auch durch 3 teilbar ist, lässt es sich durch 24 teilen.

4. **Die Wurzel all unserer Probleme** Zwei. Eine Variation der letzten Zahl, das heißt der Zahl in der innersten Quadratwurzel, kann sich nur geringfügig auf den Wert von x_n auswirken. Je größer die Zahl n der Wurzeln, desto geringer der Wert der Variation. Betrachten Sie nun die folgende intuitive Lösung: Wenn die innerste Zahl durch eine 4 ersetzt wird, dann wird der ganze Ausdruck klar, und die Antwort lautet: $x_n = 2$. (Bei großem n kann diese Ersetzung keine große Änderung des Ergebnisses bewirken.)

Wenn Sie damit unzufrieden sind und einen formalen Beweis verlangen, können wir Ihnen den in zwei Schritten liefern. Erstens müssen wir beweisen, dass es einen Grenzwert für x_n gibt, wenn n gegen unendlich geht. Die Existenz dieses Grenzwerts können wir beweisen, indem wir uns an den Lehrsatz halten, nach dem eine monotone Folge immer einen Grenzwert hat, wenn sie beschränkt ist. (Die intuitive Lösung zeigt, dass $x_n < 2$.) Wir sehen sofort, dass x_n monoton und wachsend ist, das heißt, dass x_n mit n zunimmt. Um das zu erkennen, brauchen Sie nur $\sqrt{2}$ zur innersten Wurzel hinzuzufügen. Jetzt, wo die Existenz eines Grenzwerts bewiesen ist, können wir uns dem zweiten Schritt zuwenden – der Bestimmung des Grenzwerts. Die Gleichung für x_n formen wir um in

$$x_n = \sqrt{2 + x_{n-1}}$$

und stellen fest, dass x_n und x_{n-1}, wenn n gegen unendlich geht, beide gegen den gleichen Grenzwert streben – sagen wir, x. Die Gleichung reduziert sich zu

$$x = \sqrt{2 + x}$$

die nur eine positive Wurzel hat, nämlich $x = 2$. (Quadrieren Sie beide Seiten und lösen Sie die resultierende quadratische Gleichung. Sie erhalten dann $x = -1$ und $x = 2$.)

5. **Skalentransformation und der Satz des Pythagoras** Betrachten Sie die Abbildung auf Seite 224. Das rechtwinklige Dreieck *ABC* ist durch die Höhe *CD* in die beiden rechtwinkligen Dreiecke *ABD* und *CBD* geteilt worden, und alle drei Dreiecke sind *ähnlich*. Alle drei sind rechtwinklige Dreiecke und haben außerdem in einem Eckpunkt den gleichen Winkel Φ. Jetzt brauchen wir uns nur noch den Umstand zunutze zu machen, dass Flächen ähnlicher Dreiecke den Quadraten ähnlicher Seiten proportional sind. Jede Seite des ursprünglichen Dreiecks *ABC* ist die Hypotenuse eines ähnlichen Dreiecks. Daher lassen sich die Flächen der Dreiecke *ABC, ACD* und *BCD* durch Kc^2, Kb^2 und Ka^2 wiedergeben (mit K als einer Konstanten). Da die Fläche von *ABC* gleich der Summe der Flächen *CBD* und *ACD* ist, das heißt Fläche (*ABC*) = Fläche (*CBD*) + Fläche (*ACD*), ergibt sich:

$$Kc^2 = Ka^2 + Kb^2$$

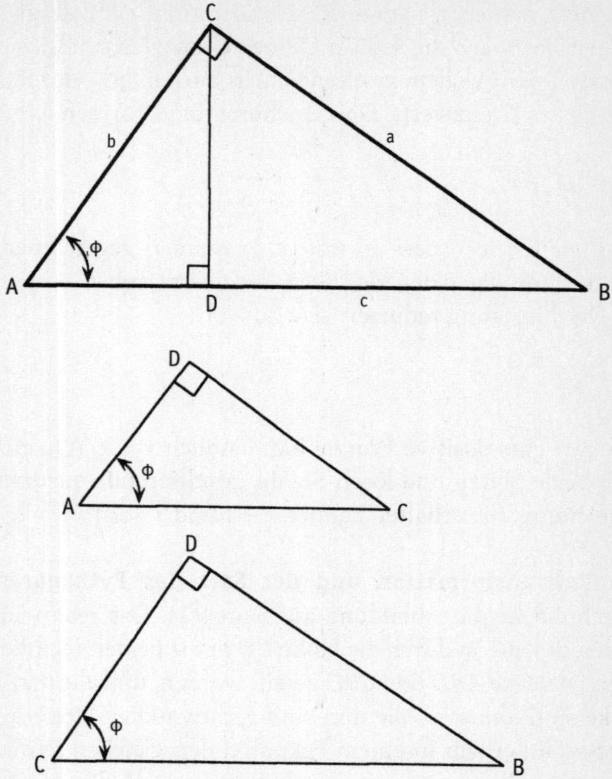

Wenn wir die Konstante *K* wegkürzen, erhalten wir den Satz des Pythagoras:

$c^2 = a^2 + b^2$

6. Olja streckt ihre Gedanken (oder: Eine Strecke in Oljas Vorstellung) Beginnen wir mit einer wohl überlegten Vermutung: Ein Kreis ist der Sonderfall einer Ellipse, bei der die

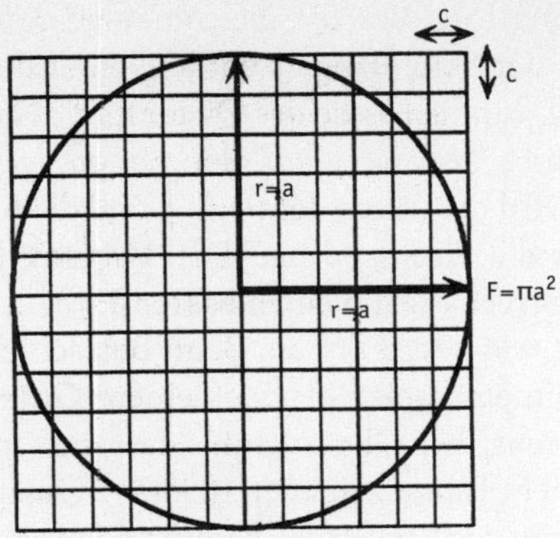

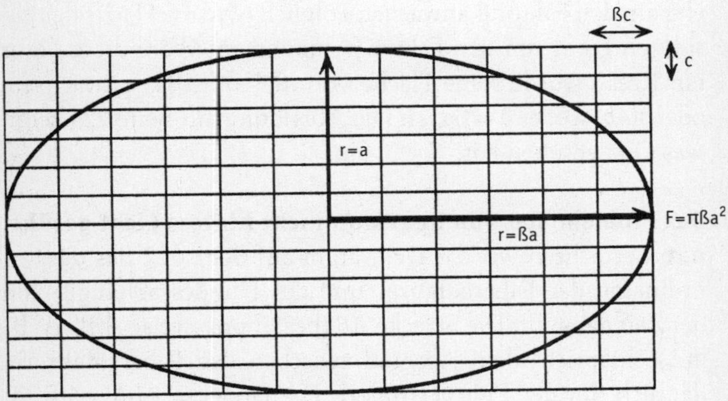

Halbachsen a und b gleich sind ($a = b = r$). Die Kreisfläche $F = \pi r^2$ oder $F = \pi rr$ ist dann ebenfalls nur ein Sonderfall der Formel $F = \pi ab$. Das scheint vernünftig zu sein, da a und b symmetrisch in die Gleichung eingehen.

Doch Olja hat sich nicht mit einer Vermutung begnügt. Sie hat beobachtet, dass sich aus einem Kreis durch gleichmäßige Streckung in eine einzige Richtung eine Ellipse konstruieren lässt. Betrachten Sie nun die gleichmäßige Streckung eines Quadrats mit der Seitenlänge *c* entlang einer der Seiten. Vor der Streckung war die Fläche des Quadrats c^2. Nach gleichmäßiger Streckung entlang einer der Seiten (sagen wir, der Grundseite) wird die Länge der Seite *d* und die neue Figur ein Rechteck, das die Fläche *cd* hat. Der Vorgang lässt sich beschreiben als Streckung um einen Faktor $\beta = d / c$, das heißt, die Fläche wächst von c^2 auf βc^2 an. Beim Betrachten des Kreises auf dem Millimeterpapier (das aus einem Gitternetz kleiner Quadrate besteht) hat Olja erkannt, dass sich jede Figur, die man auf solchem Papier zeichnet, in kleine Quadrate zerlegen lässt. Wenn man das Papier gleichmäßig entlang einer der Seiten streckt, wird aus jedem Quadrat ein Rechteck, dessen Fläche um den Faktor β anwächst. Folglich wird die Fläche der gesamten Figur um den Faktor β zunehmen. Wäre diese Figur ein Kreis, würde seine Fläche von πa^2 auf $\pi\beta a^2$ anwachsen, oder πab, wobei $b = \beta a$ ist. Die Abbildung auf Seite 225 zeigt, was Olja gesehen hat.

7. **Das Problem, das von Neumann nicht hinters Licht geführt hat** Betrachten wir das Diagramm auf Seite 227, das die Koordinaten der Fahrradfahrer und des Hundes abhängig von der Zeit darstellt. Die Strecke *AB* (beziehungsweise $A'B'$, $A''B''$ etc.) entspricht dem Abstand zwischen den Fahrradfahrern, der sich mit der Zeit verringert. Die Dreiecke *ABM*, $A'B'M$, $A''B''M$ usw. sind einander ähnlich. Den Ähnlichkeits- oder Skalierungskoeffizienten wollen wir *q* nennen. Wenn die Fahrradfahrer durch die Entfernung *L* getrennt sind, braucht der Hund die Zeit $L / (u + v)$, um von einem zum anderen zu laufen. In dieser Zeit nähern sich die Radfahrer einander um die Strecke $2vL / (u + v)$ an, sodass die neue Entfernung $L' = L - 2vL / (u + v) = L(u - v) / (u + v)$ ist. Folglich ist der erforderliche Ähnlichkeitsfaktor $(u - v) / (u + v) = q$. Die zweite vom Hund zurückgelegte Strecke hat die Länge $qL / (u + v)$.

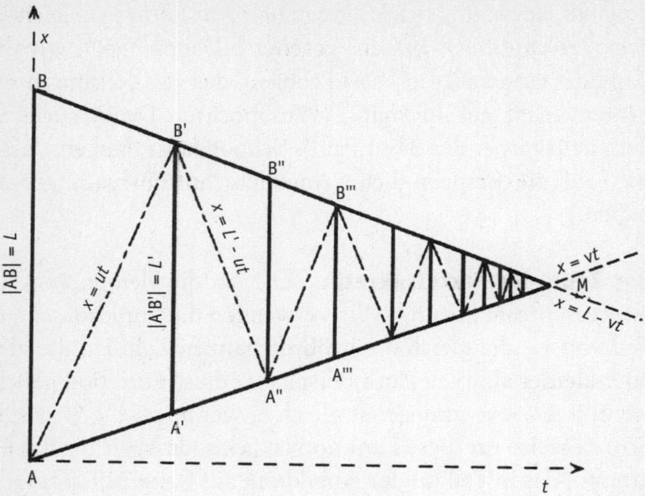

Diesen Vorgang müssen wir immer aufs Neue wiederholen, sodass sich für die Gesamtstrecke, die der Hund zurücklegt, eine unendliche Reihe ergibt:

$$\text{Entfernung} = \left(\frac{Lu}{(u+v)}\right)(1 + q + q^2 + q^3 + \ldots)$$

Die Reihe lässt sich leicht aufsummieren:

$$\text{Summe} = 1 + q + q^2 + q^3 + \ldots = \frac{1}{1-q} = \frac{u+v}{2v}$$

Wenn wir in diese beiden Gleichungen den Wert einsetzen, den wir für q gefunden haben, erhalten wir die Antwort: Die zurückgelegte Entfernung betragt $Lu/2v$. Das ist die gleiche Antwort wie in Aufgabe 10, Kapitel zwei. Dabei wird sich die Situation nicht sonderlich verändern, wenn die Radfahrer unterschiedliche Geschwindigkeiten haben. Angesichts der Symmetrie und Einfachheit dieser Lösung will uns scheinen, dass sie Neumann nicht entgangen sein kann (vielleicht hat er sogar eine noch bessere gesehen). Daher haben wir diese Aufgabe umgetauft in «Das Problem, das von Neumann *nicht* hinters Licht geführt hat». (Wir möchten David Hicks und dem Lehrkörper der Saint Paul's School dafür danken, dass sie uns auf die ursprüngliche Anekdote aufmerksam gemacht haben.)

8. Der Zaun des Parteisekretärs Es folgt die elementarste und interessanteste Lösung: Wir verwenden die Funktion «ganzer Teil von x», die gleich der größten ganzen Zahl ist, die gleich oder kleiner als x ist. Zum Beispiel ist diese Funktion gleich 5, wenn $5 \leq x < 6$, und sie ist gleich 6, wenn $6 \leq x < 7$, usw. Die Schreibweise für diese Funktion ist $[x]$, sodass wir für das Diagramm, das in Teil (a) der Abbildung auf Seite 229 gezeigt ist, $y = [x]$ schreiben können.

Damit sind wir schon fast am Ziel. Die folgenden Schritte liefern uns die Form des oberen Zaunrands:

(A) Subtrahieren Sie $[x]$ von x, sodass Sie die Funktion $y = x - [x]$ erhalten, die durch die durchgezogenen Linien in Teil (b) der Abbildung dargestellt ist.

(B) Subtrahieren Sie $^1/_2$ von $y = x - [x]$, sodass Sie $y = x - [x] - {}^1/_2$ erhalten, eine Funktion, die durch die gestrichelten Linien in Teil (b) der Abbildung dargestellt ist.

(C) Nehmen Sie schließlich den absoluten Betrag von $y = x - [x] - {}^1/_2$, der uns augenblicklich das gewünschte Sägezahnmuster liefert, das wir in Teil (c) der Abbildung erblicken.

Mit Hilfe eines Skalierungskoeffizienten können wir die Höhe des Sägezahnmusters den Erwartungen des Parteisekretärs anpassen und den Abstand vergrößern oder verkleinern.

Wenn es Sie nach einer analytischen Lösung verlangt, wird Ihnen vielleicht das Folgende mehr zusagen, weil wir es hier mit vertrauteren periodischen Funktionen zu tun haben. Die

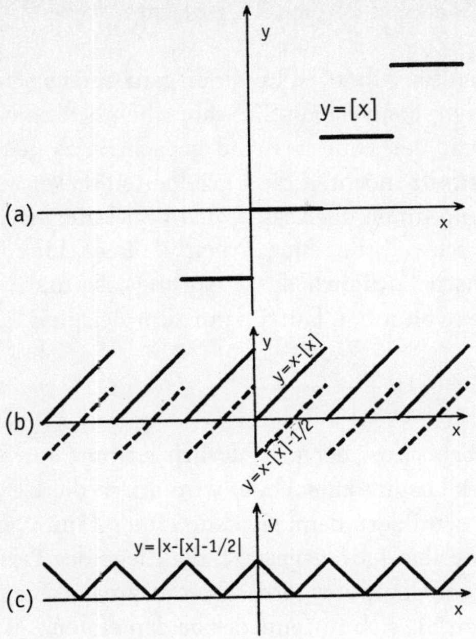

umgekehrte Sinusfunktion ist durch die Bedingung definiert, dass für $-\pi/2 \leq x \leq \pi/2$ die folgende Identität gilt:

$$\arcsin(\sin x) \equiv x$$

Tatsächlich beschreibt die Gleichung $y = \arcsin(\sin x)$ den Zaun sehr gut für $-\pi/2 \leq x \leq \pi/2$. Die Symmetrie der Sinuskurve für $x = \pi/2$ (oder trigonometrischer Identitäten, zum Beispiel $\sin(\pi/2+z) = \cos z = \sin(\pi/2-z)$, wobei z eine beliebige Variable ist) führt zu einer Umkehrung der Kurve bei $x = \pm\pi/2$, was einen Sägezahn hervorruft von $x = -\pi/2$ bis $3\pi/2$. Schließlich sorgt die Periodizität der Sinusfunktion dafür, dass sich das Ganze im Bereich der gesamten reellen x-Achse wiederholt.

Gehören Sie hingegen zu einer ganz modernen Sorte von Ingenieuren, dann haben Sie wahrscheinlich zunächst an die Lösung mit der Fourier-Reihe gedacht. Das geht natürlich auch, aber wir möchten die Einzelheiten dieser aufwendigen Berechnung Ihnen überlassen, denn Sie haben sich das Recht auf diese schweißtreibende Arbeit verdient. Eine Lösung, die symmetrisch bezüglich des Ursprungs ist und Maxima bei Vielfachen von π hat, lautet dann zum Beispiel:

$$y = \frac{4}{\pi} \sum_{k=0}^{\infty} = (-1)^k \frac{\sin(2k+1)x}{(2k+1)^2}$$

Der Masochismus, der erforderlich ist, um auf diese Weise nach einer Lösung zu suchen, wird durch die Flexibilität der Methode gemildert, denn sie kann einen Zaun von beliebiger Form darstellen (vorausgesetzt, die Ziege des Parteisekretärs bleibt Ihrem Computer fern). Doch dazu sind Sie auch in der Lage, wenn Sie sich für eine der beiden ersten Lösungen entscheiden. Nehmen Sie beispielsweise bei der ersten Lösung $y = g(|x - [x] - 1/2|)$, wobei $g(x)$ die Form eines einzelnen Zahns oder eines Zahnteils festlegt. Oder verwenden Sie bei der zweiten Lösung $y = g(\arcsin(\sin x))$, womit Sie jede Form, die Sie durch $g(x)$ einführen, entsprechend wiederholen. Wenn Sie es mit einem Zaun von endlicher Länge zu tun haben statt mit der protzigen Version des Parteisekretärs, dann werden Sie feststellen, dass Randbedingungen in Fourier-Reihen ein echtes Ärgernis sind. Im Rahmen der beiden ersten Lösungen sind Randbedingungen dagegen sehr viel leichter zu handhaben. In der Festkörperphysik, wo endliche periodische Strukturen (wir nennen sie Kristalle) die Regel sind, ist es häufig notwendig, spezielle Randbedingungen («periodische» Randbedingungen) einzuführen, um überhaupt mit Fourier-Reihen oder -Transformationen leben zu können.

Diese Aufgabe ist unserem Freund Rein Tomsaluu aus Tallinn gewidmet, einem hervorragenden Mathematiker, der im Sommer oft als Zimmermann arbeitete (der Lohn eines Zimmermanns war im Vergleich zu einem Mathematikergehalt relativ hoch). Im Herbst wandte er sich dann wieder der Wissenschaft zu. Beides hat ihm großen Spaß gemacht.

9. **Welche Farbe hat der Bär? (Eine Lektion in nichteuklidischer Geometrie)** Das ist die Verallgemeinerung einer bekannten Denksportaufgabe, die folgendermaßen lautet: Ein Camper verlässt sein Zelt und tut genau das, was unser Camper getan hat – er geht zwei Kilometer nach Süden, fünf Kilometer nach Westen, zwei Kilometer nach Norden und steht wieder direkt vor seinem Zelt. Dort sieht er einen Bären seine Vorräte verzehren. Welche Farbe hat der Bär? Die Antwort lautet: «Weiß», weil die drei Routen nur am Nordpol, in der Arktis, eine geschlossene Bahn bilden würden. Folglich muss der Bär ein Eisbär sein.

Jetzt müssen Sie sich fragen, ob die Endposition des Campers davon abhängt, wo er losläuft. Die Antwort ist ein eindeutiges Ja. Um zu erfahren, wie weit er am Ende von seinem Zelt entfernt ist, werden wir zwei Szenarien betrachten: das

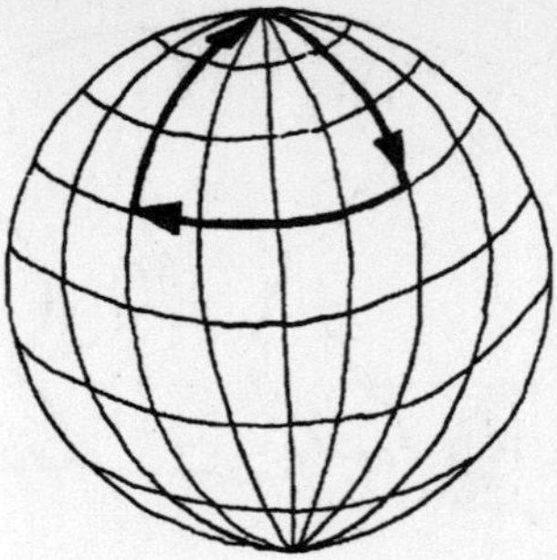

Abbildung 1

Worst-Case-Szenario der weitesten Distanz zu Zelt und Essen und das Best-Case-Szenario der kürzesten Distanz. Damit stehen wir vor einer weit reichenden und sehr interessanten Frage: Was verstehen wir auf der Oberfläche einer Kugel unter Entfernung? Da wir es mit einer Kugelfläche zu tun haben, ist die Geometrie nichteuklidisch. Die endgültige Antwort auf unsere Frage ist eine Ungleichung: $X_{min} \leq x \leq X_{max}$. Das Ziel der Aufgabe wird also darin bestehen, die Grenzwerte zu finden, das heißt die kleinste Wegstrecke X_{min} und die größte Wegstrecke X_{max}.

Best-Case-Szenario – der kurze Weg nach Hause (X_{min}) Dieser Fall entspricht dem Rätsel mit dem Bären: Wenn sich das Zelt des Campers direkt am Nordpol befindet, kommt er nach der letzten Etappe seiner Wanderung wieder vor seinem Zelt an. Das ergibt sich zwingend aus der Kugelform der Erde und der Art, wie wir Länge und Breite messen. Wie auf Abbildung 1 zu erkennen, ist die gesuchte Entfernung null. Formal lässt sich das so ausdrücken: $X_{min} = 0$.

Dieses Ergebnis unterscheidet sich von dem, was wir auf-

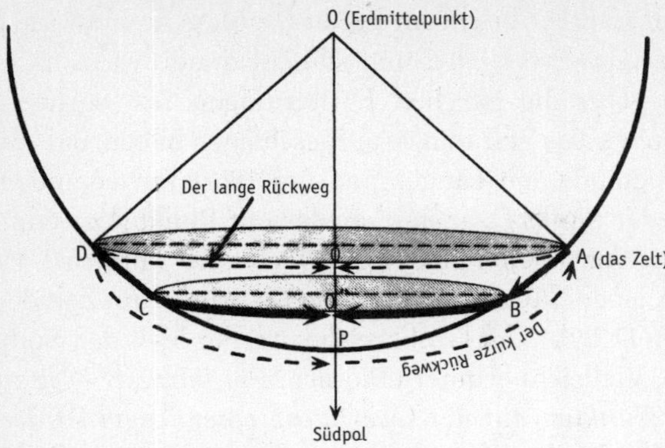

Abbildung 2

grund unserer Erfahrung mit der euklidischen Geometrie erwarten würden. Die größte Ähnlichkeit mit euklidischen Verhältnissen erhalten wir, wenn der Camper einen Kilometer nördlich des Äquators beginnt (auf halbem Weg nach Süden würde er ihn dann überqueren). In diesem Fall bestünde der Weg des Campers aus drei aufeinander folgenden Seiten einer Figur, die beinahe ein Rechteck wäre, sodass die Entfernung zum Zelt genau fünf Kilometer betragen würde (also keine Aussicht auf eine baldige Mahlzeit). Noch schlimmer wäre es, weiter nach Süden zu gehen. Damit nähern wir uns tatsächlich dem Worst-Case-Szenario.

Worst-Case-Szenario – der lange Weg nach Hause (X_{max})

Schlagen Sie nun das Zelt unseres Campers in der Nähe des Südpols auf. Der Camper geht zwei Kilometer nach Süden und dann fünf Kilometer nach Westen. Doch damit ändert sich der Längengrad des Campers drastisch, in diesem Fall um 180 Grad, wie Abbildung 2 zeigt.

Der Camper bricht im Punkt *A* auf, geht südwärts nach *B*, dann westwärts nach *C* und schließlich nordwärts nach *D*. Dabei legt er die gleichen Entfernungen wie vorher zurück. Wenn wir das Zelt nun so aufgeschlagen haben, dass die westliche Etappe den Längengrad um 180 Grad verändert, dann liegt der Punkt *D*, anstatt wieder mit Punkt *A* zusammenzufallen, von allen Punkten am weitesten entfernt! Wie sich zeigt, ist der kürzeste Punkt von *D* zurück zum Zelt der Kreisbogen *DCPBA*, der Großkreisbogen, der über den Südpol verläuft. Vielleicht erinnern Sie sich: *Der kürzeste Weg zwischen zwei Punkten auf der Oberfläche einer Kugel ist der Großkreisbogen, der diese Punkte verbindet.* Das ist die Form, in der «Abstand» im allgemeinen Fall nichteuklidischer Geometrie definiert ist. Der Weg *DCPBA* ist eine fast gerade Linie, weil der Radius der Kugel der Erdradius ist (6378 Kilometer). Ginge der Camper auf dem Parallelkreis von *D* nach *A* nach Osten, wäre der Weg viel länger. Dieser Weg wäre ein Halbkreis, und der günstigste Weg *DCPBA* käme dem Durchmesser des Halbkreises ziemlich nahe. Daher ist der optimale Weg rund $\pi/2$-mal kürzer. Wir werden diese Situation im Folgenden etwas genauer betrachten. Sie können aber auch sofort zu dem Abschnitt über weitere Best-Case-Szenarien blättern.

Wir wollen jetzt die Länge des Kreisbogens *DCPBA* ermitteln. Die Längen der Kreisbögen $|AB| = S$ und $|CD| = N$ (jeweils 2 Kilometer) kennen wir bereits, daher brauchen wir nur die Länge des Kreisbogens $|CPB|$ zu finden. Der westliche Abschnitt, den der Camper auf seiner Wanderung zurücklegt, ist *BC*, der Bogen eines kleineren Kreises (die Hälfte eines Breitenkreises auf der Erdkugel) – eines Kreises, dessen Ebene rechtwinklig zur Erdachse liegt. Der Radius $0''B$ dieses Kreises lässt sich leicht finden, wenn wir uns vergegenwärtigen, dass der Bogen *BC* ein Halbkreis mit der Länge *W* Kilometer ist (die westliche Etappe des Campers von 5 km). Folglich ist der Radius des Halbkreises W/π.

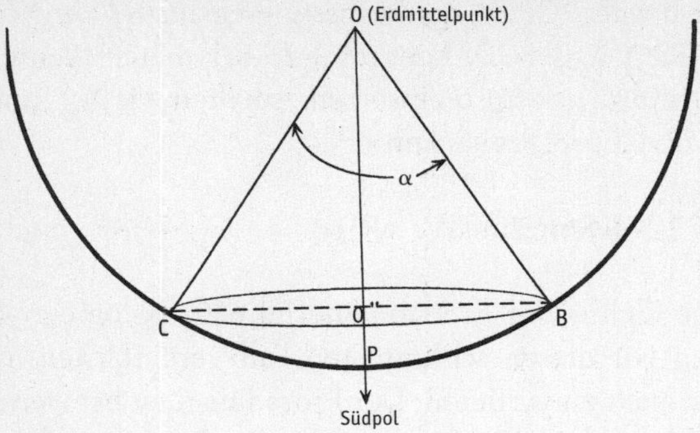

Abbildung 3

Jetzt können wir den Bogen *CPB* finden: In Form einer senkrechten Ebene, die durch den Erdmittelpunkt *0* und die Punkte *B* und *C* verläuft, legen wir einen Schnitt durch die Erde (vgl. Abbildung 3).

Die Achse der Erdkugel und die Punkte *A* und *D* liegen auf dieser Ebene (wie Abbildung 2 zeigt). Jetzt können wir die benötigte Bogenlänge finden. Betrachten Sie wieder Abbildung 3: *0B* und *0C* (genauso wie *0A* und *0D*) sind Radien der Kugel, und der Winkel zwischen *0C* und *0B* lässt sich nach den Regeln der ebenen Trigonometrie errechnen, da die Entfernung *B0″C* bekannt ist (zweimal der Halbkreisradius oder $2W/\pi$ Kilometer). Wie Abbildung 3 zeigt, ergibt sich der Winkel α zwischen *0C* und *0B* durch

$$\alpha = 2\arcsin\,(W/\pi R)$$

wobei *R* der Erdradius ist. Nun ist der Bogen *CPD* einfach αR, wie es für einen Großkreisbogen mit dem Radius *R* und dem gegenüberliegenden Winkel α gilt. Da auch *A* und *D* auf diesem Großkreisbogen liegen (betrachten Sie die Abbildung 2), ist der Bogen *DCPBA*, der kürzeste Weg zurück zum Zelt, einfach $\alpha R + |AB| + |CD|$ oder $\alpha R + 2S$ Kilometer. Wenn wir den obigen Ausdruck für α einsetzen, erhalten wir X_{max} und damit das Worst-Case-Szenarium

$$X_{max} = 2(S + R \arcsin (W / \pi R))$$

Da der Radius der Erde annähernd 6400 Kilometer beträgt, können wir diesen schlimmsten Fall vereinfachen, ohne an Genauigkeit zu verlieren. Der Erdradius *R* ist bei weitem größer als irgendeine Entfernung, die der Camper nach menschlichem Ermessen zu Fuß zurücklegen kann, daher ist das Argument des Arkussinus $(W / \pi R)$ ziemlich klein. Für kleines *z* gilt, dass $\sin z \approx z$ und $\arcsin z \approx z$. Unsere Formel nimmt also eine einfache Form an:

$$X_{max} = 2(S + W / \pi)$$

Jetzt lassen sich die Zahlen ohne Schwierigkeiten schätzen. Wenn wir $S = 2$ Kilometer und $W = 5$ Kilometer zugrunde legen (vergleichen Sie die Aufgabenstellung), kommen wir auf $X_{max} = 7{,}183$ Kilometer. Nachdem der Camper auf den ersten drei Etappen seiner Wanderung bereits 9 Kilometer zurückgelegt hat, ist seine Mahlzeit immer noch in weiter Ferne!

Und jetzt noch einige Best-Case-Szenarien Wir haben absichtlich den schlimmsten Fall gewählt, bei dem die westliche Etappe den Längengrad um 180 Grad verändert. Wir wussten natürlich, dass dies den Camper am weitesten von seinem Ziel fortführen und deshalb die größten Schwierigkeiten bereiten würde. Betrachten Sie jetzt Abbildung 2 auf Seite 233: Halten Sie *S*, *N* und *W* konstant, aber bewegen Sie Punkt *A* näher an den Südpol heran. Der Bogen *BC* verändert jetzt den Längengrad um mehr als 180 Grad, und der Camper landet wieder näher an seinem Zelt (in Punkt A). Tatsächlich können wir den Ort des Zeltes so nahe an den Südpol verlegen, dass BC 360 Grad umfasst und die Punkte B und C zusammenfallen. Der nördliche Wegabschnitt ist nun die Umkehrung des südlichen Wegabschnitts, sodass Punkt D und A ebenfalls zusammenfallen. Der Camper steht wieder vor seinem Zelt, und wir haben ein weiteres Best-Case-Szenario (allerdings könnte der Camper jetzt einen Pinguin in seinem Zelt vorfinden)! Wir können damit fortfahren, das Zelt nach Süden zu verlagern, bis der Bogen BC 720 Grad umfasst. Wir werden immer dann ein gutes Ergebnis haben, wenn der Bogen BC ein Vielfaches von 360 Grad beträgt.

Wie nahe müssen wir am Südpol sein, damit diese Lösungen eintreten können? Eine erneute Betrachtung der Abbildung 3 auf Seite 235 führt zu dem Schluss, dass

$$W = 2\pi n\,|0''C| = 2\pi nR\sin(\alpha/2)$$

wobei n eine beliebige natürliche Zahl ist (das heißt eine nichtnegative ganze Zahl). Dann ergibt sich für den Winkel $\alpha/2$, der der Längengradunterschied zwischen dem Südpol und dem Punkt B oder C ist:

$$\frac{\alpha}{2} = \arcsin\left(\frac{W}{2\pi nR}\right)$$

Da R so viel größer als W ist, können wir erneut vereinfachen:

$$\frac{\alpha}{2} = \frac{W}{2\pi nR}$$

sodass die Entfernung der Westroute vom Südpol

$$|PB| = R\frac{\alpha}{2} = \frac{W}{2\pi n}$$

beträgt. In unserem Fall beträgt *W* 5 Kilometer, und unser Camper freut sich, wenn $n = 1$ ist und der Punkt *B* 0,7958 Kilometer = 795,8 Meter vom Südpol entfernt liegt. In dieser Situation ist das Zelt ungefähr 2,796 Kilometer vom Südpol aufgeschlagen. Bei $n = 2$ müssen es 2,398 Kilometer und bei $n =$ 3 2,265 Kilometer sein und so fort. Bei Annäherung an die kritische Südpolentfernung von 2 Kilometern gibt es eine unendliche Folge solcher optimistischer Lösungen.

Am interessantesten an dieser Zahlenfolge ist der Umstand, dass das Aufschlagen des Zeltes irgendwo zwischen diesen vorteilhaften Punkten dazu führen würde, dass der Camper eine ähnliche Wegstrecke wie im Worst-Case-Szenario zurückzulegen hätte. Würde man beispielsweise das Zelt genau zwischen zwei beliebige «Glückszahlen» setzen, dann würde der Camper ziemlich genau 180 Grad entfernt auf der anderen Seite der Erde landen. Mit Zunahme der Zahl *n* wird der Abstand zwischen den vorteilhaften und unvorteilhaften Zeltplätzen immer geringer. Ein kleiner Missgriff beim Aufschlagen des Zeltes kann also die Wahrscheinlichkeit einer zeitigen Mahlzeit völlig verderben. Wenn der ursprüngliche Zeltplatz nur ein wenig mehr als *S* Kilometer vom Südpol entfernt ist, dann wird selbst ein winziger Fehler in der Anfangsposition zu einer erheblichen Veränderung in der Position des Campers am Ende seiner Wanderung führen. (Tatsächlich wird diese Endposition vollkommen ungewiss.) Eine solche Situation wird als «Empfindlichkeit für Anfangsbedingungen» bezeichnet und ist eine von zwei Vorbedingungen für das Chaos, das sich seit einigen Jahren großer Beliebtheit erfreut. (Die andere Vorbedingung, die mit fraktalen Anfangsbedingungen zu tun hat, führt zu sehr chaotischen Diskussionen!)

Machen Sie das Beste aus dem schlimmsten Fall Wenden Sie sich jetzt wieder dem schlimmsten Fall zu. Der Camper ist nach Süden, Westen und Norden gegangen, aber er weiß nichts Genaues über seine Position. Wie Sie gesehen haben, kann das durchaus an der Empfindlichkeit für Anfangsbedingungen liegen. Es wird dunkel und kalt. Der Camper ist erschöpft. Wie kann er es vermeiden, an seinem Zelt vorbeizulaufen? Welche Strategie garantiert ihm, dass er das Zelt sicher findet? Am besten wäre er beraten, wenn er sich direkt nach Osten wendet. Dieser Weg ist in der Abbildung 2 auf Seite 233 als der «lange Rückweg» dargestellt. Mit der gleichen Näherung wie oben können wir die Länge dieses Bogens berechnen: Die Länge des Bogens ist $\pi/2$ mal dem Durchmesser $DO'A$. Doch bei diesen Größenverhältnissen ist die Erde praktisch flach, sodass gilt: $DO'A \approx X_{max}$. Daher ist der sicherste Weg zurück nur um einen Faktor von $\pi/2 \approx 1{,}57$ länger als der kürzeste Rückweg.

Noch ein paar Anmerkungen zum Schluss dieser langen Geschichte Der bekannteste russische Militärführer war Alexandre Suworow, ein General, der Ende des 18. Jahrhunderts gelebt hat. Berühmt war er vor allem wegen der langen Gewaltmärsche, zu denen er seine Truppen zwang, und wegen der Vorliebe, seine militärischen Lehren in Rätsel zu kleiden, etwa: «Welche Straße ist die kürzeste?» Die Antwort lautete: «Immer die Chaussee.» Womit gemeint ist, dass die Chaussee immer der *sicherste* Weg zum Bestimmungsort ist und dass letztlich der sicherste Weg auch am schnellsten zum Ziel führt.

Der Kilometer ist ein ausgezeichnetes Maß für Entfernungen auf der Erdoberfläche: 1 Kilometer ist definiert als 10^{-4} des Viertelmeridians. Diese Entfernung wurde um das Jahr 1810 tatsächlich von einem Forscherteam der Französischen Akademie der Wissenschaften gemessen. Dazu reiste es ein paar Winkelgrade durch die Sahara und maß die zurückgelegte Entfernung mit einer Art Wegmesser. (E. Malus, ein Teammitglied und ein sehr begabter Physiker, zog sich auf der Reise ein Fieber zu und starb bald nach seiner Rückkehr nach Paris.)

Um die Aufgabe nicht unnötig zu komplizieren, haben wir

geflissentlich übersehen, dass die Erde keine vollkommene Kugelform besitzt. Kartographen haben die Abweichungen mit großer Genauigkeit gemessen. Diese Abweichungen von der Kugelform sind unter anderem für Navigatoren und Astronauten ein großes Problem.

10. Identitätskrise Der magnetische Südpol. Von den beiden Polen eines Magneten hat man durch Vereinbarung einen als Nordpol festgelegt. Wenn man eine Kompassnadel verwendet, dann zeigt der Nordpol also nach Norden. Nun ziehen sich aber die ungleichnamigen Pole von Magneten an, während sich gleichnamige Pole (Nord–Nord zum Beispiel) abstoßen. Daher ist derjenige Pol der Erde, der den Nordpol der Kompassnadel anzieht, der magnetische Südpol. Der magnetische Südpol liegt also in der Nähe des geographischen Nordpols, und der magnetische Nordpol befindet sich in der Nähe des geographischen Südpols! Da diese Konvention seit Jahrhunderten gilt, besteht keine Chance, die Situation zu berichtigen!